U0723536

高校体育教学与体能训练研究

于 晶 赵 冬 孙万莉 著

吉林科学技术出版社

图书在版编目（CIP）数据

高校体育教学与体能训练研究 / 于晶，赵冬，孙万莉著. -- 长春：吉林科学技术出版社，2024.5

ISBN 978-7-5744-1290-3

I. ①高… II. ①于… ②赵… ③孙… III. ①体育教学－教学研究－高等学校②体能－身体训练－教学研究－高等学校 IV. ①G807.4②G808.14

中国国家版本馆 CIP 数据核字(2024)第 088070 号

高校体育教学与体能训练研究
GAOXIAO TIYU JIAOXUE YU TINENG XUNLIAN YANJIU

作 者	于 晶 赵 冬 孙万莉
出 版 人	宛 霞
责任编辑	杨超然
封面设计	树人教育
制 版	树人教育
幅面尺寸	185mm×260mm
开 本	16
字 数	290 千字
印 张	13.25
印 数	1-1500 册
版 次	2024 年 5 月第 1 版
印 次	2025 年 1 月第 1 次印刷
出 版	吉林科学技术出版社
发 行	吉林科学技术出版社
地 址	长春市南关区福祉大路 5788 号出版大厦 A 座
邮 编	130118

发行部电话/传真 0431—81629529　81629530　81629531
　　　　　　　　　81629532　81629533　81629534

储运部电话 0431-86059116

编辑部电话 0431-81629510

印 刷 长春市华远印务有限公司

书 号 ISBN 978-7-5744-1290-3

定 价 75.00 元

前　言

当前社会经济高速发展，高校作为优秀人才培养的主阵地，应以提升大学生综合素质为核心工作，积极创新教学理念和方法。高校体育教学直接关系学生的体质健康、心理健康，却一直被忽视。为了培养全面发展的优秀人才，高校应创新体育教学模式。教师应认识到教学模式革新的重要性，并结合当前现状，明确教学目标、适当增加理论教学、加强体育运动强度、重视培养学生的体育兴趣，实现大学生健康成长和发展。

本书的章节布局，共分为八章。第一章主要就体育教学基础知识、体育教学的目标与特点、体育教学的任务与原则进行详细的阐述和分析；第二章重点论述高校体育教学内容的优化，分别从体育教学内容概述、高校体育教学内容的设计与选用、高校体育教学的内容及发展与高校体育教学内容的优化四个方面展开论述；第三章是高校体育教学方法的设计与革新，分别从体育教学方法概述、传统体育教学方法及应用、符合现代教育理念的体育教学方法、高校体育教学方法的创新与发展进行简要阐述；第四章主要对高校体育自主教学模式、高校体育快乐教学模式、高校体育网络教学模式与高校体育教学模式的创新及发展趋势进行简要阐述；第五章是高校体育体能训练基础，主要就体能训练的基本原理、体能训练的分类与价值、体能训练的原则与要求和体能训练的生理学基础进行详细的阐述和分析；第六章分别阐述了力量素质训练的理论与方法、速度素质训练的理论与方法、耐力素质训练的理论与方法、柔韧素质训练的理论与方法、灵敏素质训练的理论与方法，以期为高校大学生的体能训练提供理论基础和科学的训练方法；第七章详细论述高校竞技体能训练，以及竞技体能的基本概念、竞技体能训练计划的制订、竞技体能训练的特点及其科学控制；第八章是高校体能训练的控制及运动素质转移，本章学习的主要内容有：有关运动处方的概念、制定程序与实施原则，运动处方的实施，运动损伤的概念、分类、发生规律及原因，运动损伤的预防原则及基本方法，运动损伤的急救，几种心理现象及克服方法等。

本书在撰写过程中，参考、借鉴了大量著作与部分学者的理论研究成果，在此一一表示感谢。由于作者精力有限，加之行文仓促，书中难免存在疏漏与不足之处，望各位专家学者与广大读者批评指正，以使本书更加完善。

编委会

李琼杰　刘伟深　张新辉
娄媛媛　李忠平　许　建
闪　明

内容简介

随着课程的不断深化与改革，对我国高校的体育教育也提出了新的要求。教师在教学过程中不仅是培养学生的专业能力，还应当注重学生实践能力的提升。

本书从高校体育教学的理论基础入手，分别从高校体育教学内容、教学方法以及教学模式三个方面提出了优化与创新策略；然后综合体能训练的基础知识，论述了体能训练的科学方法及注意事项，接着还阐述了竞技体能训练的内涵及科学方法，最后结合运动损伤以及训练时的心理调适给出了具体的训练控制与调适方法。

目　录

第一章　体育教学概述

第一节　体育教学基础知识

一、教学的概念

教学的突出特征在于它是一种特殊的教育活动。广义上讲，教学就是指教的人指导学的人以一定文化为对象进行学习的活动，教的人不仅指教师，还包括各种有关的教育者；学的人不仅指学生，还包括各种有关的学习者。狭义上讲，我们所说的教学就是学校教学，是专指学校中教师引导学生一起进行的，以特定文化为对象的教与学相统一的活动在范围上，教学是特指各级各类和各类形式学校中的教学，一般在家庭中和社会上不用"教学"而用"教育"；另外，教师在教学活动中的角色是组织引导者，而不是传统意义上的"主宰者"，这是当代的新观念；同时，教学既不仅仅是"教"又不仅仅是"学"，而是教与学的统一，教融于学中，学有教的组织引导。

因此，教学就是在教育目的的规范下，教师的教与学生的学共同组成的一种教育活动。通过教学，学生在教师有计划、有步骤的引导下，掌握系统的科学文化知识和技能，发展智力、体力，陶冶品德、美感，形成全面发展的个性。

二、教与学的关系

教与学作为两个不同的动词和动作即过程，作为两个不同的名词和与此有关的人的行为即活动。这两种活动是单独的、双边的，也是共同的、统一的。

教与学是两种活动、两种过程。教是教师的行为和动作。教的意义一般是指"讲授""教授""传授"，还可指教学。前者是一种较古老的教，后者是把教作为一种职业，教授学生的职业，没有把教和学分开，也可作为教授的代名词。

学是学生的行为和动作。学的意义是学习、模仿、掌握等。在教学活动中，教师、学生、教材以及教学环境等因素之间交互作用与联系，构成了一系列错综复杂的教学关系，其中教与学的关系是教学活动中最根本的关系。在教学中首先要抓住这一根本关系，去研究教学的问题，揭示教学的规律。

教与学是两类不同的活动，这两种活动是单独的，分别由教师和学生进行。原则上是可以独立存在的，但实际上是分不开的。不能只强调"教师中心论"，也不能只看重"学生中心论"。

一方面，只教是不行的。因为教需要对象，没有对象的教是无意识的教，不可取。教学的形式大多是指课堂的教学，有意识的教，有意识的学；有教材的教，有教材的学；有计划的教，有计划的学；这是基本原则。这样，教学就是教师教、学生学，是双边活动。在某种意义上，也是共同的活动，就是大家在课堂上，为了一个共同的目标：学生的学习。人们发现不管有多少不同的教师，用什么不同的教法，总有一些学生是学得不错，也总有那么几个学生是班级最后几名。人们还发现一个教师用一种方法使用同一本教材，有的学生一段时间学得很好，而另一段时间却恰恰相反。这说明一个问题，学生的重要性，学习的重要性，教授的辅助性和非决定性因素。

另一方面，片面地只强调学也是不科学的。"学生中心论"把"教室"变成了"学室"，把"教材"变成了"学本"等。总之，要把以教师为中心，变成以学生为中心。这种认识认为教师的主导作用和学生的主体作用是教学的一般原则，这无疑是一大进步。第一，认识到学生在教学中的作用；第二，认识到教与学不能互相代替，既不会以讲代学，以学代讲，以讲代练，也不会放任自流。然而当你考虑统一的问题，当你考虑在课堂上教学的时候，总感到意犹未尽，各自为战。

总之，教学就是教与学，不是只教，不是只学，更不是教+学，应该是教授和学习的统一体，是教师和学生的共同活动，这两种共同活动是建立在"教授主旨是促使学习的活动"和"教授的证据在于学习"的理论上。这既阐明了教与学的关系，又暗示了教与学的统一。

三、体育教学

体育教学论研究的对象是体育教学。体育教学与其他各科教学一样具有共同性，都是一种有目的、有计划、有组织地对学生传授知识和技能，发展智力和体力，培养品德和形成个性的教育过程。但又有其特殊性，它是实现学校体育目的任务的基本途径。今天，体育教学已不限于学校体育，它还兼及竞技运动和社会体育的教学，但学校体育的目的、任务主要是通过体育教学来实现的。因此，把体育教学定义为：在学校教育中，学生在教师有目的、有计划、有组织的指导下，积极主动地通过掌握技术和技能，增进身心健康，提高身体活动能力、自然和社会环境适应能力，培养良好的思想品德，促进个性发展的教育过程。

（一）体育教学的构成要素

从系统论的观点看，可以把体育教学过程当作一个整体系统来考察，即体育教学系统是一个多层次、多要素的复杂系统。所以，体育教学系统的要素即体育教学过程的要素。

体育教学过程的每一层次都包含着相同的要素，这些要素的整合就构成了完整、统一的教学过程。关于体育教学组成要素有三种不同的观点：

一是三要素说。该观点认为，体育教学系统是由体育教师、学生和体育教材三个基本要素构成的；二是四要素说。该观点认为，体育教学系统是由体育教师、学生、体育教学内容和体育教材手段四个要素构成的；三是五要素说。该观点认为，体育教学系统是由体育教师、学生、体育教材、体育教学方法和教学物质条件这五个要素构成的。

从以上几种观点可以看出，无论是哪种观点，有三个基本的要素是共同的，即体育教师、学生和体育教材。体育教学活动的主体是人，体育教学过程是教师与学生双边统一活动的过程，因此体育教师和学生是体育教学必不可少的两个基本要素。除此之外，它们共同的作用对象是体育教材。在这 教学过程中，教师是通过教材这一媒介与学生发生作用的。体育教学系统的构成性要素主要是体育教师、学生和体育教材。它们之间是相互联系、相互依存和相互作用的。

学生作为正在成长中的、学习中的主体是有千差万别的，由于体育教学中学生身体直接参与，学生在体育活动中出现的差异更加明显与突出，更需要教师对学生的认识了解。每一位学生无论是在体形、体能和身体功能，还是情感、气质、性格、兴趣、爱好以及个性等，由于遗传、家庭、学校和教育等方面的原因，表现出明显的差异性。

体育教师在体育教学中担负着社会的使命——培养下一代。因此，无论从哪个角度讲，体育教师都是体育教学系统中起关键性作用的因素。体育教师的个性、能力、水平、事业心、责任感以及体育教师与学生的关系和教师在学生中的威信，都对体育教学的效果产生重要的影响。

体育教材指体育教师指导学生体育学习的一切教育材料，它是体育教学中师生相互作用的媒介，是体育教师要教，学生要学、练的对象。体育教材的选择与组织一方面要考虑社会发展的需要，尤其表现在社会发展对教育、学校体育目标的制约；另一方面，要考虑体育运动特点，要充分考虑学生对体育教材的理解、接受与喜爱的程度。体育教材的内容范围、难度等都直接影响着体育教学的成效，也直接影响学生的身心发展。

（二）体育教学的规律

1.要遵循与学生身心发展水平相适应的规律

教育和教学必须与学生身心发展水平相适应，这是一条基本规律，体育课也必须遵循这条规律。体育课要促进学生的一般发展和特殊发展，这就要求体育课的目标要定得适当，教学方法、手段等也要适当。要达到这点，就必须了解学生的现有发展水平，针对学生的"最近发展区"，促进其不断发展。

2.要遵循学生生理的心理指标起伏变化规律

在体育课的教学活动过程中，学生生理和心理方面，都承受着不同强度和数量的负荷，引起一系列生理和心理指标的变化。由于在体育课的教学过程中，学生有各种不同的学习活动方式，如听讲、观察、进行身体练习、帮助同伴以及休息，等等。这些方式的改变，对学生身心有着不同程度的影响，于是学生机体生理指标和心理指标的变化便易呈现出波浪形，这种高低起伏的变化是体育课教学特有的，是客观存在的，体育课的进行要遵循这个规律，保持合理的生理、心理起伏变化的节奏。

3.要遵循感知、思维和实践结合规律

体育课上学生大部分时间是在从事身体练习，耳、眼和机体等感官直接感知动作，大脑积极思考如何行动，机体去协调做动作。其中，直接感知是基础，思维是核心，实践是归宿。这三个环节是紧密结合的，缺少哪一个都会影响体育课教学的效果。因此，这也是体育课必须遵循的。

4.要遵循掌握体育知识技能螺旋式上升的规律

体育课教学要向学生传授有关的知识、技术和技能等。一种知识、技术和技能掌握以后，如果不及时强化，就会遗忘或消退。在前面传授的知识、技术、技能衰退现象，后面的体育课不应改变这种现象，使前面学习的知识、技术、技能得到巩固、完善和提高。所以，学生掌握体育知识、技术、技能螺旋式上升，也是体育课教学应遵循的一条规律。

第二节　体育教学的目标与特点

一、体育教学目标及相关概念

（一）体育教学的条件关系

体育教育领域中，与体育教学目标相关的术语较多，如体育教学目标、体育教学任务等，因而人们容易混淆。那么，"体育教学目标"与相近的"体育教学目的""体育教学任务"之间是什么样的关系呢？

1.体育教学目的、体育教学目标、体育教学任务的含义

（1）体育教学的目的

体育教学的目的就是人们设立体育学科和实施体育教学的行为意图与初衷。体育教学目的也是贯穿整个体育教学的指导思想，是对体育教学提出的概括性的和总体性的要求，它把握着体育教学的进展方向。

（20体育教学目标

是努力的方向和预期的成果，是"要在各个阶段达成什么和最后达到什么"的意思。由此而论，体育教学的目标是人们为达到体育教学的某个目的在行动过程中设立的各个阶段预期成果以及最后的预期成果。

（3）体育教学任务

是受委派担负的工作或责任，即上位的人或事对下位的人或事提出的要求及布置的工作，是"要做什么"的意思。由此而论，体育教学任务是为了完成体育教学目的、实现体育教学目标所应该做和必须做的工作。

2.体育教学目标、体育教学目的、体育教学任务三者之间的关系

体育教学目标、体育教学目的、体育教学任务三者之间应是如下的相互关系。第一，各个阶段的体育教学目标的总和就是最终的体育教学目标。

第二，最终的体育教学目标是实现了体育教学目的的标志。

第三，体育教学任务是为实现体育教学目的和体育教学目标所应该做的实际工作和责任。

3.教学目标与教学目的

人们往往把体育教学目的和体育教学目标混淆。在现代汉语中，"目的"的意思是"想要达到的境地或想要得到的结果"。从这一意义上，把"教学目的"理解为教学活动预期要达到的结果，它规定着教学活动的方向和标准要求。由于在汉语词汇中"目的"和"目标"并没有质的差别，因此，将教学目的和教学目标视

为同一。

其实二者既有密切联系，又有明显区别。体育教学目标是体育教学目的的具体化，与体育教学目的在方向性质上是一致的，都是教学活动所要预期达到的结果。其区别：第一，体育教学目的与体育教学目标是一般与特殊的关系，体育教学目的是对体育教学活动的总要求，对体育教学活动具有普遍的指导意义，而体育教学目标是对体育教学的具体要求，只对特定阶段、特定范围内的教学活动有指导规范作用，如某一课时、某一单元的教学活动；第二，体育教学目的具有稳定性，而体育教学目标具有一定的灵活性，体育教学目的体现了社会的意志和客观要求，特别是体育教学目的是以指令性形式表现出来而体育教学目标则较多地体现了体育教学活动的主体要求，有一定的自主性，体育教师可以根据教学的具体情况予以制定、调整，有一定的灵活性。

体育教学目标对整个体育教学活动起着统贯全局的作用。教学目标反映教育思想，也反映对教学规律、教学过程等客观性教学要求的看法。教学目标一经确定，便对其他主观性教学要求发生影响，即影响到教学内容、教学计划、教学方法、教学原则及其他种种的教学行为。当然，人们从教学行为中获得的经验与体验又反过来使自己对教学目标进行再思索，或进一步加深对教学目标的理解或对教学目标做某种幅度的调整。

教学目标具有两个特征：一是可行性。说明目标的内容，即说明做什么和如何做；二是预期性。用特定的术语描述教学后学生应能做以前所不能做的事情，即教学后所要达到的结果的详细规格。

4.教学目标与教学任务

体育教学任务是为了完成体育教学目的、实现体育教学目标所应该做的而且是必须做的工作。教学目标与教学任务虽然是同一个范畴，但又有区别。第一，教学任务是以教师为主体的，教学目标则是在一定教学时间内各种教学活动行为要达到的标准和境界。它是以教师为主导、学生为主体的；第二，教学任务是比较笼统的，分不出阶段和层次。教学目标的描述由于采取了具体的行为动词，因而对教学过程的阶段、深度和层次有明显的限定；第三，教学任务是教师对教学的期望，缺乏量和质的规定性，观察和测量都难以进行，其结果难以评价。教学目标则将教学任务具体化和量化，可观察、测量，或作为评价的依据；第四，教学任务一般为教师所掌握。教学目标师生都要明确和掌握，学生可以根据教学目标进行自我学习和自我检测，有利于提高学生学习的主动性和兴趣。

5.体育教学目标的概念

体育教学目标是依据体育教学目的而提出的预期成果。这个预期成果可分为阶段性成果和最终成果，阶段性成果是体育教学的阶段目标；阶段性成果的总和就是最终成果，即体育教学总目标。体育教学总目标是体育教学目的得以实现的标志。

（二）制定体育教学目标的依据

1.对学生的研究

教育是一种改变人行为方式的过程。这个"行为"是从广义上说的，它既包括外显的行动，又包括思维和感情。从这个角度去认识体育教育时，体育课程目标就是体育教育寻求学生发生各种行为变化的代表。要使体育教育达到预定的目标，就必须对学生进行各方面的研究。

（1）学生身心发展的规律

体育课程的主体是学生，体育教育的工作要求、内容选择、安排和组织形式，以及教育、教学、训练方法手段等，都要以遵循学生身心发展的规律为前提。学生心理发展的主要特点，主要包括学生的认知发展、情感和意志发展、个性发展三个方面；生理的主要特点包括身体的形态发育、机能发育和素质发展三个方面。不同年龄的学生，其身心发展的特点是不一样的。体育教育工作必须结合学生身心发展特点来进行，才可能有针对性，这样才能达到预先设计的"目标"。

因此，学生身心的发展规律是确定体育课程目标的生理和心理依据，它反映学生身心发展的客观规律和作为体育课程主体的客观需要，只有充分认识学生身心发展的特点，所确定的体育课程目标才是科学的，并能指导实践，实现体育课程目标。

（20学生全面发展需要

教学与发展的问题是教育学的核心问题之一，它同教育科学的一系列其他重大问题都有这样或那样的联系。客观真理和科学是现代课程的支柱和核心，对原理结论的被动接受与对科学真理的绝对服从导致了人们主体意识的减弱和人生目标的迷失，甚至出现了被书本知识主宰和控制的"异化"现象。很少有人去探寻课程实践中人性发展的内涵，精神提升的意蕴，也很少有人把课程与人的精神解放、生命历程联系起来。在这种情况下，提倡对人的主体与人生目标的哲学探讨，将会把课程研究提升到一个新的境界。因而，人的生命和发展都应该是课程研究和出发点，任何知识内容的安排都应以人的发展为依据、准绳。

"发展"主要是指人的发展。关于人的发展问题历来是哲学、心理学、社会学、人类学和教育学等众多学科关注的重要课题。教育学把人的发展看作是个体的人的天赋特性和后天获得的一切量变和质变的复杂过程，即由一个生物性的个体变成一个具有无限创造能力的社会成员，其中包括身体、智力、品德、审美和劳动技能等的形成和发展。

教育学中讨论的人的发展，既包括个体的自然发展，又包括个体的社会发展。人的自然发展和社会发展常常是密切关联的，是相辅相成的。这样的情况说它是自然发展也可以，说它是社会发展也可以。当然也有自然发展包含着一部分社会发展和社会发展包含着一部分自然发展的情况。从而可知，作为学生个体的发展，实质上是人的不同自然成长因素、社会因素和基于社会的教育过程综合作用的发展，这也说明了为什么每一个学生个体在同样的教育环境下会表现出不同的学习能力和发展水平。作为体育课程的主体—学生，无论是否接受了体育课程的教育，其都会在自然成长因素和社会因素的影响下成长和发展的。而体育课程的作用则是通过体育的手段引导、鼓励、教育使之能够更为健康地成长、发展，从而达到社会所需要的人才标准。由于体育课程所面临的任务是培养、塑造处于不断发展中的人，所以，应当说体育课程的主体是"发展人"。"教育是人类有意识地促进自身发展的实践。"也就是说，体育课程的根本任务是根据人的发展的概念中必然包括的生物因素和社会因素，来促进学生的健康发展。

既然人在生物因素和学校教育以外的社会因素下仍然可以得到发展，那么，围绕主体所进行的体育课程主要着眼于儿童、少年、青年，直至成年人的成长，即"发展人"。所以，在体育课程的任何阶段，当考虑其目标和计划时，都必须遵循人的发展基本规律来设计、制定并实施。无论是群体的人，还是个体的人，其发展的规律和状况都应该成为制定体育课程目标和计划的基本依据。

2.对社会的研究

对社会的研究，主要是研究社会的需要，是指社会经济、政治、科学文化、生产力的发展水平对体育课程提出的要求。它集中体现社会在培养人的质量规格要求上。当今世界正处于激烈的国际竞争和新技术革命的挑战时代，世界范围的经济竞争、综合国力竞争，在很大程度上是科技和人才的竞争，归根到底是教育的竞争。我国改革开放和现代化建设事业已经迈进了新的世纪，面对新的形势，我国体育课程要根据新形势对人才的要求，考虑我国对体育教育提供的必要条件、合格体育师资的数量与质量、场地、器材设备、工作经费等实际情况，制定出来的体育课程目标才是科学合理的。

在对社会需求的研究中，不能忽略了社会文化传承的需要。文化的传承，不只是静态的积累、保留和传递，它应是选择性地汲取传统文化的精髓，转化为适合时代的有用东西，并加以传扬下去。

教育是个人发展和社会生活延续的手段，就其本质而言，它乃是实现人类文化传承的最主要手段。自然，体育教育是体育文化传承的主要手段，而体育教育的核心就是体育课程。体育课程的文化传承功能主要体现在：首先，体育本身就是一个文化现象，学习体育就是接受体育文化熏陶。体育作为国际社会文化现象由来已久，现代体育的产生和发展与近代文化发展史息息相关。通过体育课程，就能够接触并认识一定的社会文化。其次，体育课程又是体育文化传承的媒介，学习体育就为传承体育文化提供了捷径。学习体育的一大好处就是能为学习者打开认识体育文化的大门。此外，体育课程本身的功能特点，有利于体育文化的传承。现代体育课程的结构丰富了体育文化的传承途径选择，体育的显露课程、隐蔽课程、社会课程与体育文化的传承互为补充。

3.对学科的研究

学校课程毕竟是要传递通过其他社会经验难以获得的知识，而学科是知识的最主要的支柱。由于体育课程专家谙熟课程的基本概念、逻辑结构、探究方式、发展趋势，以及学科的一般功能及其相关学科的联系，所以，体育课程专家的建议是该课程目标的主要依据之一。

体育课程本身的功能是制定课程目标的重要信息，是课程内部特性的反映，是课程实施过程中，学生所要获得的体育教育的结果。到目前为止，体育课程的功能是多元化的：健身功能、教育功能、启智功能、情感发展功能、群育功能、美育功能、娱乐功能和竞技功能等。

由此可见，只有依据这些功能所确定的体育课程目标，才能充分发挥学校体育的作用，使目标的实现成为可能。

（三）体育课程目标的层次结构

体育课程的目标应该是什么呢？是促进学生的全面发展，是"增强体质"或是"促进健康"，还是学会某项运动技术。从这些目标当中可以看出，它们之间并不是处在同一层次上的此外，对于同一层次的目标而言，还存在着不同领域和水平的区分。课程目标是有层次结构的，不同的层次结构发挥着不同的功能。

1.课程目标的纵向层次

根据目标的上下层次关系，可以依次将课程目标分为以下几种不同的层次。

（1）课程的总体目标——教育目标

所有课程的共同目标，即课程的总体目标。课程的总体目标的规定，反映特定社会对于合格成员的基本要求，与该社会员根本的价值观一致，一般有浓厚的社会政治倾向。这一层次的目标经常被写进国家和地方的法规，或其他形式的重要的课程文件当中。

从国家或整个社会的角度来看，教育目标只能是总体性的、高度概括性的，而不可能是具体的、菜单式的。就课程编制而言，总体目标具有导向性，渗透在课程编制的各个方面，可运用于所有的课程实践。例如在考虑课程的宏观结构时，必须服从教育目标的根本方向，在决定课程的具体内容时，必须保证与教育目标要求符合，像义务教育阶段各门课程的设置，能否满足学生全面发展的要求。各门课程所选择和涉及的内容，是否与学生全面教育目标方向相一致，等等。当人们从总体上考虑和判断具体课程的意义和价值、课程结构的科学性、课程内容的合理性时，经常是用教育目标作为根本依据的。

（2）课程的总体目标的具体化——培养目标

课程的总体目标—教育目标，是整个国家各级各类学校必须遵循的统一的质量要求，各级各类学校根据国家的教育目标和自己学校的性质、任务对培养对象提出特定的要求，这就是人们平时所讲的培养目标，如基础教育、高等教育、职业教育等培养目标。培养目标是总体目标在各个教育阶段或不同类型学校中具体化的体现，两者没有实质性的区别。

尽管培养目标是教育目标的具体化，但仍然是具有高度的概括性，如通常用发展学生文化、科学、技术的基础知识和基本技能等表述方式，并不涉及具体的学科领域，而只是对各个教育阶段和各级各类学校中的各种学科课程的编制提供相应的依据。同样各个教育阶段和各级各类学校的体育课程也是根据培养目标而编制的。

（3）学科领域的课程目标

学科领域的课程目标实际上就是人们通常意义上所讲的课程目标，这一层次的目标适用于一定阶段的具体课程，要研究的体育课程的目标就是属于这一层次的。这个层次上的目标比培养目标更为具体，可以说是培养目标在特定课程领域的表现。学科领域的课程目标的确定首先要明确课程与上述教育目标、培养目标的衔接关系，以确保这些要求在课程中得到体现；其次，要在对学生的特点、社会的需求、学科的发展等各个方面进行深入研究的基础上，才有可能确定行之有效的学科领域课程目标。学科领域的课程目标有助于澄清课程编制者的意图，使各门课程不仅注意到学科的逻辑体系，而且还要关注教师的教与学生的学，关注到课程内容与社会需求的关系。体育课程的目标实际上就是结合体育学科本身的特点、教育目标、学校的培养目标、学生的特点以及社会的需求而制定的。

（4）学科领域的课程目标的具体化——教学目标

尽管学科领域的课程目标有细化和可操作性的趋势，但仍然是总体性的或阶段性的一般目标；而作为短期的某一教学单元以至某一节体育课，又如何分析它的目标体系呢，这通常称为单元或课的教学目标。实际上它们是学科领域的课程目标的进一步具体化。课的教学目标又是单元教学目标的具体化，是最微观层次的课程目标。这一层次的目标通常分析到操作化的程度，它往往与具体的情景联系在一起，对体现较抽象的课程目标的结果给予明确的界定，引导教学的展开。

教学目标是一所学校在确定体育课程的实施方案并制订以单元为基础的全年

教学计划以后，由任课教师制定的，它是教师制订单元计划和课时计划的根据。在过去，我国较为重视的是课时计划，并把一堂课看作是最基本的教学单位。其实一堂课是最基本的教学学位，却不一定是一个完整的基本教学单位，因为一堂课不能把一个教学系列完整地教给学生，有时只完成其中一部分。只有一个教学单元才能把一个完整的教学系列教给学生。因此，在改革的新形势下，应当更为重视单元计划的构建和单元目标的设计。

2.课程目标的横向关系

课程目标的横向关系实质上反映了各种目标的区分以及相互关系。"目标领域"是指预期学生学习之后所发生变化的内容领域。在教育目标这一层次上，我国通常用德、智、体或德、智、体、美、劳来划分目标领域。无论怎样划分目标领域，各领域对总的目标来说都应当具备逻辑的合理性，它们彼此之间在相互关系上虽然可能是并列和平行的，这样使得议程目标更加具体、清楚和明确，但它们之间必须是个相互联系的整体，每个领域都不能脱离其他领域而单独实现课程目标。

二、体育教学目标与体育学科功能、价值的关系

（一）体育学科的多功能

功能取决于事物的性质和特点，同理，体育学科的功能来自体育学科自身所具有的性质和特点。由于体育学科的内容产生于不同的文化现象，如产生于军事中的体育活动、产生于民间娱乐中的体育活动、产生于教育中的体育活动、产生于养生保健中的体育活动、产生于竞争竞赛中的体育活动，等等。因此，体育学科具有了上述这些文化母体所带有的多样功能和特征。

（二）体育学科的价值

由于体育学科具有多样的功能和特征，使得体育学科具有了价值取向多样性。功能与价值有着非常密切的联系，但二者又不相同，功能是一个事物或物体固有的作用范畴，而价值则是利用者面对这个事物时的态度和选择，即价值取向。虽然体育学科的功能是相对稳定的，但在不同的历史背景下和不同的国度中，体育学科的各个功能被不同程度地加以利用，体育学科被赋予各种各样的价值，此时，体育学科有些功能可能被忽视，这方面的价值也难以实现。

当然，人们在注重追求某种体育功能并努力实现某种体育价值时，也并不是绝对单一的，在多数情况下，人们是同时追求几种体育的功能，注重实现体育的多种价值，只不过是更注重、更强调某个功能而已。

（三）体育教学目标、体育学科的功能及价值之间的关系

功能、价值和目标的意义各不相同。功能是一个事物固有的、客观的属性；而价值是外赋的、主观的属性；目标则是根据功能进行价值取向后的行为效果指向。

功能是事物固有的和客观的属性，而价值是外赋的和主观的属性，也就是说，一个事物即使具有这个功能，而人们如果没有看上这个功能，也不会把这个功能的实现作为目标；相反，一个事物不具有这个功能，即使人们非常希望通过这个事物实现这个功能，也是无济于事的。所以，不能将功能简单地等同于目标，也不能将价值简单地等同于目标。虽然认识到了体育的多种功能，但也不能将这些功能都不加分析地作为体育学科的目标。

体育学科的功能不会有大的改变，但不同的社会和不同的历史阶段会有不同的体育价值取向，因此体育教学的目标会随着社会的变化与发展产生相应的变化。

三、合理制订体育教学目标的意义

根据以上的分析，可以看出：合理地制订体育教学目标对于体现体育学科的功能，完成人们对体育学科的价值期待是非常重要的。合理制订体育教学目标的意义主要体现在以下几个方面：

（一）充分发挥体育学科教学的功能

只有合理地制订了体育教学目标，才能明确要实现哪些体育教学的功能，如健身的目标可以帮助实现体育教学的健身功能；愉悦身心的目标可以帮助实现体育教学的满足乐趣功能；传授技术的目标可以帮助实现体育教学的授业功能，等等。如果乱定体育教学目标就不能充分发挥体育教学的功能，如有些老师不适当地制订了"研究"和"创造"的体育教学目标，使目标偏离了体育教学的基本功能，因此也就无法发挥好体育教学的主要功能，使得这些体育课上得空洞而虚假，使得体育教学的质量大为下降。

（二）保障实现体育的教学目的

只有合理地制订了体育教学目标，才能稳妥地实现体育教学的目的。如前所述，体育教学目标是体育教学目的的实现的标志，如使学生的体格强健是健身目的的标志；使学生每个单元每节课都能愉悦身心是促进学生运动参与的标志；让学生在本学段学好一项有用的运动技能是促进学生体育实践能力形成的标志，等等。如果总的体育教学目标不是体育教学目的的标志，那么就意味着体育教学目的（意图）没有得到实现。例如，针对高中阶段"培养学生锻炼身体的能力"的目的制订的教学目标却是"发展学生的身体素质，让全体学生都达标"就很不恰当，

因为"培养学生锻炼身体的能力"必须是"掌握锻炼身体的方法"的目标，"全体学生都达标"不能标志"学生锻炼身体的能力的形成"，因此这是个不当的目标，当然也就无助于体育目的的实现了。

（三）　确保层层目标衔接，最终实现总目标

如果制订好了每一个阶段的体育教学目标，就可以保证阶段体育教学目标的总和等于总的体育教学目标，那么就意味着总的教学目标可以顺利完成；反之，如果错定了阶段体育教学目标，就使得阶段体育教学目标的总和不能等于总的体育教学目标，那么就意味着总的教学目标没有完成。因此，正确地制订好各个层次的教学目标，层层目标衔接，是最终实现总目标的可靠保证。

（四）　明确和落实体育的教学任务

体育教学目标决定着具体的体育教学任务。目标是标志，没有标志就没有方向，但只有标志没有具体的行动，标志也是没有意义的。因此，要有具体的体育教学任务来支撑目标的实现。体育教学任务要以体育教学目标为依据，好的目标有助于明确教学任务，体育教学目标是"的"，体育教学任务是"矢"，有了明确的目标，教学的任务才能"有的放矢"，切实有效。

（五）　规约了体育教学过程

体育教学目标不仅在方向上对体育教学起着指导作用，而且在具体的步骤和方法上也具有规约的作用。体育教学要取得怎样的结果；要先达到怎样的结果，再达到怎样的结果；它们之间是怎样的逻辑关系；这些都要靠制订阶段的体育教学目标来明确。体育教学目标预先规定了体育教学的大致进程，体育教学的展开过程就是体育教学目标得以实现的过程。因此，清晰的体育教学目标有利于体育教师对教学活动的控制，有利于提高体育教学设计的预见性和科学性。

（六）　指引、激励教师的教与学生的学

目标反映了人的愿望和努力方向。当明确的目标意识延伸到人的行为领域，并同行为相联系的时候，则形成动机和动力源泉。虽然体育教学目标并不完全是由任课教师和上课学生群体制订的，但合理的体育教学目标必定充分反映着教师的努力方向和学生的学习愿望。因此，科学合理的体育教学目标必定可以指引教师的工作，必定可以激励学生学习。体育教学目标为教师指明了体育教学工作的预期成果，使他们清楚地知道自己工作的努力方向。体育教学目标的不断实现还会使教师受到鼓舞，实现过程中的困难也会促使教师去发现和解决问题，所以明确具体而切实可行的教学目标，可以指引教师努力地工作；同理，体育教学目标也为学生的体育学习提供了努力的方向，使他们清楚地知道自己与预定目标之间

的差距，学习目标的不断实现会使学生受到鼓舞，实现过程中的困难也会使学生受到鞭策。所以，明确具体而切实可行的教学目标可以激励学生努力地学习。

（七）形成检验教学成果的标准

体育教学目标是到达点，是标志，因此其本身就是很鲜明的和可判断的标准，阶段性目标的达成与否是在教学过程中进行体育教学质量评价的标准；而总目标的达成与否就是在教学过程终结时进行体育教学质量评价的标准。从这一点上讲，体育教学目的和体育教学任务都少有标准的性质，因此难以用来作为检验体育教学成果的标准。

同任何事物一样，体育教学目标也有着自己的结构，体育教学目标的结构是由体育教学目标的外部特征和内部要素共同构成的。

四、体育教学目标的外部特征

体育教学目标的外部特征是：属于体育教学目标内容以外的，但对体育教学目标内容具有规定性的那些特点及其标志。体育教学目标的外部特征主要有：目标的层次、目标的功能与特性、目标的着眼点和目标登载的文件。

（一）体育教学目标的功能与特性

所谓体育教学目标的功能与特性，是指各个层次的体育教学目标都有其独特的"功能"和"特性"，就是"为什么要有这层目标""这层目标是干什么的"等层次目标的必要性和不可替代性。如果不明确各层目标的功能与特性，这层目标就会与其他层目标相混淆，那么该如何考虑、如何制订、如何表述这个目标也就不清楚了。也可以把"目标的功能与特性"理解为"目标的定位"或"目标的个性"。过去有些体育教师把"培养集体主义精神"的目标写进课时的目标，就是因为不了解课时的体育教学目标具有不宜写进如此大的目标的"功能与特性"所致。

（二）体育教学目标的着眼点

各层体育教学目标有着各自要解决的问题，因此各层的目标就有自己的"着眼点"，就是"围绕着什么来看目标"和"围绕着什么来写目标"的视角。例如，学段体育教学目标就是围绕着"本学段学生的身心发展特点"；单元体育教学目标就是围绕着"运动技能学习"，两者在这里是不能互换和颠倒的。因为，学段体育教学目标的实现涉及许多的运动教材，因此不可能围绕某一个运动技能来写，它的着眼点是"在这个发展阶段学生需要什么，能发展什么"；同理，单元体育教学目标是学段目标的下位目标，它也不可能围绕学段的发展来写目标，而它的着眼点是"在这个单元中，利用这个运动教材应该发展学生什么，能发展学生什么"。因此，体育教学目标的"着眼点"也是形象地辨别体育教学目标功能的"观察点"。

五、体育教学目标的内部要素

体育教学目标还有它内部的要素。例如，在体育教学目标中写了"学习单手投篮"，这是一个不合格和不完整的体育教学目标，因为这个目标不具体，也无法用它来检验目标是否实现。如果制订"学习单手投篮"这个目标，只能根据它来判断学生"是否学习了单手投篮"和教师"是否教了单手投篮"，换句话说，只要教师教了、学生学了单手投篮，这个目标就算是达成了，但学了几次，学生学会了没有，都不在这个目标范围之内，因此说这样的目标是"管教不管会"的，是不完整的，也是不能指导体育教学实践。

（一）条件

条件是决定目标难度的因素。在规定目标难度和学习进度时，可以利用目标中条件因素来进行变化，如同样是排球的垫球，可以根据条件的变化来改变教学目标的达成难度。例如，条件 A：自己抛球后，将球垫起。条件 B：接垫同伴在 3 米外柔和地抛球。条件 C：接垫同伴隔网抛来的球。条件 D：接垫同伴隔网发过来的球。

（二）标准

标准也是改变目标难度的一个因素，同样是"接垫同伴隔网发过来的球"，就可以通过改变标准来调整目标的难度。例如，标准 A：垫出的球要达到 2 米的高度，并落到本方场地中。标准 B：垫出的球要达到 3 米的高度，并落到本方场地的前半场。标准 C：垫出的球要达到 4.5 米的高度，并落到本方场地的前左方规定的范围内。

（三）课题

课题可以通过改变动作形式来改变目标的难度，如体操中的平衡运动的课题。课题 A：手放在什么位置都可以，做十秒钟的单脚站立。课题 B：手在体前相握，抱膝盖，做十秒钟的单脚站立。课题 C：闭眼做十秒钟单脚站立。课题 D：闭眼并手在体前相握，做十秒钟的单脚站立。知识和原理理解方面的目标也是如此。

六、体育教学的特点

（一）身心合一的健身统一性

体育对人自身自然的改造，不仅是形态结构与生理机能的统一，也是身与心的统一。体育教学要在追求学生身体改造的同时，注重学生无形的心理发展。因此，体育教学要善于营造不同于智育教学的、生动活泼的教学气氛，为学生的心理健康发展提供良好的环境。要善于利用体育活动自身所蕴含的吸引力，并通过合理的教学组织，使这种吸引力倍增和放大。体育教学应该是一种快乐的教学，重过程的主动参与，重情绪的积极体验，重个性的独立解放，使人际关系宽松和谐，使学生在轻松愉快的环境中，在欢快愉悦的心境下，自由自在、无忧无虑、不知不觉地获得身心的健康发展。

体育教学中身心合一的健身统一性体现于三个方面：

第一，在体育教学中选择教材时不仅要注重教材对学生身体各部分、各种运动能力和各种身体素质的积极影响，而且要注重教材对学生心理的影响，尽可能从心理学、美学和社会学方面使学生得到良好的体验，在完成动作的过程中，不知不觉地感受协调，默契、流畅和成功的欢喜与愉悦。

第二，体育教学的组织教法必须克服一体化的固定模式，体现体育教学生动活泼的教学形式，让学生活动得更自由、更自在、更开心、更充分，从而达到身心和谐和内外兼修的目标。

第三，在注重学生生理负荷起伏变化的同时，还要注重心理活动起伏变化的规律。在体育教学中，学生的身心同时参加活动。在反复的动作和休息交替的过程中，学生的生理机能变化有一般的规律：当进行练习时，生理机能开始变化，生理机能水平开始上升；达到一定水平后，保持一定时间，然后再开始下降。在一定范围内，由于练习与休息进行合理的交替，所以学生的生理机能变化呈现出一种波浪式的曲线。与此相适应的，学生的心理活动也呈现出高低起伏的曲线图像。这种生理、心理负荷波浪式的曲线变化规律，体现了体育教学鲜明的节奏性和身心的和谐、统一。

（二）体育教学过程的教育性

"教学过程永远具有教育性"，这是任何教学过程的一条基本规律。古今中外的体育教学，概莫能外。体育教学的教育性主要体现在两个方面：

第一，在体育教学中组织每一项活动，均有一定的目的任务、组织原则、规则要求、需要学习和掌握相应的动作技术，以及克服各种各样的困难等，这些是构成体育环境的基本因素。学生在这一环境中进行学习、锻炼或参加比赛，就会受到直接的影响。同时，体育环境还包括教师使用的教材，采用的教学方法、教学环境、教学条件、学校传统和班级风气等，这些都会有力地吸引、潜移默化地熏陶感染和教育与之有关的人；提供了许多学生乐于自愿接受，更多情况下是不知不觉接受的、有利于个性品质形成的机会和情景，并可促进良好的思想品德和个性品质迁移到学习、生活和工作等各个方面去，以收体育之效。

第二，在体育教学中，学生的思想感情和作风，很容易自然地表现出来。这有利于教育者把握学生的思想实际和特点，从而对他们进行有针对性的教育。体育教学中，进行思想品德教育的内容是极其丰富的，概括地说，主要包括：培养热爱集体的情感和意识，培养团结友爱、关心他人、互助合作的思想和意识，培养竞争意识、胜不骄败不馁的精神，培养坚忍不拔、勇敢顽强、机智果断等优良意志品质，以及心情开朗和愉快活泼的良好性格。

（三）教学目标的多元性

体育教学目标既有强身健体、提高运动技能的目标，又有调节情感、提高心理素质的目标，也有促进交往，建立和谐关系，规范运动行为，促进社会化等目标。体育教学目标受政治、经济的制约影响比较大，在特殊的社会背景下，往往还会出现代偿性目标，如新中国成立初期的军事与劳动目标。体育教学目标的多元性与其他学科教学目标相比，有过之而无不及。

（四）授课活动的复杂性

为提高教学的有效性，体育教师课堂教学特点非常突出。不仅需要组织有序得当，还需要调控学生的运动负荷；不仅需要言传指导，还需要动作示范；不仅需要具备一定的教学素养，还需要掌握运动技能。体育教师的教授不仅是体力活动，也是智力活动。

体育教师不仅是知识技术的传授者，也是活动的组织者。由此可见，体育授课活动不是看着那样简单，较理论学科的授课活动要复杂。

（五）内容编制的制约性

体育教学内容不仅包括体育理论知识内容，还有身体锻炼内容和体育运动项目内容，各内容在教学中所占比重的多少，都将受到体育教学目标和教学时间制约。另外，虽然体育教学内容中有些运动内容之间逻辑性不是很强，但这些内容也不能随意编制，不仅要考虑内容的功能与价值，还要考虑学生的身心特点，还要切合当地和本校的实际情况。

（六）环境管理的重要性

体育教学大都在室外或体育场馆里进行，这些场地环境受外围影响比较大，特别是户外，还受季节和气候的影响。另外，学生在体育活动中流动性的特点，也使开放性的教学环境的管理更加复杂。教学的安全性、健康性、有效性等都要求重视教学环境的管理。

第三节 体育教学的任务与原则

一、体育教学的任务

（一）学习掌握体育的基础知识

使学生理解体育的目的任务和体育在教育中的地位和作用；学会基本实用的身体锻炼的技能和运用技术；使学生掌握与了解身体锻炼的基本原理和科学锻炼身体的方法，以适应终身锻炼身体的需要。

（二）发展学生良好的思想品德

培养学生勇敢顽强和富于创造的精神，遵守纪律，团结协作和朝气蓬勃的体育道德作风；因势利导，全面地发展学生适应于社会和生活需要的个性；提高对体育的认识，培养经常参加身体锻炼的兴趣和习惯；陶冶美的情操。

（三）全面发展学生的身体

根据学生的年龄特点，有计划地进行各项内容的体育教学，以促进学生身体的正常生长发育和生理功能的发展。

上述三项体育教学任务是互相联系的统一的整体，它是通过体育的实践活动和理论讲授完成的。这三项体育教学任务，必须协调一致，全面贯彻，不可偏废。但在具体教学中，根据课的具体任务，教学要求和教材特点，而有所侧重，也是理所当然的。

二、体育教学的任务完成

要想在课堂上圆满地完成体育课的任务目的，用传统的教学方式很难达到教学大纲和教材对学生的要求。从时间上说，看一堂课学生锻炼和掌握动作质量的好坏，密度是关键的一环。如果将大量的知识技术传授给学生，而学生没有足够的时间去消化和掌握，那就很难使所传授的知识和技术转换成有效的课堂质量。由于动作的难度与动作的特殊方面，以及教师对动作、体态、语言表达的差异，使得教师在教某些动作时，很难使学生通过视觉、听觉准确而完整地了解动作的全过程，给课堂教学带来了一定的困难。

在语言与动作的结合方面，体育课上有很多动作往往是教师一边做一边进行解说。这对于慢做和那些可以分解的动作来说还是能够办到的。但对那些只能在快速而连贯的情况下才能完成的动作，就很难做到两全其美了。

因为场地、队形、视角、环境等问题，教师在某一动作时，就要在不同的地点、方向上反复多次地进行示范讲解，才能使所有的学生都能看清和听清动作的做法和要领。这就在无形中浪费了时间，加大了教师的工作量，减少了学生练习的时间。

为了解决体育课中存在的上述问题，很多体育老师都总结出了许多有效的方法。随着电化教学在各学科中的运用与推广，电化教学也以它快速省时、生动直观、图文并茂、信息量大、容易接受的特点为体育教师所采用。在室内理论课中，电化教学一改过去那种教师在上边讲，学生在下边听的常规惯例，利用幻灯、投影、录像等电教手段将学生紧紧地吸引到了教材之中。在课堂上教师在连贯动作示范中无法做出停顿的一些动作，通过画面的定格处理，教师就可以很自然地加以解说。利用字幕和解说也可节省大量的板书和阅读时间，提高授课质量。

在新授课上采用电化教学，可以提高学生的学习积极性，集中学生的注意力，便于教师对学生的组织与管理。由于电化教学内容是事先制作好的，也就不会再出现教师在做示范动作时的失败和重复讲要领做动作的现象。学生可以在最短的时间里就看到最标准最完整的技术动作，听到最简练的技术要领，建立起真实、完整、逼真、系统的表象认识过程，使学生减少和不产生错误的动力定形。

复习课是学生对已学过的动作进行练习改进和巩固掌握。在复习课上使用电教手段可以加深学生对技术动作的认识理解，将感性认识上升到理性认识的高度。既可以将所学过的动作逐一定格让学生对照动作进行有针对性的练习，也可以放录音或录像让学生集体进行复习练习。这样不但巩固了所学的知识而且培养了学生协同一致的良好习惯，对发扬集体主义精神也能起到好的作用。

如果在上综合课时用"分组轮换"的形式进行组织教学，教师就可以集中精力辅导新授教材的一组，而进行复习的一组可以在电化教学的情景中进行自我学习。当教学中因动作本身的难度，教师无法亲身去做示范，学生对动作的方位距离、运动轨迹等空间概念产生疑问时，使用电教手段可以轻松地解决这一难题。如在跳跃练习中起跳后的腾空动作，电影、录像、幻灯都可以在不改变动作技术的情况下，运用慢放或定格的手法，将动作清晰地展现在学生面前，为教师在课堂中讲解动作重点、难点，提供了行之有效的手段。运用电化教学可以帮助教师整理数据资料。总之，要想使电化教学在体育课上运用得好、收效大，就需要做好以下几点：

第一，要根据教学内容、学生情况、课的类型、授课环境、场地器材、组织形式、教学程序、时间分配等条件，来选择电教设备、教学手段等。

第二，必须熟悉电教设备的性能、使用方法及实际操作，以确定选择内容和使用的具体时间。

第三，在备课时要将传统教法与电教手段相结合一同备入教案，要培养几名能够操作电教设备的学生做助手，以便在课堂上进行分组轮换时，学生能自己组织练习。

第四，课前要教育学生爱护公共财物，爱护电教设备，遵守纪律，保证课堂秩序。

第五，要充分利用电化教学的声响、画面、解说等手段对学生进行思想品德方面的教育，提高学生积极性，培养良好的自我锻炼习惯，使学生得到全面发展。

三、体育教学的原则

（一）体育教学原则的概念

"原则"一词，在汉语中通常指"观察问题、处理问题的准绳"。在教学论中，通常把教学原则定义为对教学的基本要求和指导原理。教学原则对整个教学过程都起着指导作用：第一，教学原则是指导教学活动的出发点，教师要根据教学原则来设计整个教学过程；第二，教学原则是实施教学的总调节器，在整个教学进程中，教师要以教学原则来调节、控制教学活动；第三，教学原则是判断教学质量的基本标准，教学质量的高低。从根本上来说，就看教学原则贯彻得如何。因此，每个教师和教学管理者都必须掌握教学论所确定的一系列教学原则。

基于以上对教学原则的分析，体育教学原则是实施体育教学最基本的要求，是保持体育教学性质的最基本因素，是判断体育教学质量的基本标准。

（二）体育教学原则提出的依据

1.哲学依据

这是最重要的依据。从所应遵循的哲学思想来说，最基本的是两条：一是唯物论，二是辩证法。

违反辩证唯物论，主观主义地杜撰出一些"原则"来的事物是不难看到的，硬要把某些只能在局部地方起作用的东西夸大为在任何地方起作用肯定行不通。

对事物的基本关系的分析，具体问题具体分析，这是辩证法的重要内容，这是避免片面性的重要方法，但片面性却常见，例如，直观性原则就是一条有片面性的原则。尽管直观在认识中有重要的作用，而且在教学活动中应当自觉地运用直观，但是，直观只能在有利于认识的启动和深入时才使用，不能为直观而直观。直观适用的范围并不是普遍的，大量的概念、原理是不可能借助直观手段的，"道德"这个概念你怎么去直观地解释？"是一个无理数"这个原理你怎么去直观地说明？这里的片面性也就在这样两点：第一，直观手段的普遍性有限；第二，直观与认识的关系，直观与抽象的关系，这是更重要的方面，但未涉及或未弄清楚。

2.教育理论依据

按照整个教育科学领域的理论层次来说，应当是这样的。教育理论，从大的方面来说，有教育本质论、教育目的论、教育价值论、教育规律论、教师论、学生论、德育论、智育论、美育论、教学论以及德育体制与教育管理理论等许多方面。

教育目的论、教育价值论所要涉及的人的发展理论无疑对教学原则有重大影响。关于人的全面发展的目标是最基本的，教学应当体现教育目的是这一目标最重要的内容，这一点应为教学原则的制订所充分考虑，然而，传统的教学原则研究对此是比较忽略的。凯洛夫教学原则体系的重大缺陷之一亦在此，他提到的自觉性原则只是附带地涉及教学的教育目的。课程论、教师论、学习论，这些也是对教学原则制订有影响的。教学中的几个基本要素——教师、学生、教材，它们的相互关系及其正确处理是教学原则所应当回答的问题。传统的教学原则研究一般只从教师的角度讲，尽管教学原则必然主要为教师所掌握和运用，但应涉及教学中几个基本要素的关系。对于教材，系统性原则对之给予了部分的注意，特别给予注意的是结构原则。

（三）体育教学原则的作用

体育教学原则是体育教学过程中必须遵守的准则或标准。作为体育教学工作的指导原理和基本要求，体育教学原则对体育教学工作具有指导作用。在体育教学过程中，体育教学原则既是出发点，又是调节中枢。它在一定程度上具体决定着教学内容的安排、教学方法的选择和教学组织形式的运用。学习和掌握体育教学原则，能按照体育教学的客观规律组织教学活动，正确解决教学内容、教学方法和教学组织形式等一系列理论与实践问题；遵循体育教学原则进行体育教学，就能提高体育教学质量，反之，违背了教学原则，就会降低教学效果，甚至劳而无功。

体育教学原则作用的发挥，不是某个原则所能单独完成的，而是需要一个完整的体育教学原则体系以发挥整体功能。所谓教学原则体系就是指：反映教学规律的多个原则之间不是孤立分散的原理，而是有机地相互联系的组合。只有建立一个科学完整的体育教学原则体系，才能发挥体育教学原则对整个体育教学过程的指导作用。由于人们对体育教学规律认识的角度不同，在构建体育教学原则体系的过程中，有的从社会学的角度出发，有的侧重教育学，有的偏重心理学等。就如何建立一个完整的体育教学原则体系，目前的体育教育理论界认识尚不一致。

（四）体育教学原则

1.自觉积极性原则

自觉积极性原则是指在教师主导下，充分调动学生学习的自觉积极性，发挥学生的主体作用，培养学生学习的主动性和创造性，把认真完成学习任务，变成自觉的行动。

确定自觉积极性原则的依据，这一原则所指的是，在教师主导下学生的自觉积极性。它是由教师的教与学生的学的双边活动过程的教学规律决定的。师生关系是体育教学过程中的一对基本矛盾，矛盾的主导方面是教师。因为教师是教育者，他们掌握比较丰富的体育知识、技术和经验，能满足教好学生的需要。在实施教学计划过程中，教师的教起着主导作用，它不仅表现在对计划的制订和执行上，而且还表现在对教学过程的调节和控制上。学生是教学的对象，是知识、技术的接受者，是学习的主体。但是，学生学习的自觉积极性不完全是自发的，还取决于教师的指导、传授、调节和控制。反过来，学生有了学习和练习的自觉积极性，又能主动地自我调节和控制，并与教师的调节和控制协调一致，才能保证预定教学目标的实现。所以，在体育教学过程中要把教师的主导作用与调动学生学习的自觉积极性很好地结合起来，这是提高教学质量的根本条件。贯彻和运用自觉积极原则的基本要求如下：

（1）了解和熟悉学生

教师必须了解和熟悉所教学生的特点和概况。要了解他们爱好什么、需要什么、擅长什么、有什么困难和不足，等等。这是教师搞好体育教学工作的前提。但是，真正做到了解学生是很不容易的。教师对学生的了解要做到"知人知面又知心"，能够做到这一点，关键在于教师，因为教师是师生关系中的主导者，教师不主动去了解和熟悉学生、关心学生，学生就不可能产生对教师的信赖，当然也就谈不上"知心"。只有做到"知人""知面""知心"，才会有调动学生自觉积极性的基础。

（2）发挥教师的主导作用

学生的自觉积极性不完全是自发的，还必须通过一系列细致工作才能充分调动起来。所以，要调动学生的积极性，必须发挥教师的主导作用。教师的主导作用，不仅表现在教学中，如教师通过讲解、示范、组织教学等手段，把学生引导到所教的内容上来，更重要的应该是给学生提供和创造一种良好的条件，使外因能顺利而迅速地转化为内因，从而调动学生的自觉积极性。

（3）建立民主平等、情感融洽的师生关系

体育教学过程中，教师要为人师表，教书育人，既要严格要求学生，又要满腔热情地关心与信任学生，使师生关系融洽和谐。感情息息相通。这种良好的人际关系，有利于学生能动地参加到体育教学中去。

（4）注意培养学生学习的内在动力

学生学习的内在动力，是鼓舞和推动学生的内驱力。教师应不断提高教学的艺术性和启发性，培养学生正确的学习动机和兴趣。动机是一切行为的前提，是推动学生学习、锻炼的心理依据。只有使学生形成了正确的学习动机，才能发挥学生的主体作用。

（5）培养学生自学、自练和自评的能力

自学、自练和自评的能力是养成学生经常参加体育锻炼习惯、培养终身体育锻炼意识的重要基础。在教师主导作用的前提下，要为学生自学、自练和自评能力的培养与发展，创设一个良好的外部环境，放手让学生独立自主、生动活泼、主动地学习与锻炼。

2.直观性原则

直观性原则是在体育教学中，要充分利用各种直观方式和学生已有的经验，通过学生的各种感觉器官去感知事物，培养学生的观察能力和积极思维的能力，使学生获得直接经验和感性认识，为掌握体育知识、技术和技能奠定基础。

确定直观性原则的依据是辩证唯物主义的认识规律。从生动的直观到抽象的思维，并从抽象的思维到实践，这就是认识规律、认识客观实际的辩证途径。任何知识的来源，都在于人的肉体感官对客观外界的感觉。在体育教学中，学生掌握体育的知识、技术和技能，也是从建立感性认识开始的。首先，必须使学生感知所学的动作，在感知的基础上建立起完整的、正确的动作形象和概念，从而为学生掌握体育的知识技术奠定基础。贯彻和运用直观性原则的基本要求如下：

（1）综合运用身体的各种感觉器官，感知体育教材，扩大直观效果

在体育教学中除通过视觉、听觉来感知动作的形象、结构和要领外，还要通过触觉和肌肉的本体感觉来感知完成动作时肌肉用力的程度、方法，及空间与时间的关系等，以扩大直观教学的效果。

（2）充分发挥教师本身对学生的直观作用

教师自身的一切活动，都是学生观察的目标，特别是教师的动作示范、语言表达等都是学生获得生动直观的主要来源。学生模仿能力很强，所以，要求教师必须加强自身修养，提高体育理论和运动技术水平，重视动作技术示范的准确性和规范性。

（3）充分运用多种直观教具和手段

要借助于多种教学媒介和各种现代化教学手段，如模型、图片、幻灯、录像、录音、电影等，以发挥直观教学的作用。

（4）善于引导学生观察和激发学生积极思维的能力

直观性是通过学生直接观察运动动作的形象来实现的。学生在教师的指导下，通过分析、比较、弄清正在学习的与已学过的身体练习有何联系。辨别运动动作的技术结构，找出动作技术的关键，明确正确动作与错误动作的界限，从而形成

运动动作的正确表象。同时还要防止一般化的观察和单纯形式的模仿。

此外，选择运用好各种直观位置和把握使用时机，也将会取得良好的直观效果。

3.因材施教原则

因材施教原则是指体育教师在教学中，既要面向全体学生，提出统一要求；又要根据不同班级和学生的个体差异区别对待，把集体教学和个别指导结合起来，使每个学生的才能和特长都能得到充分发展。

确定因材施教原则的依据是学生身心发展的客观规律及个体发展不平衡性。同一年级和年龄组的学生，他们的身心发展规律具有共同点，因而体育教学可以对他们提出统一的规格和要求。同时，同一年级和年龄组的学生他们的身心发展又存在着个体差异的发展不平衡性，如他们在身体形态、身体素质、运动能力、兴趣爱好、运动项目专长等方面都存有差异。这些不同点，又要求在统一的基础上，要注意区别对待，因材施教。贯彻和运用因材施教原则的基本要求如下：

（1）深入了解学生的一般情况和个体特点

这是进行因材施教的基础。教师要通过调查研究，全面了解班上学生的体育认识、兴趣爱好、思想品德、健康状况、体育基础、身体发展等多方面的情况。找出他们的共同点和差异，才能采取不同的方法，因材施教。

（2）面向全体，兼顾两头

教师要把主要精力放在提高学生的成绩。在制订教学计划、确定教学的目标和要求时，应该是大多数学生经过努力可达到的。同时，还要兼顾两头，解决"吃不饱"和"吃不了"的矛盾。个别身体素质好，有体育才能的学生，要为他们创造条件，让他们参加课余体育训练，为提高专项成绩打基础。对体弱和身体素质差的学生，要热情关心、耐心帮助，使他们在原有的基础上逐步提高水平，完成教学要求。

（3）从客观条件的实际出发

教学中贯彻因材施教原则，还必须考虑学校的客观条件。不同地区、季节、场地器材设备条件，都会对体育教学起制约作用。教师在制订教学目标时，除了考虑教材、学生的特点、组织教法外，还必须考虑上述各方面的客观条件，这样才能更好地因材施教。

4.身体全面发展原则

身体全面发展原则是指在体育教学过程中，教材内容的选择和安排要全面多样，使学生身体的各个部位、器官、系统的机能，各种身体素质和基本活动能力，都得到全面发展。

在体育教学中选择多种多样的不同性质的教材，采用多种有效的教学手段，有利于学生身体的全面锻炼和身体各个器官系统的机能得到协调的发展，养成正确的身体姿势。而长时间进行单一的、局部的锻炼，就得不到理想的锻炼效果，有碍学生健康。人体是一个完整统一有机体。人体各器官系统的机能、各种身体素质和基本活动能力之间，都是相互联系、相互制约和相互促进的，某一方面的发展，会影响其他方面的发展与提高。因此只有以身体全面锻炼为基础，才能促进学生全面协调发展。贯彻和运用身体全面发展的基本要求如下：

（1）全面贯彻教学大纲（或课程标准）提出的目标和要求

认真学习和领会国家教委颁布的学体育教学大纲（或课程标准）的精神，全面贯彻教学大纲所提出的目标和要求。制订全年教学工作计划和教学进度时，应注意各类教材和考核项目的合理搭配，保证学生身体的全面锻炼。

（20身体全面发展的原则落实到课堂教学的全过程

课的准备部分，要全面多样；基本部分教材要进行科学、合理搭配，较理想的方案是，准备部分要以活动全身各部位肌肉、关节和韧带为主，使全身各部位充分伸展，为完成课的目标做准备；基本部分的教材，既有上肢为主的练习，又有下肢为主的练习，使学生身体得到全面、协调的锻炼和发展；课的结束部分，要做好放松活动，并布置课外体育作业，有组织地结束一节课。

（3）不断克服单纯从兴趣出发的倾向

体育教学中应激发学生的学习兴趣，使他们乐于上好体育课。古人说："知之者不如好之者，好之者不如乐之者。"因此采用一系列手段和措施激发调动学生的学习兴趣是必要的。但是，要把激发学生的兴趣，与单纯从兴趣出发两者区别开来。所谓单纯从兴趣出发，就是以学生的兴趣为中心，甚至背离体育教学大纲和全面锻炼的原则，学生喜欢什么，教师就教什么，练什么，这种片面迁就学生兴趣的做法，长此以往，就会带来不良的后果。教师要善于引导，使学生对如何上好体育课和教师教学内容选择，有一个科学的、正确的认识。

5.合理安排生理负荷和心理负荷原则

负荷包括生理负荷和心理负荷两个方面。合理安排生理负荷和心理负荷就是在体育教学中要使学生承受适当的生理负荷和心理负荷，并使练习与休息合理交替，以促进学生身心全面协调的发展。

确定合理安排负荷的依据：学生在体育教学中生理负荷和心理负荷变化的规律。从生理负荷变化的规律来看，人体功能的改善和提高，必须在适宜的生理负荷的刺激下才能实现。因此，在一定的限度内，生理负荷大，超量恢复的效果也就好，适应变化也加大；但如果生理刺激的强度过大，超过了一定限度，生理机能就会受到损害；而生理负荷刺激强度过小，对生理机能的发展也不会产生好的影响。

贯彻和运用合理安排负荷原则的基本要求如下：

（1）合理安排授课和复习课

学生的性别、年龄和健康状况不同，安排生理负荷时，要注意区别对待。不同性质的教材，应考虑它们对身体机能的不同作用和影响，做出科学安排。此外，学生的生活制度、营养条件和其他体力活动的负担、所在地区的气候因素及作业场所的环境条件等，在安排生理负荷时也应给予全面考虑。

（2）正确处理生理负荷的量和强度的关系

正确处理生理负荷的量和强度的关系，负荷量和负荷强度应互相配合，逐步增加。在体育教学中通常是先增加负荷量，待适应以后，再增加强度。在增加量时，强度宜适当下降。在强度再增加时，量则应适当减少，这样量和强度交替增加和下降，密切配合，才能使学生承担负荷能力，逐步得到提高。

（3）正确处理生理负荷的表面数据和内部数据的关系

表面数据是指运动动作练习的量和强度。内部数据是指负荷量和强度所引起的一系列的生理、生化变化。生理负荷的表面数据与内部数据在通常的情况下是一致的。但因学生的体质强弱和身体训练水平不同，一定负荷的表面数据作用于不同的学生，可以产生不同的内部数据。因此，在分析生理负荷时，应把表面数据和内部数据结合起来，加以判断和评价。

（40安排好心理负荷

安排心理负荷时，既要与教学进程相联系，又要与生理负荷相配合，使高低起伏，节奏鲜明，起到相互调剂，相互补充的效果。

（50科学地安排休息的方式和时间

根据生理负荷和心理负荷的特点，科学地安排休息的方式和时间，以达到理想的效果。

（6）做好生理和心理负荷的测量、统计和分析工作

在评价体育课的质量时，既要安排生理负荷的测量，又要安有心理负荷的测量，以便从生理和心理两个方面进行全面的客观评价。

6.循序渐进原则

循序渐进原则是指体育教学内容、教学方法和负荷的安排顺序，必须遵循系统性和连贯性的要求，符合学生的年龄、性别特征，使学生按照一定客观规律的顺序，逐步得到提高与发展。

循序渐进原则的依据：人们认识事物的规律、动作技能形成的规律和知识、技术的系统性和连贯性。在体育教学中，必须遵循由易到难、由简到繁、由已知到未知、逐步深化，才能使学生更好地掌握体育的知识、技术和技能。

贯彻和运用循序渐进原则的基本要求如下：

（1）提高教师素养

教师要提高自己的文化素养，深刻了解学生身心发展的一般规律和特点，了解各项教材的系统性，以及各项教材之间的关系。

（2）制定好教学文件

制定切实可行的教学工作计划文件，保证教学工作系统连贯地进行。在制定教学计划文件时，每个运动项目、每次课、每学期的内容和教法，都应前后衔接，逐步提高。

（3）安排好教学内容

在安排教学内容时，既要考虑该运动项目的由易到难、由简到繁的顺序，又要考虑与其他运动项目之间的关系。先安排哪个项目，后安排哪个项目，要符合循序渐进的要求，使前一个项目的学习有利于后一个项目的学习。

（40有节奏地逐步提高生理负荷

体育课中生理负荷的安排，应采取波浪式的有节奏地逐步提高。这是因为机体适应某种生理负荷需要有一定的时间。就一学年或一学期来说，应有节奏地交替进行不同负荷的体育课。本次课的生理负荷，应安排在前次课后的超量恢复水平上。但生理负荷总的趋势是逐步提高的。

7.巩固提高原则

巩固提高原则是指在体育教学中，要使学生牢固地掌握所学的基础知识、基本技术和技能，不断地发展体能，增强体质，并逐步有所提高。

巩固提高原则的依据是运动条件反射建立与消退的生理规律。因为动作技术、技能的掌握、巩固和提高，是通过不断地反复练习而形成的。反复练习可以使运动条件反射不断地建立和巩固，并在大脑皮层建立动力定型。但是，动力定型建立以后，还要继续练习，不断强化，使动力定型更加巩固和完善，否则，已经形成的动力定型还会消退，从而影响教学效果。贯彻与运用巩固提高原则的基本要求如下：

（1）反复练习

组织学生进行反复、经常的练习，增加练习密度，反复强化，不断巩固运动条件反射，是贯彻巩固提高原则的基本方法。每次课都要使学生有足够的练习时间和重复次数。但是反复练习不是简单机械地重复，而是要在原有的基础上逐步提高要求，不断地消除动作的缺点和错误，使学生看到自己的进步，就能更好地激发起学生反复练习的自觉性，就更有利于学生巩固和提高所学的知识、技术和技能。

（2）采用提问、测验、竞赛等多种方式

采用提问、测验、竞赛等多种方式，是贯彻巩固提高原则的有效手段，在运用这些手段时，要根据课的目标和要求进行。提问要有启发性。在某一阶段的教学告一段落时，可采取竞赛的手段，观察学生在复杂多变的竞赛条件下，运用所学的体育知识、技术、技能的熟练程度。

（3）改变练习条件

改变练习条件，对巩固提高体育基本技术、技能起到良好作用。改变练习条件包括场地、器材及动作结构、环境条件等。如平地跑改为斜坡跑，改变器械重量和动作组合等。

（4）课内外结合

教师在课堂教学的基础上，可以布置一定的课外体育作业或家庭体育作业，使课内外紧密结合，达到巩固提高的目的。

（5）培养进取动力

不断提出新的目标、培养学生的兴趣和进取动力。

以上体育教学原则是一个完整的体系，应相互联系、互相补充，在体育教学中全面正确地贯彻执行。体育教学原则是一个发展的范畴。但是在一定的时期内，又具有相对的稳定性。随着体育教学实践的发展，人们对体育教学规律认识的不断深化，体育教学原则也将得到不断充实和发展。

第二章　高校体育教学内容的优化

第一节　体育教学内容概述

考虑到体育教学内容具有复杂、涵盖面广的特点，对体育教育内容的充分理解是顺利深入开展体育教学内容的良好保障，为了每个体育教育工作者都能在体育教育领域做好工作，明确且理解体育教育的内容是必要的基础。

一、体育教学内容的概念

体育教学内容是根据当前国家的教育方针指导，为实现社会需要体育教育达到的目的制定出来的，从受教者实际发展需要出发，结合受教者身体实际素质以及教学条件综合考虑分析，应在体育教学环境下开展体育常识、体育技能和竞技技巧等教学项目的培训。体育教学的目标是由内容决定的，其依据是学生在学习和发展的过程中所展现的需要以及体育教学活动中必需的教学条件，综合二者最终整合出了体育教学目标。其内容随着社会需求的变化发展而不断改进。

体育教学内容，旨在实现体育任务、达成体育教育的目标，各种体育训练、体育技能学习和竞赛在进行加工改造后，以体育课程教学形式反映在课堂中。它主要体现在体育教材中。

同时，体育教育内容是教师和学生在实际开展体育教学时的重要实践参考材料，体育教学内容是参考了前人们在实际操作中得到的经验和教训，按照一定的原则和规律，根据现代社会中人们需求的教育标准而拟定的，是基于丰富的体育教学实践知识和体育技能的重要选择。体育教育内容依赖体育教育的进行而发生，教师按照体育教育内容施教，被教育者学习体育教学内容。此外，体育教育的相关方法和教学方式也取决于体育教育的内容，直接关系到体育教学目标和课程目标能否实现。

体育教育内容主要包括两个方面：一个是体育方面的理论知识，另一个是学生需要实际去操作实践的体育技能。体育教育的内容不同于普通教育内容，在选择和整合过程中必须根据学生的发展需要和教育条件来进行合理规划，在学校体育教育环境下以锻炼大肌肉群活动的方式，锻炼学生的身心素质和体育竞技能力。

体育教育的内容也有不同于竞技体育运动的内容的部分。教学是体育教育内容的主要目的，通过教学确保学生能够获得教师教授的体育知识或技能。竞技体育训练侧重点是在实际竞技练习中获得经验、增长技能，最后达到提高体育竞技水平和比赛技能。在一些实际例子中就可以看出体育教学内容和竞技体育内容的区别，专业运动员参加奥林匹克竞赛或各种规格的国际竞赛来力争取得最好成绩，这些项目都是为了在公平竞争的原则下取得最佳成果，因此无须展示什么有关体育教育的目的。但是当某些体育项目被视为体育教育的一部分后，则必须适当考虑到学校的现阶段教育目标，并考虑到学生的身心健康发展以及学校的实际教学情况。如上所述，体育教学内容和竞技体育运动的内容还是存在很大的差异的。

二、体育教学内容与体育运动内容的区别

首先，体育教学内容的存在保障了体育教学正常进行，但是体育教学内容与体育运动内容之间也是有着细枝末节的不同的，身为体育行业教育者或研究者，必须将二者的区别了然于胸，才能进一步深入地理解体育教学内容。在专业的探讨和分析后，得出的体育教学内容和体育运动内容二者的异同如下。

（一）服务目的不同

体育教学的主要内容是教育，是为了保证学生身体和心理健康全面成长，是更倾向于指导性和书面性，将教学内容中的娱乐性和竞技性作为主要的服务目标，对于体育活动中的实践性具有很大的指导意义。体育运动内容是以提高竞技运动水平、夺取胜利为主的，其服务的目的较偏重于教学内容的娱乐性和竞技性，对教学活动而言具有很强的实践性。

（二）内容改造要求不同

随着教育需求的不断深入，体育教学内容也要有相应的改变，从而跟上、满足时代和社会的需求，达到体育教学内容为社会培养优秀人才的目的。所以体育教学内容要进行修改和完善。而相对地，体育运动内容无须经历这种改造。

三、体育教学内容的特点

（一）多样性

由于起源方式和文化背景的不同，体育教学内容功能也存在着区别，体育内容的传统起源影响对体育教学内容认知。考虑到这些原因的存在，在体育教学活动中，要根据实际情况对症下药、因地制宜，从而使体育教学得到有序顺利开展。

（二）实践性

体育教学内容是需要学生通过肢体和大肌肉群的配合作用才能完成的、具有教育实践意义的教育活动，实践性是体育教学内容不可忽视的一个重要特点。不同于其他学科是通过在室内课堂上的讲授、习题等方式达到教学目标，体育教学内容无法单纯通过讲授理论的方式来完成传授，实践是体育教育的主要进行方式，必须要通过实际的体育运动才完成。国家规定的教学目标中也包含心理健康部分，但是在体育活动中达到对学生心理健康的引导也是一种方式。综上，实践性也是体育教学的特点。

（三）娱乐性

大多数体育活动是由人民日常生活中的娱乐性活动进化而来的，娱乐性在学习运动内容和竞技体育的竞争、合作、超越等方面都有体现，包括在学生对于新的运动项目的体验和掌握的成就感上，也体现在体育环境、场地、竞争规则、竞争形式等方面。当学生参与体育教育内容时，一定是因为对这项体育项目感兴趣，才会主动去接触和学习。

（四）健身性

大多数体育教学材料是以肌肉运动的形式开展的，无疑为身体造成了一些肌肉负担，所以要在合理的范围内参加体育运动和体育锻炼，才可以发挥健身作用。但是由于学习时间的安排、学习目标的优先次序等因素，这些练习常常无法保证按计划顺利进行，也就是说处于一个不受控制的状态。在实际教学中为了保证体育教育内容的完整性，教育工作者做出了许多努力，比如根据学生的不同身体部位特征和不同受教育者的不同身心特点来制订科学化训练计划，对于运动强度进行合理规划，并评估每个教育部分的效率。可以得出，健身性是体育教学独具的特点。

（五）开放性

团体活动是体育教学一种重要的进行方式，人们在体育、训练和竞赛中的互动非常频繁，这使得体育教学内容比其他教育教学内容更具有人际关系交流上的开放性，体育教学内容基于人与人之间的交流，对于集体精神的培养很看重。在体育教学过程中，教师和家长、学生和学生之间建立了更加紧密和开放的联系。在以团体为单位进行的活动中，团队工作之间的划分更加明晰清楚，这使得体育教育中的角色变化性远远超过了其他学科，有利于学生发展健康的人际关系。

（六）空间约定性

在体育教学中，很多内容都要在规范场地进行，比如沙滩排球、篮球、跳远等，正是由于这种对于空间的要求，导致体育教学活动中对于场地有很大的要求、限制和依赖，这使得空间、器材、道具、规范的场地也成为体育教学的不可或缺的部分。

除此之外，还存在三个较为明显的特点：第一，素材极多；第二，内在的逻辑性并不强，在进行教学内容安排时没有办法完全依据困难度和学生的准备程度来列出先后，彼此之间基本是平行并列的，比如足球、游泳、铅球等；第三，"一项多标"（一种运动项目可以起到多种锻炼效果，比如健美操既有观赏性，又可以塑造形体）和"一标多项"（指不同运动都可以达到同一种训练效果，比如俯卧撑和吊环都可以起到锻炼上肢肌肉的作用）。

因为以上所述的体育教学内容固有的特点，在制定体育教学内容的时候也具有了一些特点：时髦性（因为多种新型体育活动类型的兴起）、多变性。在制订体育教学内容计划时，可以根据上述新型的特点来选择不同的锻炼项目和教育目标。

（七）内容更新速度快

由于体育教学本身要求的高实践性，以及在教学过程中受到的地区、政治、经济、文化各方面差异的影响，体育教学内容比一般学科的复杂性要强，运动形式不断更新，旧的方案会被不断淘汰，教育工作者在实际进行体育教学时有时候是具有一定的障碍的。为了能够跟上时代的步伐，在体育教学中要不断总结得出经验教训，并且根据时代的进步对于教学内容进行更新换代。

（八）内容之间彼此平行

体育教学涉及的种类和部门非常多，而且各个不同的类别之间共通点很少，彼此之间基本是没有互相牵制和关联的。比如，体操和田径，就是比较平行无关的两种体育内容，不存在清晰的逻辑关系，在教学和实践中二者也没很多互相参考的意义。

（九）教学任务不同

体育教学在各个时代的教学要求都不同，不同种类的教学内容对应的教学目的和教学任务也存在着区别，比如在教学中设置体育锻炼的时长是为了提高学生的身体素质水平，举办竞技活动可以提高实际比赛的体育应用水平、培养团结的精神和合作意识等，所以在实际开展教育活动的内容选择方面，必须要针对所要达到的教学目标进行选择。

（十）体育教学内容与教育内容之间存在共性

教育内容包含体育教学内容，它们存在着一定的共同之处，以下是具体体现。

1.教育性

体育教学是一种关乎身体素质和心理健康的教育形式，当人们选择这些体育活动作为体育教育的组成部分时，最先被考虑的是教育性。体育教育的教育性可以在以下方面体现出来。

（1）有利于学生的身心健康

体育运动主要是训练人体肌肉，教授学生适当的体育运动方法，在对抗性运动、集体体育运动和竞技中养成健康的生活方式和完整人格，它可以有效影响学生的身心健康。

（2）对学生成长具有积极的影响

具有正能量引导意义的体育教学内容，可以帮助改善学生的心态，塑造学生坚毅的品质，引导学生形成正确的、积极的价值观，对学生的成长过程有着正面作用。

（3）二者的内容的设计具有普遍性

由于体育教学内容的受众是参与教学活动的所有学生，所以教学内容的设计是有普遍性的特点的，这意味着教材必须适合大多数学生，才能保证教学活动的顺利展开。

2.科学性

体育教学是组织性和计划性很强、为了达到教学目的而进行的教育活动，其主要是为了引导和培育学生的身心顺利发展。所以体育教学内容的科学性应当与学校的其他教学内容一样重要，体育教学的科学性可以在以下几点体现。

（1）体育教学具有很强的针对性

由于体育教学的目的是为社会培育心理和身体都健康良好发展的青少年人才，体育教学内容反映了人类社会的文明，再者体育活动中的实践性是无法忽视的，所以体育教学必须有一定的针对性。

（2）教学内容符合学生的需求

为了使体育教学内容能够发挥其最大的服务性，对于教学内容要进行精细的筛选，保证选出来的内容适合学生的身体素质和各方面需求，只有体育教学具有指导性，才能对教学过程给予参考的价值。

（3）遵循体育教学的规律和原则

每项学科的教学都有其所包含的规则和原则，而体育教学的覆盖面较广也较为繁杂，为了能使教学进度按照计划和目标顺利实施，要在选择符合体育教学科学规律的内容，确保体育教学的科学性。

3.系统性

由于体育教学的繁杂性和广泛性，对于教学目标的要求是很高的，在内容安排时要注意各部分知识之间的关联性和系统性。体育教学的系统性体现在以下几个方面。

（1）教学内容本身的系统性

由体育内教学的内容能够得出，复杂性在体育教学的过程中是贯彻始终的，但不同板块的知识之间又存在着关联性和逻辑关系。比如，在进行低年级学生的体育教学时，应该通过一些简单的方向指令训练来训练学生形成方向意识，然后再展开其他体育教学内容的教学。可以得出，系统性是体育教学内容本身具有的特点。

（2）体育教学目标的系统性

在教学过程中要牢记一切从体育教学特点出发，根据其特性、不同学生的差别性及教学环境的不同等，牢记体育教学过程和内容之间的规律性，参照学生的成长轨迹，系统性地制订不同类学生的教学计划，使不同任务之间达到平衡。

四、体育教学内容的分类

我国体育教学理论和实践中，体育教学内容的分类方法有很多种以下是几种主要的方法。

（一）根据人体基本活动能力分类

这是在体育教学实践中比较常见的一种分类方式，它是以人的走、跑、跳、投、攀、爬、钻等动作技能划分体育教学内容的。

（二）根据身体素质分类

以力量、速度、耐力、柔韧、协调等身体素质对有关体育教学的不同内容进行分类的方法，有利于达到身体训练的标准。

（三）根据运动项目分类

体育教育中最常用的内容分类方法是按体育项目的名称和内容进行分类，该分类方法与社会竞技运动是相同的，它的名称和内容都很容易理解，有助于了解和掌握竞技运动文化。

（四）根据项目群分类

《高中体育与健康课程标准》根据课程的教育目标安排教学内容，改变了传统的课程分类，重点是按照项目群目标对项目进行分类，将高中体育与健康课程内容划分必修和选修两部分，设置水平五和水平六两级学习水平，共有包括球类项目、体操类项目、田径类项目、水上或冰雪类项目、民族民间体育类项目、新兴运动类项目六个技能系列及一个健康教育专题系列七个系列。分类扩大了更广泛的体育教育体系，扩大了范围广度。

综上所述，由于对体育内容的理解和不同的分类标准，体育内容的分类方法各不相同。

第二节 高校体育教学内容的设计与选用

一、体育教学内容的编排

（一）体育教学内的编排模式

体育教学的课程内容设计必须在一定的策略框架内进行，现在螺旋式排列和直线式排列是体育教学内容的主要编排方式，同时还包括以上两者综合在一起而得到的混合型排列方式。本节着重分析了螺旋式排列和直线式排列的教学内容编排模式，内容如下。

1.螺旋式排列

体育教育内容的螺旋式排列是当同一运动教学内容在不同年级重复出现的时候，不断提高对教学的要求的一种方法。

在过去的教学大纲当中对螺旋式排列的解释不多，实际上，螺旋式排列并不只适用于对于身体素质塑造帮助很大的教学内容。而是因为有一些体育教学内容难度很大且具有深度，所以学生要想深刻掌握必须要进行螺旋式教学。

2.直线式排列

不同于螺旋式教学内容的排列方式，直线式教学内容的排列的意思是一项体育运动项目和身体练习的内容出现过后基本上不再重复出现。

国家体育教育方案在直线式排列的教学内容方面不清楚，且几乎全部的体育教育方案都没有详细说明这个问题，大多数都只提到该方法适用于体育卫生知识的教学。这就是为什么直线式排列的适用范围是体育教学内容编排工作中的一个被忽略的重点。

随着体育教学的发展，为了更加科学地编排体育教学内容，提升教学成果，体育教育工作者要在对于体育教学内容的编排过程中考虑更加细致，注意教学内容的周期循环现象。

研究表明，在体育教学内容的编排当中，存在循环周期的现象。循环意味着同一教学内容在不同的学段、学年中进行的重复教学安排，这被称为循环周期现象。这种循环的周期可以是课、单元、学期、学年、学段等。如连续两堂课都安排一分钟跳绳练习，这就是以课为周期的循环。而连续两学期都安排一分钟跳绳练习，则是以学期和单元为周期的循环。

体育教学内容的编排可以按照不同的内容性质分为以下四类。

（1）"精学类"教学内容——充实螺旋式。

（2）"粗学类"教学内容——充实直线式。

（3）"介绍类"教学内容——单薄直线式。

（4）"锻炼类"教学内容——单薄螺旋式。

上面的体育课程编制方法符合新课程标准对体育教育内容的要求，并以体育教学理论为基础，考虑到体育教育各个方面的现状，体育教育的各个方面都进行了创新的整合，因此，上述几种体育教学内容编排方法正在被广泛应用于体育教育的改革，从而有助于实现体育教育的目标。

（二）体育教学内容的编排方法

1.简化的教材化

指将各种正规的竞技运动项目在一些方面（包括赛制、能力要求、运动器材、比赛场地等）进行合理简化，使其能更好地融入校园教学中去，现代体育教学中使用最广泛的一种方法就是对教学内容进行教材化。

通过简化教材法，可以让原本复杂的运动项目更贴近普通学生，适应学校施教环境、学生身体素质、锻炼需要，更好地配合想达到的教育目的，让体育教学的普及变得更加切实可行。

2.理性化的教材化

该方法是以体育项目的原理和规则的分析为基础，并将分析结果运用在教学过程中的一种教材化方法，这种方法适合有一定体育基础的学生。

3.实用化、生活化、野外化的教材化

实用化就是将教育内容与实践技能联系起来；生活化则是将课堂内容和实际生活结合一起；野外化则是将运动地点从安全规矩的室内转变到野外，也可以将依赖标准场地才能进行的运动改成是野外运动，增加一定的刺激性和惊险性，激发学生的兴趣。这些方法能够与现实生活与不同体育教学内容的需求相结合，教学内容的趣味性得以增加，学生的学习兴趣也会提高。

4.游戏化的教材化

许多体育教学内容都比较无趣乏味，如跑、跳、投、体操、游泳等运动项目，所以选定教学项目后的内容改造还是有必要的，游戏化的教材化是一种常规的方法，将单一的活动用故事性关联起来，吸引参与者的注意力，同时不大幅度改变训练的性质，在提高练习效率方面可以发挥很大作用。

5.运动处方式教材化的方法

运动处方式教材化的方法是指在遵循锻炼原理的基础上，对运动的强度、重复次数、速率等因素进行组合排列，并考虑到学生们的身体素质差异性，组成处方来进行体育锻炼和教学。这种教材化方法不可或缺，因为它十分有利于教导学生利用运动处方进行身体锻炼。

（三）体育教学内容编排的注意事项

1.注意学生基础和教学实际

在编排体育教育内容时必须符合学生的实际需要，才能进一步提高体育教育的质量。具体来说，教师在体育教育中不仅要考虑到体育运动的复杂程度，也要考虑到学生的实际需要、学生的身体素质和体育能力基础以及生产发展在不同阶段的不同特点，科学地组织体育课程的内容。

2.强调不同体育运动和身体练习特征

体育教育内容涵盖很广，在进行内容编纂时，必须侧重于对体育技能的教育、改进、巩固、提升以及实际运用各种体育技能，必须认识到，体育教育不仅应使学生能够理解相关的体育知识和技能，而且还应使学生能够在日常体育运动中熟练应用学到的东西。这要求教师在编排教学计划时和教学中要强调不同体育项目的特点及用途。

二、体育教学内容的选择

体育教育内容对体育教育十分重要，体育教育内容的选择对体育教育的整个过程产生了重要影响。教师和学生之间通过体育教育内容相互关联在一起，以加强师生之间的信息交流。一般而言，体育教育制约着体育教学方法和教学手段方面，利于实现体育教育和学校课程的目标。为了满足现代社会发展的需要，体育教育的内容必须以一定的原则和依据为基础。

（一）体育教学内容选择的依据

1.体育课程目标

体育课程多种多样，各种体育项目和运动锻炼之间也是可以互相替代的，这使得体育教育的可选择性增加了，所以体育教育内容的选择必须有规范作为基础。

教学内容选择要依照体育课程目标，因为在每一个教学阶段中，体育课程目标都是指导着教学内容的编制内容和方向的，因此，专家们对其进行了深入的思考，对所有方面可能产生的影响进行了仔细的检验，所以体育课程目标是进行体育教学内容时必须遵守的，不同的目标版块都有对应的课程内容。

2.学生的需要及身心发展规律

体育教育是为了促进学生的身心发展，因此为了能达到有效学习的目标，学生对体育的需求和兴趣对体育教育内容的选择至关重要。有效学习需要学生发自内心地感兴趣和积极参与，在感兴趣的事面前，他们的投入动力会大大提高，学习效率也会随之增长。这在很大程度上符合一些观点：如果学习的动机是非自愿的、不是出于真心感兴趣而进行的，那么在某种程度上来讲，这样的学习是无用功。这项研究也非常符合这一观点，即学生们现在对参加课外体育课程非常感兴趣，但对体育课却缺乏兴趣，其实很重要的原因就是学校开设的课程枯燥无趣。

学生接受教育的程度取决于他们的身体和心理发展及其特点，这意味着体育教育内容的选择必须是他们能接受且有兴趣的。因此，在选择教育内容时要注意不能忽略学生的个体性和差异性，它们的存在影响着教育内容的选择。

3.社会发展的需要

学生的个人发展不能与社会发展分开，而体育教育可以成为学生健康的良好基础，这就要求在选择体育教育内容时，必须考虑到学生本身的需要和社会发展的现实需求，要将体育教育结合现实和生活，以便它的职能得到最大发挥，学生能最大程度体会到体育教育的重要性。因此，选择体育教育的内容必须符合社会现实。

4.体育教学素材的特性

体育教学素材是影响体育教学内容最重要的要素，而其最重要的特点是其内部逻辑关系不是很强。因此，体育教育内容的选择无法完全取决于与体育教育内容的难度大小和学生素质。体育教学内容通常以体育项目来分类，但是各种教育内容之间是平行并列的，如棒球和网球，健美操和拳击等，似乎是存在某种联系，但这种联系并不很清楚，没有任何先决条件，也无法确定谁是基础，故而无法确定体育教学内容内在的规定和顺序。

第二个特点是在体育教学素材中还存在"一项多能"和"多项一能"。"一项多能"就是指经过一个运动项目的练习就可以达到很多训练目的，也就是该项目是目标多指向性的。比如跳绳，一部分人通过它来锻炼心肺功能，另一部分人想通过跳绳达到减脂的效果，所以跳绳运动就可以满足多个不同的需求。可以见得，掌握一项运动后学生可以实现很多目的。而"多项一能"体现了体育教学内容彼此之间是存在互相替代性的。比如想练习投掷力，可以通过掷沙包、投铅球、推铁饼等不同方式来实现；而如果想在体育活动中愉悦心情，那么打篮球、滑冰、乒乓球等运动都可以达到目的。这些例子正说明了为实现预期目标，可以有多种运动选择。这些特殊性的存在，导致体育教学中没有必须存在、无法替代的项目，体育教学内容并不具备很强的规定性。

第三个特性是体育教学素材的数量是非常巨大的，且内容十分繁杂、难以分类。人类文明发展了几千年，诞生的体育项目多种多样、内容丰富，不同的运动项目对于练习者的体能要求也都不尽相同的。因为上述的复杂情况，没有教师能够做到教授全部的体育项目，这意味着体育教师要做到一专多能。找到最合理的组合并且在体育教学内容中完美实践也是极具难度的，总结出适合绝大部分地区和不同教育情况的教材更是几乎不可能的。

体育教学素材的第四个特性就是在不同的体育运动当中注意力集中点和乐趣之处都是不同的。比如足球、篮球等，如何在紧张刺激的对抗中，通过高超的技巧、团队合作和队友之间的默契赢得比赛，是最大的看点，而在隔网类运动中，对抗双方如何利用场地和不同位置之间的配合保持球在自己区域不落地是最具趣味性的。可以见得，不同体育项目之间的趣味性是不同的，这使得"乐趣"成了体育教学内容选择中必须考虑的要点，这也是支撑"快乐体育"理论的有力论据，也是该理论在体育改革进程中得以发挥重要作用的原因。

（二）体育教学内容选择的原则

1.教育性原则

应当首先从教育的基础观念入手对教学素材进行分析讨论，要明确它与教育原则的符合程度、与社会当前价值观的同步度，更要分析它是不是对学生的生理心理健康成长有所帮助。

选择的体育教育内容必须符合体育课程的主要目标，将"健康第一"的思想作为体育教育内容的最基本出发点，同时强调体育课程的文化性，使学生在逐渐熟练掌握体育技能的过程中也能更深入地感受到体育文化修养所带来的积极影响。学校体育在培养学生适应能力时要考虑到学生的个性、智力、道德素质和身体素质的发展，理论结合实践，引导学生真正能够熟悉人体科学知识，做到内在外在双重健康发展。在选择体育教育的内容时必须充分考虑每个学生之间的差异性和特点，也要考虑不同年级学生之间的发展规律，他们的个人差异和需求大不相同，必须充分保证到每个学生都能从中得到有效的教育。选择的体育教育内容也必须符合所有方面的可实践性，以确保有灵活的选择空间。

2.科学性原则

体育教学内容的选择必须符合科学性原则，"科学性"包含下面三点含义。

（1）教育内容的选择应有助于协调学生的生理和心理同步发展。需要注意的是对学生身体健康有帮助的活动不一定对心理健康有益，反之亦然。所以，在选择教育内容的时候一定要兼顾学生生理健康和心理健康。

（2）教育内容还应使学生能够深入了解科学运动的原则和方法，从而提高他们在体育运动时的积极性和主动性。

（3）教学内容自身的科学性。如今国家对体育教育内容的限制已经减轻，限制和规定减少，所以要确保一些没有足够科学性的体育教学项目出现在体育教学内容中。

3.实效性原则

用来判定体育材料是否有用、是否便于实行、是否对学生的身心健康有益。在选择体育教育内容时，必须同时考虑到学生对体育的兴趣和经验，应选择与学生自身经验相接近和民众接受度高的，重点放在体育活动娱乐性和促进学生终身体育兴趣发展上。

4.趣味性原则

兴趣是最好的老师，所以要把学生的感兴趣程度、趣味性和在社会上的流行程度当作选择教育内容的重要考虑因素。毫无疑问，大多数体育项目对健康的积极影响和教育价值是不容置疑的，但长期以来，体育教育工作者总是过分关注体育竞技项目教学的完整度和系统性，用专业运动员的标准要求普通学生，致使很多学生觉得乏味，产生反感和抵触心理。

5.民族性与世界性相结合的原则

选择体育课程的内容时，应该努力做到把中国传统文化里优秀的内容和外来的文化精华加以融合，既不妄自菲薄也不盲目自信，体育教育的内容要随着时代的进步而有所改进，且要反映当代中国的特点。

三、体育教学内容的选择技巧

体育教育有很多种类，一种项目可能有各种不同的功能，同一种训练目的也可以通过不同的训练内容来实现，因为分给体育课堂教育的时间是有限的，教会学生所有的体育项目既不可能也不必要。因此，在一线从事教学工作的老师必须认真科学地选择教学内容，这里需要特别注意以下三个方面。

（一）满足学生身心发展的特殊性

各个年龄段的学生具有不同的生理和心理特征，身体适应程度和爱好方面大不相同，教学内容越贴合他们的身体发育特征、越有活力、学习成果越多，他们越喜欢体育和体育课程，参加体育教学时就会更活跃、更积极，教学效率会大大提升。

（二）与学生生活建立紧密联系

在学生的课余生活中，与体育活动相关的经验和活动很多，比如城市学生也许在篮球、羽毛球、乒乓球等方面的体验经历和感悟较多，农村地区的学生可能对野外活动如攀岩、跳、跑、与水相关的活动有很多感受和经验，而少数民族地区的学生可能对民族化的特色项目有着丰富体验经历，例如武术、跳术、骑术、马球、狮舞、杂技等。在体育教育领域，如果体育教师能够注重选择与学生生活经历和生活实际密切相关的教学项目，那么他们对体育教育的热情、动力和积极性就会大大增加，体育学习的成果也会显而易见地增加。

（三）要重视提高学生的终身体育能力

学校体育必须要着眼于学生的未来发展，兼顾学生个体的差异和未来终身体育发展的需要。要充分考虑学生兴趣的多样化需要，更好地加强教学内容的选择性，设置具有不同特点的体育教学内容，诸如室外运动、野外运动与水上运动项目等。

另外，科学地选择体育教学内容除了要考虑上述几个因素之外，还应该把握好几个原则，如选择性与实效性相结合原则、健身性与文化性相结合原则、民族性与世界性相结合原则等。

总的来说，体育教学的内容必须基于教育目标，在不同层次上制定符合各自实际的教育目标，对不同体育项目和体育训练的基本功能进行分析，以此为基础，开展体育项目和体育训练的整合。显然如果体育教育依旧停滞在以前的模式中，不能符合教育目标的要求，不能适应社会的发展和学生的实际，那么体育教育就失败了。

第三节　高校体育教学的内容及发展

在学校教育中，现代体育教学有着很高的地位，是素质教育的重要组成部分，教育事业工作者要继续深入研究体育教学改革，努力总结出更现代化和更适合学生体育发展的新体育教育形式，以便最大限度地提高体育教育的效用。

一、现代高校体育教学内容

与其他教学内容相同，体育教学内容也是跟随着社会发展和教育事业的进步而不断改进的。

（一）体操和兵式体操

在公元前七世纪，古希腊就出现了一些职业鼓励年轻人和公民参与竞技，与此同时医学和营养学开始进步。公元前五世纪，开始出现"体操术"以及"体操家"等字眼的记载，但在那个年代它们没有明确的解释和分类，但是根据现在的分析，体操术涵盖了竞技体操术（本质是对于竞技比赛技巧的训练）、医疗体操术（内容等同于运动疗法和保健措施）、教育体操术（关于体操的教学）。英国和德国是兵式体操中比较有代表性的国家，近代的学校体育体操教学正是由兵式体操和北欧地区的器械体操融合进化而来的。后来随着后人对其内容和形式的不断改进和丰富，体操最终成为了现代体育教学内容的重要组成部分之一，大多数国家的体育教学内容现在都有与体操相关的内容。

（二）竞技类体育运动

竞技类体育的历史十分悠久。早在近代学校出现之前，全球各国就都已经出现了各类游戏了，我国古代就有蹴鞠、骑马比赛等竞技类体育项目的记载，欧洲地区则是以骑马、投圈为主。由于人民的兴趣旺盛，随着时间的推移，这些项目逐渐形成了系统的规则和完整的体系，成了正式的体育运动项目。后来，工业革命导致英美的先进体育竞技运动迅速发展，棒球、足球、篮球、橄榄球、羽毛球、排球、乒乓球等现代体育竞技项目开始成型，同时发展的还有从跑、跳、掷等基本人体活动延伸来的田径项目。随着近代殖民主义的扩张以及教会学校的传播，上述的体育竞技项目逐渐传向全球各国，成为各个国家学校体育课程的核心内容。竞技体育运动在娱乐和健康方面都发挥着重要作用，所以在青少年中的受众很广，因为竞技体育项目成了现代体育教学中最重要和最丰富的内容之一。

（三）武术和武道

古代的体育教育主要内容主是武术教育，内容注重军事性和实用性，我国奴隶时代中教育的"御""射"，古欧洲和中世纪欧洲以骑射和剑术为主的"骑士教育"，以及在其他东方国家各种形式的冷兵器训练，还有武术、柔术、防身术等。随着现代军事科技的迅猛发展，对抗性的军事技术慢慢不再有用武之地，转而朝着强身健体、修身养性的方面转变着。如日本的合气道、空手道、剑道，韩国的跆拳道等，他们在精神意志培养方面的特殊魅力一直受到世界各地青年人的喜爱，因此在许多国家的体育教育内容之中也有一席之地。

（四）舞蹈与韵律性体操

舞蹈是古代社会上最常见的用于祭祀典礼等场合的运动，也是深受各年龄民众喜爱的体育运动。在我国出土的敦煌壁画中，就有多人聚集共舞的画面记载，在世界其他地区，舞蹈也是各民族文化的重要组成部分。在现代学校中也很早就出现了，而和舞蹈相似的各种以韵律性和观赏性为特点的运动也逐渐发展起来，比如韵律体操衍生出的健美操、艺术体操等，舞蹈的分支渐渐明确，出现了民族舞蹈、体育舞蹈、创作舞蹈等。舞蹈和音乐在身体、新陈代谢、美丽文化和音乐方面发挥着特殊作用，学生们从一开始就非常喜欢这些内容。舞蹈在美观性和锻炼身体方面的效果都十分可观，所以在进入教学内容后十分受欢迎，舞蹈和韵律体操及其衍生运动不仅有舒缓身心、陶冶精神的好处，对于人身体美感和节奏感的培养也很有帮助。因此，舞蹈和韵律操慢慢成为体育教育的重要组成部分，今天大多数国家的体育教育内容都包括舞蹈和韵律操。

根据分析和比较，在实际体育教学活动的开展中，上述种类体育教学内容的占比有所不同，且在不同国家的受重视程度也不同。

二、体育教学内容的发展趋势与新体系的构建

根据目前学生对体育教育内容的态度，可以得出存在以下几点问题：他们认为体育教育的内容是缺乏吸引力的、枯燥无味的；对于一些生理上有难度的项目来说，学生存在着恐惧和抵触心理；对于一些体育教育内容最后都开始用"达标"来衡量，大多数学生是不满和抗拒的。这些问题都反映了体育教学内容急需发展改革的现状。

（一）体育教学内容改革与发展趋势

随着体育教育改革的深化，现在体育教学内容改革出现了以下趋势。

（1）从单纯强调体能发展转向以学生身体素质、心理健康和社会适应能力为重点的综合性发展。为了跟上素质教育深化的进程，体育教育内容的选择和制定必须符合素质教育的要求，不能单纯以"达标"为目的，必须充分发展学生的身心素质健康和社会适应能力，培养学生成为均衡健康发展的人才，为其将来为社会主义事业奋斗终身打下坚实基础。

（2）学校的体育活动是以终身体育为基础的，为了给学生终身体育事业打下坚实基础，必须平衡好体育教材中健身性、文化性和娱乐性的关系，并且在选择教学内容时倾向于同时具备健身价值且在生活中具有常见性的运动项目。

（3）由规定性逐渐转变为选择性且按照学段不同逐级分化。在过去的体育教育方案中，我们希望能整合不同体育项目，而体育项目之间的逻辑联系是比较薄弱的，关联性和相似度较差，所以其实并不能根据逻辑来整理运动项目，将综合性很强的体育学科体系化是一个很严峻的挑战。在未来选择体育教育内容时，更加注重的是不同体育项目自身的规律性，选择标准偏向于趣味性、大众接受度、

普及度以及项目的时代性，且由于不同年龄和阶段的学生的内容和需求不同，要采用"选择制教学"。

（4）物质教育的选择和定义不仅限于社会发展水平和学校教育水平，也受限于高校师生的价值观。在过去的体育教育方案中，选择和确定体育教育的内容更加重视体育教师的体育教育内容价值取向。但现在随着学校体育课程的改革，体育课程的定义和内容的选择将更加符合学生的需要和取向，即教学内容必须适用、服务于学生。

（5）新的体育、娱乐项目和传统民族体育项目开始作为体育教育内容受到特别关注。近些年来，新鲜的体育运动形式随着社会和网络的飞速发展如雨后春笋一样涌现出来，喜欢追随时尚的青少年自然也对新鲜的、时髦的、带有娱乐性质的体育运动项目更加偏爱，所以体育教育内容必须破除过去几十年一直是传统体育项目统领教材的情况，开始特别关注并纳入一些新的体育项目。当然，我国各民族的传统体育项目也各具特色且各有益处，可根据当地的情况进行设计和选择。

（二）体育教学内容新体系的构建

体育课程内容体系的构建与学生体育需求的扩大和体育功能的扩展具有密切关系。从整体上来看，目前体育课程内容体系是由身体教育、竞技教育、娱乐教育、保健教育以及生活教育等方面共同构成的。

1.身体教育

体育教育的重点是身体素质教育，包括生理和心理的教育。更具体地说，它的发展目标主要集中在加强运动能力方面，如跑、跳、掷、攀爬、悬垂、支撑等方面的能力；也注重发展关于人类运动素质的方面，体能、肌肉力、有氧耐力和灵活性等都是与健康有关的运动要素。体育教育的关键目标是加强学生的体育素养能力和以后长期体育运动的能力。

2.娱乐教育

这类教学内容主要是以放松为主的娱乐活动，具有游戏性和表演性，在日常生活中可以随时随地开展，不同民族都有各种各样的娱乐性教育活动，将其作为体育方案加以引进是一个有积极意义的选择。

3.保健教育

这类教育主要包括开展安全和健康体育运动所需的常识和技能和必要的生理卫生保健知识。体育课程中很重要的是引入运动理论和实践，并确保健康教育与体育实践密切相关。

4.生活教育

这种教育的重点是防卫能力培训、拓展练习、风险教育和健康生活教育。当代大学生正在被城市化所影响，虽然生活越来越好，但是偶尔会有觉得乏味的时刻，重新回归自然、感受自然生命力、接触自然生态变成了新的价值追求，这种追求价值的方式为扩大新的体育方案提供了有利的条件。

5.竞技体育

这类教学的内容要考虑到学生的实际身体条件、年龄、爱好、心理，选择要适合实际情况，注意不能用专业运动员的标准要求普通学生，在竞赛标准、运动难度、运动量方面都应该根据受教者的实际情况进行调整，从而使竞技体育适合每个感兴趣的人。

三、高校体育教学内容的发展

在高校体育教学领域，传统的高校体育思想已不能使学生树立正确的观念，高等教育应随着时代的发展而不断进步，可以在以下几点着重注意。

（一）应充分体现社会体育和终身体育

关于高校体育教学内容的创新，全国各个大学已经用不同的方式丰富了各个年级的体育教学内容，并对体育教学内容进行了大幅度调整，但仍然缺少新的教育观念。教师要在学校体育相关材料中逐步培养学生养成体育锻炼习惯，指导学生制订适合自己的个性化运动计划，教会学生如何处理常见的运动中出现的损伤，鼓励积极参与体育运动项目竞赛，达到体育教育贯穿学生的日常、培养终身运动习惯的目的。

（二）应充分体现地区特色

关于高校体育教学内容的创新，应考虑地区特点组织体育活动。由于学校地区的多样性，环境也有所不同，南北地区学生对于体育项目的爱好存在差异，这要求体育创新需要针对特定地区而制定，除了要体现地域特色以外，最重要的原因还是因地制宜，才能实现学生在体育学习上的良好开展，最终实现体育健康教育目标。

（三）充分考虑学生的学习兴趣

关于高校体育教学内容的创新，必须适当考虑学生对体育课程的兴趣。执教教师可以通过多媒体方式进行传授，提高学生的兴趣度，获得更好的教育效果。教师可以根据学生的兴趣开设课程，只有学生对于授课内容发自内心地感兴趣，才能获得更好的教学效果。

（四）应把实践能力和课外体育相结合

学生实践教育是高校体育教育的重要组成部分。在过去的体育教育中，高等教育机构强调体育技能和体育知识，忽视了学生的实践培训和实践操作能力，包括自我锻炼方法、模拟并学会如何处理运动中出现的常见损伤、如何处理运动中出现的突发事件并发等。只有把这些内容也写入体育教学课程教材中，保证高校学生在体育锻炼和实践能力方面的知识储备充沛，才能达到高校体育教育的最佳效果。

第四节　高校体育教学内容的优化

在高校体育教学中，体育教学内容体系的构建与优化是其中一个的重要组成部分，也是高校体育改革的主攻方向。对高校体育教学的内容体系的内涵和现状进行分析，论述了高校体育教学内容结构和体系的优化措施。

一、高校体育教学内容结构的优化

（一）体育教学内容结构主观目的性的改进

现在的高校体育教学内容体系应该融入更多的主观目的性，只有在客观的需求完全吻合主观目的时建立起来的体育教学内容结构才是稳定、合理的。我们要从两个层面理解体育教学内容结构的目的性。第一，基于学生在不同的学习阶段，对教学内容的需求是不同的现象，体育教学的内容结构要对应不同的阶段，所以在确定教学内容结构时要综合阶段需求，并且要认真地选择、合理地组合。第二，体育教学内容的结构要遵循学生的基本认知和接受规律，帮助学生形成合理的认知结构、技术技能结构、能力结构、体育方法结构。举例来说，起步阶段，体育教学的目标应该集中在提高学生对学习体育项目的兴趣、锻炼基本的身体运动、培养学生的自信心上，此阶段应该采用活动性游戏来学习简单的基础知识。在简单地了解所学课程的基本知识和养成一定的兴趣后，教学内容结构应该有所变化。这样，主观目的的不断调整将会为实现体育教学目标提供更好的支撑。

（二）体育教学内容结构关联性的改进

众所周知，体育知识和运动技能是极其丰富的。因此，体育教学内容结构的关联性主要体现在课程上所学的知识能够有效地扩充学生的知识范围，为学生进一步的学习发展打造良好的基础，包括良好的运动技术、技能基础以及建立良好的能力结构等。体育教学内容结构关联性包括两个层次，第一个层次的关联性是横向广泛性，一方面要涉及保健、营养、卫生、锻炼原理、竞赛规则等简单的基本知识。另一方面要能够促进身体发展的各种运动技术技能和练习方法，这些对于学生良好体育态度的形成有重要的意义。第二个层次的关联性是纵向的复合性，依据教学的基本规律，对一个内容的学习要逐渐深化，也就是一个纵向的发展。但是高校的体育教学目标是多元复合的，这就需要这两个层次的有机融合，利用体育教学内容结构关联性为学生带来创造性发展的机会和实力。

（三）体育教学内容结构包容性的改进

高校体育教学内容结构需要包容性，包容性的含义为体育教学内容结构的相互渗透、融会贯通。让整个教学的内容体系相互联系，形成一个完善的网状知识结构，产生1+1>2的效果。这种教学内容结构的纵向、横向的关联渗透的效果需要教学内容的包容。体育教学内容结构的包容性会为教学内容的选择带来了更大的空间，也使得体育知识技能拥有更大的综合性。

（四）体育教学内容结构动态性的改进

随着人类对体育教育科学的不断研究和探索，相关的新知识也会不断产生。而且体育运动的丰富性不断增加，这都为体育教学内容结构提出了更多的挑战，如何保证体育教学内容结构紧跟体育科学的发展步伐，满足社会的需求已经成为体育教学工作者的无法回避的课题，这就需要体育教学内容结构具备动态性。动态性可以保证社会产生的新知识及时反映在体育教学内容中。此外，根据当下社会对人才素质要求的变化，例如社会需要能适应快节奏、重压力、高竞争的人才，这些要求就应该反映在体育教学体系当中。综上所述，体育教学内容结构应该具备动态性显得十分必要。

（五）体育教学内容结构实践性的改进

实践性是体育教学的关键，也是体育本质属性所决定的。学习体育基本理论知识的目的是让学生正确理解体育课程以及以此指导体育实践活动。所以在安排体育教学内容时要考虑其对完成教学目标的重要程度，要与其他部分相辅相成。简而言之，就是体育教学内容结构兼具个别优势和多种内容有机合成的综合结构优势，这些都是建立在体育教学内容结构实践性上的。

二、高校体育教学内容体系的优化措施

（一）转换传统的教学思想

高校学生身体状况呈现"亚健康"的现状已成为不争的事实，调研发现这和学生对体育课程的不重视有很大关系。因此要想改变高校体育的现状，就要从根源上解决问题。"生命在于运动"的基本思想，既体现了体育的重要性，也体现了运动对健康的有利影响。所以要将体育和素质教育更好地结合起来，实现"健康为首，素质第一"这一素质教育的最终目标，在这个过程中形成良好的体育运动

习惯，通过运动来推动体育教学内容的改革，建立适应社会的体育教育体系。现在不同教育思想的结合也为这个体系的建立带来了更多的可能性，而且体育教育要延展到校外，培养学生锻炼的习惯，形成终身锻炼的意识。

（二）实践性与知识性的结合

体育教育本身就需要实践性和知识性的结合，这样才能实现体育教育的教育目标。通过实践，在使身体的各个部位得到锻炼的同时，感受体育的乐趣和品格的养成，这些又依赖于教学内容实践性与知识性的结合，这一方面需要通过基本理论知识的讲授，另一方面更重要是强化在实践中的体验和理解。高校体育教学内容体系就是教学内容实践性与知识性的有机融合。

（三）健身性和文化性的结合

体育教学区别于其他课程的非常重要的一点就是它的健身性的表现。这也是体育教学本质属性的反映。文化是人类认知世界、改造世界和适应环境的产物，从这层意义上讲，体育本身就是一种文化现象。这种文化性就要要求教学内容对提高学生体育认知有促进作用，更要体现对体育道德进行良好的熏陶作用。所以体育教学内容体系的良好健身价值和丰富文化内涵都可以在健身性和文化性结合中反映出来。

（四）民族性和开放性的结合

体育的形式和内容很大程度上和一个国家和地区的民族传统文化和民俗有重要关系。现代社会流行的竞技体育项目很多都带有民族色彩和区域特点，例如来自我国的武术项目、源于欧洲地区的击剑、来自日本的相扑、发源于希腊的马拉松等，都具有浓重的民族色彩和区域特点。在高校体育教学内容体系中彰显民族性就是要吸收我国优秀的带有民族特色的运动项目，发挥他们强身健体的功能的同时，彰显其优秀传统的教育效应。但同时也要保证体育教学内容的开放性，允许它接受来自不同文化和领域的影响，禁止来自方方面面、各式各样的捆绑。同时保障优秀的民族体育内容的传播和对世界优秀文化内容的兼容吸收，形成一个有机整体，完善教育教学内容体系。

（五）继承性和发展性的结合

在各高校的体育教学中，加入我国历史上优秀的传统体育内容也是十分必要的。这样既可以使我国传统文化和宝贵文化遗产得以继承，还可以极大地丰富现阶段高校体育的教学内容，而这也体现了体育教学内容的继承性特点。

（六）统一性与灵活性的结合

由于体育教学内容体系是需要面对全体学生，所以这就要求它必须要有一个统一的标准，这样就可以为高校体育教学设定一个比较规范的目标。但这并不意味着它是整齐划一的。第一，我国国土辽阔，各个地区的教育发展状况参差不齐，教学的基础也不在统一的起点线上。第二，学生自身的身心发展状况存在差异，体育基础与接受能力也是不同的，即便是同一年龄的学生也会表现出明显不同的特点。所以教学内容不能整齐划一，要留有余地，要灵活应对各种状况。具体的教学内容体系的构建，要依据当地的教学条件与学生的特点，灵活地加以选择，这样才能使所有学生的身心都能得到全面的发展。

（七）学生主体需要与社会需要相结合

科学合理的高校体育教学内容体系，应该更加能够贴近社会和生活，这样才能与学生的身心发展相适应，使不同年龄阶段、不同发展水平的学生能够在科学的体育教学体系中得到应有的锻炼。这样能够使学生更加地社会化，大大提高学生的社会程度，并逐渐使之成为社会所需的人才。使科学的体育教学体系与社会的需要有机地、客观地相结合，这样既能满足学生主体发展的需要，也能满足社会的需要。

第三章 高校体育教学方法的创新

第一节 体育教学方法概述

一、体育教学方法的概念

关于体育教学方法，国内外学者很早就开始进行，在研究过程中，诸多专家和学者对体育教学方法概念界定有以下共识：

第一，体育教学方法是体育教学系统的重要组成部分。

第二，体育教学方法与体育教学系统其他要素之间具有非常密切的关系。体育教学方法服务于体育教学目标和体育教学任务，应能够促进体育教学目标和任务的实现。同时，体育教学方法又受体育教学内容的制约。

第三，体育教学方法是"教"与"学"的统一，可有效促进师生的双边互动。

第四，体育教学方法受到特定的教学理论的指导。

第五，与其他科目教学方法相比，体育教学方法在注重教学语言要素的同时，更加注重动作要素。

综合我国学者对体育教学方法的研究，一般认为，体育教学方法，具体指为实现体育教学目的而采用的手段、方式、措施和途径等的总和。

二、体育教学方法的分类

从体育教学活动双边关系和参与主体来看，体育教学方法可以从"教"和"学"的角度进行教法和学练法的划分，具体分析如下：

（一）教法

教法是体育教学过程中的教师层面的教学方法，可以具体理解为教师的授课方法。

1.知识技能教法

教法类教学方法包括基本知识的教法和运动技能的教学方法。

（1）基本知识的教法

基本知识主要是指体育运动项目的基本理论知识，基本知识教法就是针对这些理论知识展开教学所使用到的教学方法，主要涉及基础学练理论教学。

一般来说，体育基础知识的学习主要是抽象知识的学习，具有一定的难度，不像体育运动技术那样可以直观地、生动形象地展现，这就需要教师在体育教学过程中应深入了解学生的知识基础、思维能力选择相应的教学方法。教学方法应尽量具有操作性，并注意与体育运动实践的结合。

（2）运动技能的教法

运动技能的教法不难理解，是通过相应的教学方法来很好地向学生呈现技术动作，帮助学生很好地理解运动技能的概念、构成、完成过程，这对于学生提高体育运动技能具有重要的作用，教学方法应便于运动技能规律与特点的揭示，便于具体的技术动作的形象化、生动化展示。

运动技能教法应用特点如下：

第一，教师通过教学方法的科学选择与实施，促进学生对具体的运动技能的理解。第二，充分考虑与教学体系中其他要素，如教学内容的关系，结合教学内容分析，运用相应方法帮助教师完成教学任务。

第三，结合实际教学情况，充分发挥教学方法灵活多变的特点，随机应变，在体育教学活动中灵活处理各种教学要素。

2.思想教育法

思想教育法是为展现体育思想教学内容的教学方法，开展相应的思想教育时，教学方法选择应注意体育思想、体育道德内容展示的特点，促进学生的体育价值观念、体育精神、体育道德、体育意志品质等的发展与提高。

（二）学练法

（1）学法

学法，主体为学生，在体育教学中，学生的学法就是了解和掌握体育相关知识的方法，通过具体学法的选择与应用，促进学生对体育知识、技能的掌握。

体育运动教学实践中，学法应用要求如下：

（1）确保学生能掌握教学目标所要求的基本知识与技能，并结合个人情况有所发展。

（2）体育学习中，应重视体育知识、经验，自身体能与新知识、技能的有机结合，使体育技能学练符合自身身心发展规律、特点。

2.练法

练法，具体是学生的运动训练方法，是实现体育教学目的的重要方法和途径，指导学生进行体育锻炼的方法是体育教学中最具本质特征的方法。

体育教学是一项身体实践性非常强的学科教学，各种体育知识、技能都需要学生的体育活动实践才能理解、掌握，并在之后的体育活动参与过程中表现出来，这就需要学生在体育学习过程中结合具体的学习任务、目标、自身实际情况科学、循序渐进地参与体育运动训练，不断提高自己的体质、体能、运动心理水平，并进一步促进自我体育运动专项体能、技能和心理能力的发展。

三、体育教学方法的特点

（一）实践操作性

与其他学科不同，体育学科的学习更多时候需要学生进行各种各样的身体练习，因此，在体育教学过程中，教师选择教学方法应充分考虑到学生的具体的身体活动开展的可操作性，同时教学方法应考虑客观的体育教学条件能否为教学方法的体育教学活动组织提供必要的物质支持。

体育教学方法的实践操作性受体育身体活动的基本性质影响，同时，也受到学生的体育活动参与形式的影响，教师选择与射箭教学方法，应结合具体教学实际对教学方法进行必要的修正，如果教学方法中的某一个环节和形式安排可能在接下来的教学活动开展中受阻，则教师应该灵活变通，不能让教学方法停留在理论层面，应落到教学实践中，符合教学实践。

（二）多感官参与性

体育活动的开展过程是师生的身体活动参与过程，教师与学生进行各种体育技术动作示范、练习，都需要充分调动身体各部分的组织和系统的功能，整个有机体各个器官和组织、系统都要充分调动起来。例如，教师通过动作示范教授学生某一项具体的体育运动项目的技术动作，学生要利用眼睛去看动作，利用耳朵去听讲解、利用肢体去感受动作感觉，因此说，体育学练的过程，也是学生机体多感官共同参与的过程。

在体育教学中，为了获得良好的体育教学效果，体育教师在选择和运用教学方法时应注意教学方法是否能充分调动起学生的多种感官的积极参与，优化教学效果。

体育教学方法对学生的多感官的体育调动与参与主要表现如下：

第一，体育运动参与和学习中，需要学生运用思维、感知、记忆和想象，需要学生的眼睛、耳朵以及触觉和动觉等感受器官对运动的方向、用力的大小和动作的幅度等方面进行感知，形成正确的动作定式。

第二，在形成正确的体育动作的基础上，将所接受到的教学信息进行整理、分析，通过大脑思维活动，指挥身体的各器官完成相应的动作；通过不断重复技术动作，最终达到动作技术的正确和精细。

（三）时空功效性

根据学生的学习认知规律和动作技能形成规律，体育教学方法的各教学实施阶段都表现出体育活动的时空性特点，以及教学的时空特点。

体育教学开始阶段，教师作为教学主导者，指导学生进行相应的学习活动，进行相应的分析、示范和指导。

体育教学期间，教学活动的主体发生了相应的变化，学生的主体作用也在不断增强，学生通过认知、分析和练习，掌握相应的知识和技能。

体育教学结束阶段，教师进行相应的总结和分析，对学生的学习过程、学习效果进行客观、全面评价与分析，并预告下次教学内容，实现本次课与下次课的有效衔接。

（四）动静交替性

体育运动教学与训练应保持动静结合，这主要是受运动者个体运动负荷承受范围的影响，是体育教学的基本规律和特点。

体育教学方法的"动"即指技能学练，体育运动技能的学习与掌握必须通过实实在在的身体练习来进行，体育教学过程中的各种体育教学方法都是为了促进学生更积极、更好地去参与各种身体活动，通过体育活动实践来掌握体育技能。

体育教学方法的"静"即指合理休息。学生的体育学习过程中，学生生理方面和心理方面都要持续地不断受到刺激，并承受一定的负荷，长时间会导致疲劳影响学习效果与质量，这时需要安排学生进行合理休息，包括积极性的休息和静止休息。安排休息时，应注重积极性休息和消极性休息的结合。

（五）师生互动性

体育教学活动的开展，需要教师和师生共同参与，教学方法的选择不应该只是组织活动让学生参与，还要在体育教学活动中，教师能适时地融入学生的学练、发现、探索活动中去，及时给予学生正确的教学指导。教学方法的应用应有助于教师、学生的体育教学活动的积极参与，并促进师生互动。

（六）继承发展性

新时期，教育工作者继续发展创新，教学方法及其应用也在不断丰富与创新使用，教师和学生的师生关系、课堂体验，以及体育教学效果都在不断优化。

第二节　传统体育教学方法及应用

一、传统体育教授方法及应用

（一）语言教学法

语言教学法，就是教师通过语言表达，来阐述体育教学知识、文化、规律、特点、技术构成、教学活动安排与过程实施的方法，学生通过对教师的语言来了解教学过程、参与到学习过程中去，掌握必要的教学知识点。

常用语言教学法举例如下：

1.讲解教学法

讲解教学法，教师通过语言讲解来开展教学。讲解法通常用于体育理论教学，讲解过程中，教师应充分考虑学生的理解能力与认知能力的特点与水平。

讲解法使用要点如下：

（1）讲解要明确，突出教学内容重点、难点、特点

在体育教学中，教师对于教学内容的讲解必须要有明确的目的，不能漫无目的地讲解，这样会使学生抓不住重点，不能理解教师的用意，导致学习效率低下。

（2）讲解要正确

注重讲解内容（历史文化、动作术语、技能方法等）的准确描述。

（3）讲解要生动、简明、有重点

讲解应便于学生更好地理解教学内容，如生动形象化的讲解可加深学生的认知，教师应重视对技术动作的形象化描绘，可以适当加入肢体语言帮助学生理解。再如，关于概念、技能难点的讲解应有重点，把握关键技术讲解，更便于学生掌握动作要领。

（4）讲解要通俗易懂、深入浅出

教师要善于运用对比、类比、提问等方式进行启发性教学，这有利于学生积极思维，使学生举一反三，触类旁通，学以致用。

2.口头评价法

口头评价法是体育教学中非常重要的教学方法，可以在课堂上及时、快速给予学生最直接的评价、提醒，也可以在教学结束之后，学生对课堂表现进行口头

点评。

根据评价性质，口头评价有如下两种：

（1）积极评价

教师对学生的评价是鼓励性的、表扬性的、肯定性的。

（20消极评价

教师对学生的评价是负面的，以批评为主，这显然会让学生感觉到不舒服和沮丧，对此教师应掌握必要的语言沟通技巧，注意措辞，要就事论事，不能过分打击学生，更不能进行语言方面的人身攻击。

3.口令、指示法

口令、指示具有简短的特点高度概括性，在体育过程中，借助简短的字词给予学生必要的提示，如体育时间教学中的动作学练。

口令和指示法应用要求如下：

第一，教师应发音清晰、声音洪亮。

第二，教师对学生的口令、指示应尽量使用正面引导、积极性的词汇，并注意提示的时机。

第三，合理把握口令和指示的节奏。

在体育教学实践中，教师采用口令、指示法时，尽量做到语言精练，言简意赅。

（二）直观教学法

直观教学法，是利用学生的感官直接冲击来加深学生对体育教学内容的印象，使学生更直观、生动、形象、直接地了解教学内容。具体来说，通过直观刺激学生感官。

体育教学中的常见直观教学法有如下几种：

1.动作示范法

在体育教学中，教师通过对教学内容的动作示范，来使学生对所要学习的项目技术动作有一个生动形象的了解，熟悉动作结构和要领。

动作示范教学法的运用应注意以下几点：

（1）明确示范目的

教师在进行动作示范之前，要知道示范的目的是什么，要展示什么。

（2）示范动作正确、流畅

教师进行教学动作示范，是为了给学生提供必要的技术动作模仿对象，教师的示范动作必须要正确，避免错误引导学生。

（3）示范位置合理

体育教学中，教师的动作示范应让每一个学生都能全面、准确观察，使所有学生都能够清楚地观察到示范动作，可多角度示范。

（4）示范应与讲解结合起来

通过示范、讲解，充分发挥学生的视觉、听觉、触觉等各感官的作用，使学生的听觉和视觉器官同时利用起来，以更好地加深学生对正确技术动作方法的理解与掌握。

2.教具与模型演示

采用图表、照片和模型等直观教具辅助教学，使学生更加易于理解相应的技术结构和动作形象。教具与模型演示教学，应注意以下几点：

第一，提前准备教具、模型。

第二，教具、模型全方位展示，如果介绍具体器材的使用方法可以让学生近距离体验。

第三，注意教具与模型的使用保护。

3.案例教学法

案例教学法，就是在体育教学中举例子，使学生对体育教学内容的理解更加简单、直观、形象。

案例教学法应用要求如下：

第一，举例恰当，避免举无效案例。

第二，对战术配合和组织案例分析尽可能详细，并注意多角度（如攻、守）分析。

4.多媒体教学法

多媒体教学方法是现代体育教学中被较多使用的方法，与传统的课堂板书教学不同，多媒体教学能令教学内容的展示更加生动形象，而且教师应更加准确地利用多媒体教学技术向学生分析动作的细节，通过动画和视频演示，可以将每一个动作精确到秒，将教学内容制作成电影、幻灯、录像等，通过重放、慢放、定格等操作方法，使学生更深入、系统地学习知识，掌握技能。

多媒体教学法的使用需要必要的多媒体教学技术支持，也需要教师具备一定的多媒体技术操作能力。

（三）完整教学法

完整教学法是体育教学中广泛应用的一种教学方法，该教学方法重在完整地、不间断地演示整个技术动作过程，通常在体育教学实践课中运用。

完整教学法的体育教学应用应注意以下几点：

1.讲解要领后直接运用

教师通过对体育运动技术动作的分解讲解后，示范整个技术动作，使学生能流畅地模仿完整技术动作。

2.强调动作练习重点

体育实践教学中，对于较为复杂的动作，教师应明确讲解、示范重点，使学生正确把握技术动作难点。

3.降低动作练习难度

降低动作难度以便于学生完整练习，建立正确动作定型后逐渐增加难度，待学生熟练后再按标准动作进行完整动作学练。

（四）分解教学法

分解教学法是与完整教学法相对应的一种教学方法，适用于复杂和高难体育项目的技术动作教学。能将复杂的动作简单化，降低技术难度。

分解教学法具体是指在体育教学实践中，教师分解完整的技术动作，通过各个阶段、环节的逐个教学，最终使学生掌握整个技术，分解教学应注意以下几个方面：

第一，对技术动作的分解要注意科学，不能打破各环节之间的有效衔接。

第二，分解后的技术动作依次教学，熟悉后注意组织学生对学习环节前后的衔接结合练习。

第三，技术动作分解与完整综合运用效果更佳。

（五）预防教学法

体育教学的开放性使得体育学习同样是一个开放的过程，可受到各种因素的影响与干扰。就学生的个体差异性来说，不同学生的认知能力、理解能力、肢体协调能力等不同，因此有的学生不可能做到一下子就能准确掌握知识要点、动作要领，学习过程中难免会犯各种各样的错误，教师针对学生的学习错误，应及时预防和纠正。

预防教学法是对学生的错误认知、错误动作的提前采取阻断措施的教学方法。预防教学法应用要求如下：

第一，体育教学中，教师应在讲解过程中不断强化正确认知，避免学生错误认知。第二，教师在备课时可结合自己的教学经验对学生可能会犯的错误做好预防预案。第三，可结合口头评价、提示、指示帮助学生及时预防错误。

（六）纠错教学法

纠错教学方法是学生在体育教学中出现认知、动作错误后，及时予以纠正错误的教学法。

在体育教学过程中，教师应正确对待学生由于对各种动作技术理解不清或对动作掌握不标准的错误，注意进行有意识的引导和纠正。

纠错教学法应用要求如下：

第一，纠错时，应注意正确技术动作的讲解，使学生明确产生错误的原因，及时改正。第二，结合外力帮助学生明确正确技术动作的本体感觉。

预防和纠错相辅相成，和预防相比，纠错的针对性更强，要求教师认真分析学生错误的原因，并有针对性地结合错误的源泉采取相应的纠正措施，并给出改正方向与方法。

（七）游戏教学法

游戏教学法，指教师利用组织游戏的方法使学生完成预定教学任务的教学方法。这种教学法的应用比较广泛，在体育教学的初期和其他各时期都经常被使用到，在调动学生的体育学习积极性与主动性方面具有良好的作用。

游戏教学法的应用应注意以下几点：

第一，所开展的各项游戏应与具体的体育教学内容相适应，应与教学内容相关。

第二，游戏内容应选择学生感兴趣的内容、方式，

第三，游戏开始前，注意游戏规则、目的的讲解。

第四，游戏过程中，强调学生的积极努力、同伴协同配合。

第五，游戏过程中，教师应监督学生在游戏中的行为，避免学生破坏规则，如有发生应实施"惩罚"。

第六，游戏结束后，教师应做客观、全面评价。

第七，注意教学安全。

（八）竞赛教学法

竞赛教学法，是通过教学竞赛的组织来开展体育教学的方法，竞赛教学法重视学生的体育运动技能的实践检验，也重视学生在运动中的角色体验以及学会如何处理与队友的关系，并可以促进学生的运动心理的调适与完善。竞赛教学法是体育教学不同于其他学科教学的一种重要教学方法，对于学生的身体运动素质、竞技能力、心理素质、社会性关系处理等都具有重要发展促进价值。

竞赛教学法的教学应用要求如下：

1.明确竞赛目的

通过足球运动竞赛切实提高学生的足球运动技能水平。

2.合理分组

各对抗队的实力应相当。

3.客观评价

对竞赛过程中学生完成动作的质量予以客观的评价，并指出改进的方向和方法。

在体育教学实践中，教师不应只专注于使用一种教学方法，也不能毫不顾忌教学实际多个教学方法交叉和叠加使用。上述各种体育教学方法的应用应结合具体的教学实际情况和学生情况科学选择，以选择最佳的教学方法或者教学方法组合，进而促进良好的体育教学质量和教学效果的不断提高。

二、传统体育学法

（一）自主学习法

所谓自主学习法，即学生积极主动独立自主进行体育学习的方法，在学习过程中，主动发现、分析、探索、实践。当然，整个学习过程需要教师的必要的指导。

高校体育教学中，教师指导学生进行自主学习，应做好以下几方面的工作：

第一，教师应针对学生的水平、特点，为学生安排难度适当的体育教学内容。

第二，教师可帮助学生制订学习目标，指出学生通过自我探索应该达到什么水平，解决哪些问题，学生应根据自身的知识储备和能力水平，明确学习目标。

第三，学生应根据自身情况，对照学习目标，进行积极的自我调控，并及时改进教学方法和教学策略。

第四，教师必须认识到，组织学生进行自主学习，教师仍要间接参与学生的整个学习过程，自主学习并非意味着教师放任不管，教学中，教师应时刻关注学生的学习进度，是否遇到了一些问题。如果学生的学习偏离预期，应及时引导。

（二）合作学习法

合作学习法，是在教师的指导下，学生进行合作互助，通过责任分工承担不同学习探索任务，并最终解决问题，达到教师所设定的学习目标，完成教师布置的学习任务。

合作学习能够提高学生的学习能力、合作能力。教学中，具体的学习操作方法如下：

第一，教师根据教学内容确定相应的教学目标。

第二，教师引导学生结成学习小组。

第三，全体学生在教师的指导下，根据教学内容确定相应的教学目标。

第四，确定各小组研究的课题，引导学生自己进行小组内的具体分工。

第五，小组成员合作完成小组学习任务与目标。

第六，不同小组进行学习和交流，分享研究成果，发现问题，取长补短。

第七，教师关注、监督学生学习，推动各小组活动顺利开展。

第八，教师评价，帮助学生总结。

第三节　符合现代教育理念的体育教学方法

在"以人为本""健康第一""终身体育"等新的教学理念指导下，教学方法的选择和应用越来越重视体育教学中学生的体育学习体验，并越来越重视学生的学习积极性与主动性的发挥。对于学生来说，符合现代新教学理念的体育教学方法的应用，大大提高了学生的体育学习兴趣，同时，体育教学环境更加优化，学习体验更加丰富多彩与生动、形象。

一、现代创新体育教法

（一）探究教学法

探究教学法，也称指导发现教学法，是一种充分发挥学生的能动性的教学方法。体育教学中，在教师有意识的体育教学中，让学生经历教师所设计的各种教学环节，引导学生逐渐发现问题，讨论问题，并处理和解决问题。

探究教学法符合现代教育教学理论对学生的要求，也是新体育课程强调学生主体性理念的重要表现，因此在体育教学实践中日益受到重视，该教学方法在体育运动教学中得到了尝试并收到了良好的教学效果。

探究教学法的体育教学应用有机结合了教师的"教"和学生的"学"两个方面。指导发现教学法主要适用于战术、攻防关系、技术要点教学中，具体应用程序如下：

第一，学生预习教师所要教授的教学内容时，发现问题。

第二，教师以指导语的方式改造所授教学内容，并且将一些相关的观察结果和分析的直观感知材料提供给学生，使学生自行解决学习中遇到的困难和问题。

第三，体育教学中，重视对特定教学环境的建设，使学生在积极探索、研究的过程中获得知识和掌握技能。

第四，教师进行教学分析归纳总结。

（二）合作学习教学法

合作学习教学法是通过对学生进行分组，让学生以小组形式完成学习任务的教学方法。合作学习教学法有利于学生养成合作和竞争的意识，对于在足球运动中发挥集体协作作用具有重要的促进作用。

在现代体育运动项目教学中，许多教学活动都需要学生的共同参与，即便是以个人运动技能展示为主的体育运动项目，在运动技能练习过程中，也需要其他同伴的陪练，离不开各参与者的相互配合，因此，通过合作学习不仅能增加学生之间的默契配合，提高学生的合作意识和合作能力，这有助于良好的教学环境和氛围的形成。

（三）多元反馈教学法

新课程标准要求重视学生在体育教学中的地位，重视和谐师生关系的建立，多元反馈教学方法正是强调教师与学生之间在学习过程中融洽合作关系的教学方法，该方法更加突出师生之间、学生与学生之间进行信息的交流与反馈的及时性。教学过程中，重视通过对学生的积极性、主动性和创造性的激发和调动，促进教学信息的多向传递，促进学生通过系统的知识学习实现自我发展。

多元反馈教学法在高校体育教学是一种新的尝试。教学中，科学运用反馈教学法应注意以下几点：

第一，以信息的相互反馈作为主要的线路，并在教学过程中，教师与学生间、学生之间、学生与教材、媒体之间都要做到信息及时、有效地反馈，这也是提高体育教学效果的关键所在。

第二，教师要善于及时、准确地捕捉各种反馈信息，并进行整理分析，作出准确的判断，修正教学过程。

第三，教师应对所反馈信息的正、负影响作出准确的判断，及时地向学生进行反馈，使学生更好地了解自身存在的问题和不足，有针对性地进行改正，有效控制教学过程与结果。

（四）多媒体技术教学法

多媒体技术，即CAI技术，是伴随着计算机信息技术的发展而获得发展的，多媒体教学技术应用于教学已经有较长的一段时间，且因其具有可嵌入度以及良好的交互性能深受师生欢迎。多媒体技术的发展使得体育教学的教学手段更加丰富。多媒体技术纳入体育教学更多地应用于体育理论课教学。

相比于传统的教学手段，多媒体技术将体育运动相关录像、图片、flash等引入课堂教学，综合了学生视觉、听觉、视听觉内容，在包括体育运动在内的体育教学中得到了广泛应用，教学效果良好。

目前，各种教学的多媒体设备、软件日益增多，越来越便携的输出设备使得学生在需要时可以观看视频或图片，手机、笔记本电脑、平板电脑的出现使得更多的课件可以以此为设备核心展开体育教学。

多媒体教学替代了传统意义的收录机、播音机、手鼓、节拍器等教学手段，体育教学更加智能，并表现出集成性、便捷、生动、立体、交互、实时、长久储存等特点。

（五）计算机网络教学法

计算机网络教学，依托于计算机技术和网络通信技术，可以实现体育教学的更加生动、互动与高度交互。计算机网络教学改变了传统教学课堂教学的范畴，计算机网络教学大大拓展了教学的时间与空间。

现阶段，计算机网络教学在高校体育教学中的运用，主要体现在校园教学学习网络的建立。早期的 BBS 由教育机构或研究机构管理，当前许多著名高校的校园网站上都建立了自己的 BBS 系统，通过互联网介入教学。借助于校园计算机网络建设和学生的网络设备利用，可形成多元化的综合性校园体育网络课程教学体系。

和传统体育教学方法相比，在新的依托计算机网络的"教"与"学"的交互平台上，师生之间、学生之间可以利用在线交流、邮件、留言等形式实施互动，不仅有助于突破教学时间与空间限制，还能提高教学维度，优化教学效果。

和多媒体技术教学相比，计算机网络教学更加智能化，教师所使用的教学资料和教学工具都是数字化、集成化的，课程内容以电子教材的形式呈现，网络课程教学过程中，可以实现网络即时模拟讲课、批改作业，在课内教学的基础上很好地解决了教学的延续性问题，师生的交互性更强，充分互动，并突出了针对性、实用性、趣味性，寓教于乐，可以促进学生体育运动学习和教师体育教学的教学相长的良性循环。

当前，我国高校体育网络课程建设尚处于起步阶段，表现出以下教学特点：

第一，网络课程设计水平普遍较低，教学功能单一。

第二，在高校体育教学网络课程建设中，凸显出"重开发，轻应用，漏管理"等问题。

第三，校园网络的学校体育教学专区建设不完善，信息不全、更新不及时。

第四，高校体育网络教学课程课件数量少、质量不高，制作粗糙。

第五，网络课程教室的教学活动缺乏有序组织管理，缺乏线上活动与线下活动的有机结合，师生互动还需要更进一步落实。

二、现代创新体育练法

（一）模式训练法

模式训练法是根据规范式模型进行的训练。和其他训练方法相比，模式训练法主要有以下两个特点：

1.信息化

必须先收集到有关该情景、环境、条件的信息，才能进行针对性的训练。

2.定量化

训练内容、方法、步骤等应进行定量控制，以便随时调整、完善训练。

（二）动作组合训练法

动作组合训练，是对多个技术动作的综合融合训练，适用于操类运动、球类运动基础技术动作练习。这种训练方法可令训练内容更加丰富、多变。

（1）动作递加法

递加法是通过两个和多个动作连接进行练习的方法。当教会一个动作或组合时，必须及时与前面动作或组合连接起来练习。训练操作如下：

（1）学练A，学习B，连接A+B。

（2）学练C，连接A+B+C。

（30学练D，连接A+B+C+D。

2.过渡动作法

在新动作之前或组合与组合之间加入一个或一段简单易学的过渡动作的练习，操作如下：

（1）学练A，学习B，连接A+B。

（2）学练B，学习B+N。

（3）学练A+B+N。

（4）学练C，连接A+B+C+N。

（5）学练D，连接A+B+C+D。

3.动作组合层层变化法

层层变化法是在原有的组合中每次按顺序只改变一个动作，使之过渡到另一个动作组合的方法。操作示意如下。

（1）学练动作A，动作B，动作C。

（2）改变动作A后，学练动作新A，动作B，动作C。

（3）改变动作B后，学练动作新A，动作新B，动作C。

（4）改变动作C后，学练动作新A，动作新B，动作新C。

（三）信息化虚拟训练

信息化虚拟训练，具体是指通过信息技术创新虚拟训练环境，注重运用现代生物力学技术与计算机技术模拟视觉效果，在虚拟的情境中进行体育训练活动。例如，篮球战术训练中，模拟CBA或国际比赛环境，运用3D或4D游戏场景引导学生在VR眼镜下进行战术感知；蹦床训练中，在虚拟蹦床比赛场景下促进学生进行高精度的蹦床训练，实现多维判断。

第四节　高校体育教学方法的创新与发展

一、高校体育教学方法发展趋势

（一）多元化

体育教学的复杂性决定了体育教学方法的多元化发展。体育教学发展至今，已经有了许多教学方法，随着体育教学在未来的不断发展，也必然会出现更多的体育教学方法。

体育理论知识体系和运动技能内容丰富，技战术复杂、体育教学系统的多元化都在客观上要求体育教学方法的多样化与多元化，单一的教学方法是无法实现教学目标的，新课程改革的开展与深化也要求必须创新教学思路与方法，体育教学课上不能只用仅有的几种教学方法。体育教学方法的多元化能为体育教师的体育教学提供多种选择，进而实现体育教学更加科学地组织与开展。

现代体育教学中，随着新课程改革的开展与深化，综合考虑多方面影响因素，争取教学方法的多元化优化创新是体育教学发展的必然趋势。

（二）现代化

科学技术的发展为人们的生活提供了便利，在教育领域，新技术的应用对新的教学模式、教学方法的创新也提供了技术支持。教学设备的现代化是体育教学的重要表现之一。随着体育教学的各项技术逐渐发展，其教学方法也必然呈现出现代化的发展趋势。

传统高校体育教学理念与方式已经表现出局限性与落后性，传统课堂板书、单纯体能训练（苦练）的教学方法已经与现代社会与学生的发展需求严重不符，不能充分调动学生学习积极性，加快高校体育教学方法创新是高校体育教学改革的必然，而且创新意义重大。

新时期，随着现代体育教学的发展，现代化的教学设备、技术在体育教学中的应用。通过先进的现代化设备，教师能够对学生的身体素质进行更加深刻的了解，并能够更好地制定运动训练的负荷量。在教学管理方面，能够为学生的学习和生活提供更加便捷的服务。而体育理论教学中，多媒体、计算机软件等的运用，使得体育教学更加生动形象。

在科技迅速发展的大环境下，科学技术的进步对其教学方法的影响是极其深远的。多媒体技术教学、移动通信教学、网络教学等诸多新的具有现代时代特点的体育教学方法的优化创新，充分吸收了现代的先进科技，为学生的体育学习提供更加快捷、生动、形象和立体化的教学情境，符合当下学生的学习习惯与需要，也经过教学实践证明确实优化了教学效果。

（三）民主化

民主化教学是现代体育教学改革中所提倡的一种新的体育教学思想，民主化的体育教育有两个方面的要求：其一，体育教育面向全体学生，每一个学生的体育参与都是民主的；其二，在体育呼吁体育教学中的师生民主，体育教学的民主化是大势所趋。

随着体育教学过程中民主意识的崛起，民主化的体育教学方法也逐渐得到快速的发展。在体育教学方法的选择过程中，也应关注到体育教学中的民主化条件、氛围的创设，让学生在良好的教学环境中学习、参与体育。

（四）合作化

现代体育教学实践中，只运用一种教学方法不可能完成整个教学，这就需要对多个教学方法进行综合使用，这就是体育教学的合作化。

体育教学方法的合作化，是体育教学方法的重要创新策略，目前，自主学习、合作学习等推崇民主教学的教学方法已经在我国高校得到广泛应用，极大地促进了教学目标的完成和学生的全面发展。

一方面，注重学生合作的教学方法选择，有助于培养学生的体育合作意识，是实现对学生的体育学习的社会性能力培养与发展的科学有效途径，能更好地通过教学活动组织实现体育的社会性教育功能。

另一方面，多种各具特点的体育教学方法的综合运用，可以最大限度地发挥不同体育教学方法的优势。多种不同特点教学方法的优化合作，不仅能够有效地提高学生的技战术水平和知识，还能够在学生的品德方面有着更着重的培养，更有利促进于学生技战术的学习和提高，能培养学生的合作意识和良好意志品质。这是对多元体育教学方法的一种"优势放大"，有利于体育教学效果的完善和教学质量的提高。

（五）个性化

体育教学中的教学方法面向的是全体学生，但不同的学生之间存在各种差异，这就需要体育教学方法在选用过程中也应突出个性化，体育教学的方法应随着学生各方面的变化而进行适当的调整。个性化的教学方法改革和创新对于学生和社会的发展均具有重要的意义，能真正实现每一个学生都能有所发展和进步。

传统体育教学过分强调教师对教学的指导，教师的教学活动忽视了学生个体之间的差异性，学生的体育学习比较被动。

新时期，随着现代高校体育教学改革的不断深入与发展，再加上现代社会越来越注重学生个性的发展，学生的个性发展得到学校教育的重视，同时，随着新的体育教学理念的推动、新的科学技术在体育教学中的应用，现代体育教学中的体育教学方法的个性化发展成为可能，并具有了科学化的操作路径，能促进体育教学中的学生个性化教学。学生的个性发展要求教师应根据学生的具体情况，采用不同的体育教学方法。这对于提高学生的体育学习兴趣，充分调动学生的体育学习积极性与主动性具有重要的意义和作用。体育教学方法的发展也必然呈现个性化发展趋势。

（六）心理学化

体育具有多元教育功能，促进学生的心理健康发育是体育教育的重要教育功能之一，体育教学中的教学方法选择应为体育的心理教育功能的实现服务，体育教师在体育教学方法中应重视学生心理塑造，正确引导学生，培养学生体育健身意识、促进学生的良好体育道德、体育意志品质、体育精神和体育行为的养成。

实践表明，心理学理论在体育教学中的应用对于实现体育教育教学促进学生身心健康发展具有重要意义，为体育教学方法重视学生心理建设、发展提供了启发，通过科学的心理学理论指导，教学方法选用开始更多地关注学生心理，能使体育教学方法更符合学生的心理发育特点和心理活动特点，有助于有针对性地选择合适的体育教学方法，更好地激发学生的体育学习的积极性与主动性。通过影响学生心理来组织和实施体育教学，能更好地实现体育教育教学、更进一步促进学生身心健康发展。

（七）最优化

不同教学方法各有优点，针对具体教学内容、教学对象特点，教师应善于甄选出最佳的教学方法。

具体来说，教学方法的最佳应充分考虑两个方面：教学方法创新发展必须重视教学方法优化策略中的系统性和操作性；体育教学方法的优化发展应充分考虑教学方法的实操性和实效性。

二、高校体育教学方法的科学选择

高校体育教学方法丰富多样，不同的教学方法各有优点与特点，要真正发挥教学方法在高校体育教学中的作用就必须要重视教学方法的科学选择，具体来说，高校体育教学方法的科学选择依据主要有以下几个：

（一）依据教育理念选择

教学理念对教学方法选择有重要指导作用，教学方法的选择应以最新体育教学理念为指导，具体要求如下：

第一，现代体育教学强调素质教育，强调学生的身心健康全面发展。体育教学方法选择应体现"以人为本"，促进学生体育参与与学习过程中的"健康第一"，并有利于提高学生的体育学习与参与积极性，促进学生的"终身体育"参与。

第二，体育教学方法的选择应体现出学生在体育教学中的主体地位，激发学生的积极性与主动性。

第三，体育教学方法的选择应重视教学活动中的对学生的体育意识、体育能力的培养，为学生走出校门、走向社会继续参与体育奠定知识与技能基础。

（二）依据教学目标选择

教学目标、任务不同，教学方法的选择不同。体育教学目标是科学选择体育教学方法的重要依据。

依据体育教学目标选择体育教学方法，要求如下：

第一，从体育教学的总体目标要求出发，保障每次课的教学目标和总体教学目标都能实现。

第二，充分考虑教学媒体的选用能否实现本次课的教学目标，结合目标应用不同教学媒体，选择不同方法。

第三，教学方法要充分考虑具体教学活动安排所要实现的每一个小的教学目标，如为让学生巩固技能，教师应多采用练习法、比赛法等；为了教会学生学习新技能，教师应多采用讲解、示范、分解、模仿练习等教学方法。

第四，现代体育教学总目标是"促进学生体魄强健、身心健康"，所有教学方法的选择都应该以此为标准，不能偏离这个标准而只考虑短期的教学目标实现，短期教学目标的实现也是为长期教学目标的实现服务的。

（三）根据教学内容选择

体育教学内容丰富，不同的教学内容向学生展示，需要使用到不同的教学方法才能呈现出最好的教学效果，在体育教育教学系统中，教学内容、教学方法，是两个重要的系统构成要素，二者之间具有密切的关系。因此来说，教学方法选择必须充分考虑教学内容。操作要求如下：

第一，选择体育教学方法，应充分考虑体育教学内容的方便实施，如技术动作教学，应采用主观的示范法；原理教学，应采用语言讲解教学法。

第二，选择体育教学方法，应充分考虑教学内容的表现方式，通过哪种教学技术能更好将教学内容呈现给学生，最大限度激发学生的学习兴趣，就选择哪种最适宜的教学方法。如图片展示更直观便捷，还是多媒体教学展示更生动细致，这些都需要教师综合考虑教学内容与表现形式。

（四）依据学生特点选择

学生是体育教学的对象，教学活动开展不能离开学生，否则教学就没有任何意义。对于体育教师来说，体育教学方法的科学选用是为更好地促进学生体育学习服务的，所以在具体的教学方法选择中应重点考虑学生的特点。

在体育教学中，科学选择体育教学方法，既要考虑学生群体特点，还要考虑学生个体特点。具体来说，根据教学对象特点选择教学方法，应重点关注以下几个方面的工作：

第一，科学选择教学方法，就学生群体特点来说，要根据抓住某一学生群体的共性，科学选择能涵盖学生这些共性的、有针对性的体育教学方法。如低年级学生应多采用游戏方法教学，高年级学生多采用探究、发现法教学。

第二，就学生个体特点来说，关注不同学生的个体差异，针对不同学生采用不同的教学方法。

（五）依据教师条件选择

体育教师是体育教学组织者、指导者，是体育教学活动安排者，也是体育教学方法的选择者、实施者，因此，教学方法选择应充分考虑教师相关条件，要求如下：

第一，体育教学方法选择，应考虑该教学方法是否能使得具有一定的素质水平、知识结构、教学能力与经验的教师能科学、有效实施，充分发挥出教学方法的优点。

第二，体育教学方法选择，应充分考虑是否符合教师的教学风格、性格特征。

第三，体育教学方法的选择，教师应考虑本次课教学目的与课堂控制。

总之，体育教学方法的选择过程中，教师应认真审视自己，根据自己的实际特点来选择合适的教学方法，以便于扬长避短，使教学方法选择更具针对性。

（六）依据教学环境与条件选择

在整个体育教学活动开展过程中，体育教学方法的选择应考虑到整个教学活动所涉及的教学因素，其中，客观教学环境与条件是应重点考虑的因素，教学方法的科学选择应该能够以这些必要的教学要素为依据去选择。

具体来说，教学环境包括场地器材、班级人数、课时数等，同时，外界的社会文化环境也对教学环境具有重要的影响。体育教学条件则涉及体育教学的硬件条件、软件条件等。

在体育教学活动开展过程中，体育教学环境与条件是不以人的主观意志为转移的，对教学方法的选择具有重要影响。体育教师要选择哪一种教学方法，应关注这些客观教学环境因素的影响，充分考虑如果选择和实施某一种教学方法，有没有实施这种教学方法的必要的客观环境和条件的支持。

三、高校体育教学方法的优化创新

（一）教学方法的优化策略

随着现代体育的不断发展，不断有新的体育教学方法被提出并应用到体育教学中去，体育教学方法体系内容不断得到丰富。体育教学中，教师在体育教学方法优化创新应用方面的意识越来越强，但也不乏会出现为了创新而创新的现象，这种现象违背了体育教学的客观规律，忽视了体育教学中的学生、教师、教学条件等客观实际，是一种不科学的创新。

科学的体育教学方法优化创新，应注重教学方法和教学现实的深入分析，充分了解不同教学方法的各自的优点，针对具体教学内容、教学对象特点，教师应善于甄选出最佳的教学方法。对教学方法的合理运用是科学组织与实施体育教学的重要前提，也是体育教学方法优化创新的前提。

体育教学方法的科学化优化操作，具体要求如下：

第一，在实际的体育教学方法优化创新过程中，必须重视教学方法优化策略中的系统性和操作性。

第二，严谨的系统性能使教师对教学有着非常好的整体把握，更强的操作性则能够帮助教师更加方便地执行教学方法。

第三，教学方法将优化应用于具体教学实践，体育教师应重视对教学方法产生的效果进行跟踪了解，可通过学生的学习反馈收集、整理、分析教学方法使用效果的反馈信息，并对教学方法做出优化调整。

（二）教学方法的组合创新

教学方法的组合创新是现代体育教学方法优化组合的必然趋势和要求，具体是指以合作学习法为基础来进行教学方法的优化创新。从本质上讲，教学方法的组合也是对原有教学方法的一种优化措施。

随着社会的飞速发展，体育教学方法不断创新，传统教学方法不断完善、新的体育教学方法不断出现，高校体育教学中，体育教师应对教学方法当中的各优势要素进行组合创新运用，以最大限度地发挥不同体育教学方法对体育教学的促进作用。

第四章　高校体育教学模式的探索

第一节　高校体育自主教学模式

一、概述

（一）自主教学内涵

1.自主教学概念界定

关于体育自主教学，目前学界并没有统一的定义，许多研究者从不同的角度和层面对体育自主教学的内涵与外延进行了阐述。体育自主教学即将学生作为参与教学的主体，教学目标、教学模式、教学内容和方法都应该紧紧围绕学生展开，并和教师因素共同构成体育自主教学系统。同时，健康、愉悦、放松等积极因素应该成为教学的主要原动力。

2.自主教学外延释解

体育自主教学具有两个层面的双面性，对于教师而言，它是一种教学模式与方法，而对于学生而言，则是一种学习的模式与方法。因而，从整体上来看，高校体育自主教学就是为了实现一定的教学目标，将学生作为教学的主体，围绕这一主体开展教学模式、教学内容和教学方法的选择，充分发挥学生的主观能动性，激发学生参与热情的一种全新体育教育模式。从教师的角度进行阐释，自主教学就是为了实现一定的教学目的，根据体育教师的安排规划，学生根据自身的条件制定学习目标，确定学习内容，最终完成学习目标的体育教学模式。

（二）自主教学模式的特点

关于自主教学，目前学界并没有一个严格的定义，大致上可以理解为通过多种形式丰富教学手段，引起学生学习的欲望进而对学习内容进行自发性、连续性的发散学习行为。具体到我国高校的体育教学中，可以将其定义为"在老师基本教学的基础上学生针对自身情况制定学习方法，自我监控、自我调整、自我评价，最终实现体育教学目标的教学方法"。根据自主教学的描述，不难发现它的主要特点：

1.主观能动性

主观能动性是素质教育的重要内容，也是高校构建体育自主学习模式的核心性特点，还是自主教学模式的基本特征。在传统教学模式中，体育教学和其他学科一样，教师往往处于教学的中心，学生往往需要"跟着教师的节奏走"，并按照教师设定的内容、方式、进度、目标进行学习。在这一模式下，学生的学习很大程度上是被动的，学生按照既定的模式进行，一方面没有充分结合学生的特点和个体差异，同时也使得教学墨守成规，学生的主观能动性和积极性受到一定程度上的局限。

在自主教学模式中，首先关注的便是学生的个体特征，并将学生作为整个教学的核心，所有的教学工作必须紧紧围绕学生开展，同时学生在教学中也必须扮演起重要的角色。在这一教学模式中，学生应该根据自身兴趣爱好和个人特质，结合教学实际情况，和教师一起确定教学的主题、方式和内容，并在教师的指导帮助下进行自主学习，自行选择学习目标、内容和方法，并积极主动地推进教学，充分发挥自身的主观能动性，逐步成为体育教学中体育知识、体育技能和方法模式的构建者。

2.教学有效性

在教学实践中，教师讲的内容都一样，但学生的学习效果却有天壤之别，成绩优异的学生无一例外都进行了相当程度的自我学习，而正是自主教学的深入开展，让他们学会了发现问题、解决问题，并适应了自我分析理解的能力，实现了从"鱼"到"渔"的过渡。由此可见，自主教学模式的学习是有效的，因为在这一模式中，学生成为积极主动的主体，自主教学模式水平越高，学生的学习效果往往就越好，学校体育教学的质量通常也就越高。

3.相对独立性

自主教学模式和传统的自学既有联系也有区别，虽然两者都鼓励学生在整个学习过程中充分发挥自身的主观能动性，摆脱对他人的依赖，实现自身学习能力的提升。但是，自主教学模式同时也强调了自主学习过程的系统化，强调教师的引导与帮助和学生之间的分享与交流，因而自主学习系统的独立是相对的，学生不可能脱离教师和学校，完全进行独立的自我学习。相对独立性体现在两个层面：从宏观来看，体育自主教学模式中的构成元素，学生不能完全独立，教学目标、教学内容、教学方式、体育训练的内容、阶段、时间等，学生不可能完全脱离教师的指导和帮助；从微观来看，每一个元素从开始到设计，再到实施及总结，每一个过程学生都需要来自教师和同学的资源共享、帮助与支持。因而，高校体育教学中自主教学模式的独立性是相对的，需要分清学生的学习在哪些方面和过程是自主的，只有这样才能设计出更加符合教学实际的自主教学模式。

4.情感丰富性

情感是现代教育中一个重要的概念，21世纪兴起的情感教育便是对这一要素的深入挖掘。情感对于教学具有明显的影响作用，积极乐观的情感会对教学产生积极的推动作用，而压抑消极的情感则无疑会对教学产生负面作用。在自主教学模式中，学生的主观能动性得到积极的调动，其情感得到释放和良性的引导，和传统的教学模式相比，学生在教学中往往可以表现出更加丰富的情感和积极的情绪。自主教学模式带来的轻松活泼的课堂气氛，互助共享的教学资源以及给予学生的展示平台，都将有利地推动学生正面情绪的释放，而这种正面积极情绪的释放，将对教学产生积极的推动作用，同时拉近教学双方的距离。

5.范围有限性

自主教学模式并不是适用于所有的教学，因为对于某些要求极高且教学资源十分集中的高精尖项目，采用自主教学模式未必能适用，或者是教学环境不允许。因而在教学实践中必须注意到，并不是所有的教学内容都可以完全采用自主教学模式，很可能某些学科只能部分采用或借鉴其思维。高校的体育教育和其他学科的教学目标存在巨大差异，通常来说，高校的体育教学并没有在知识模式方面有严格的教学目标，而更多是让学生认识体育，热爱体育，并建立起积极乐观的心态和坚持体育锻炼的习惯，从而全面提升国民的综合身体素质。因而，高校体育教学是可以灵活化及自由化的，只要能实现最终教学目的，无须拘泥于传统的教学模式。

二、高校体育自主教学模式的构建

（一）高校体育自主学习模式的构建策略

1.强化学生自主学习的理念

在多数学生的观念中，体育课就是打球、跑步，然后获得相应的学分，对体育课本质缺乏理解和认识，体会不到体育锻炼增强身体素质的重要意义。

（1）改变学生的传统观念

使学生认识到体育课对自身身体素质提升的重要性，让学生了解到自主学习体育课程能提升自身的交际能力，同时有效提高自身解决问题的能力，更好地适应未来社会的发展需要。这样能够增强学生自主学习的意识，树立自主学习的观念，积极主动地、发自内心地参与到体育锻炼和体育知识的学习当中，从而有效地提升学生自主学习的能力。

（2）促使学生正确认识自我

高校学生体育课程的选择和体育锻炼计划的制订都要以学生的身体条件为依据。所以，学生要对自身的状况有全面的了解和正确的定位。只有这样，才能够制订出适合自己的学习目标，进而制订出相应的学习和锻炼计划。

（3）增强学生自我监控与调节能力

在培养学生自主学习能力的过程中，教师要注意培养学生自我监控和调节的能力，让学生通过自我测试和反省等方式对自己制订学习目标和锻炼计划进行控制和调节，及时改变学习策略和方法，对自己获得的能力、技能和知识进行及时评价，树立自信，扬长避短，不断激发学生学习的创造性和积极性，为自主学习能力的提升创造空间。

2.打造"自主选择"的体育学习模式

在高校体育学生自主学习过程中，教师应充分尊重学生，根据学生的不同体育运用情况，适时打造"自主选择"式学习模式，这主要包括自主选择学习的时间、内容和方法等方面，使体育真正走向学生自主，努力提高体育学习质量。

（1）"自主选择"体育学习时间

在大学阶段，学校的教学管理形式是学分制，这种制度给予学生在课程选择上较大的自由，学生可以根据自己的具体情况来安排体育课的上课时间，不管是专项体育课，还是普修的体育课。除了学分制之外，学校还应该有针对性地创造条件，让学生自由选择上课时间，这样能够有效地激发学生上体育课的积极性，在保证与原有学分制同步管理的同时，有效地提升学生的自主学习能力。

（2）"自主选择"体育学习内容

学校应该不断地丰富体育课可选择的教学内容，给学生更多的、依据自己的兴趣爱好自由选择的机会，但是高校需注意调控学生的学习活动，加强教学管理。

在高校体育自主教学过程中，应注意以下教学侧重点：第一，充分利用高校丰富的体育资源，给学生更大的自主选择空间。在普修体育课上，要尽量根据学生的兴趣爱好来安排教材的内容供学生选择。在专项体育课上，在完成统一教学内容之后，尽可能留出适当的时间给不同基础的学生进行自主的学习和锻炼。第二，学生自主选择教学内容之后，教师要加强对教学的监督和管理，对学习要求有严格的标准，并安排相应的人员组织学生之间相互交流和学习，在这一过程中教师要适时给予指导，保证学生学习的质量。

（3）"自主选择"体育学习方法

每个人的身体素质都存在着非常大的差异，所以要求教师因材施教，根据学生对教学内容理解和接受能力的不同，引导学生自主选择适合自己的练习方法。此外，在不严格要求技术规范的教学内容时，不要限制学生的练习方法，允许学生用不同的方式完成同一内容的练习。例如，在进行篮球运球训练时，教师应该引导学生以个人独立、小组合作等不同模式学习运球，并且结合运球竞赛、游戏等方式，激发学生自主学习的积极性。

（二）建立并完善科学合理的自主教学教育模式

建立一个科学合理的自主教育模式是发展高校体育自主学习的基础，为此，应该彻底改变传统高校体育教育的教师本位思想，将学生完完全全作为教学的核心，所有的教学都围绕学生展开。建立这样的模式，应该考虑到以下一些因素：

1.组织引导系统

组织引导系统是高校体育自主教学模式的首要环节，也是这一系统的基础和流程导向，具有重要的基础性作用。组织引导系统的主要作用在于宣传自主教学模式的理念和基本模式，并通过宣传让学生逐步认识、感知并接受这一新兴教学模式。此外，组织引导系统的另一重要作用在于激发学生对自主教学模式的参与热情，通过丰富多样的形式将学生引入到相关体育教学之中，并让学生对学习产生深入理解和挖掘、自我探索的欲望。可以这样说，组织引导系统是激发学生参与自主学习的首要和关键性环节，这一环节将为高校体育自主教学模式提供强大的原动力。

组织引导系统的核心在于教师的组织和规划，首先，教师应该对教学目标进行宏观设置和整体把控，并进一步将目标细化为整体目标和阶段性目标，根据目标的设置规划相应的课程与教学手段。在组织引导阶段，课堂教学的内容与形式十分重要，需要快速抓住学生的注意力和兴趣，并给予其广阔的想象空间，这对于后续自主学习系统的推进十分必要。以课堂教学的引入为例，传统的体育教学往往缺乏课堂教学的引入环节，而在组织引导系统中，高校可以尝试以下热门的话题来展开本堂教学，即设置相应的课堂教学引入机制，如精彩的奥运比赛、街舞、扣篮进球集锦等。这些内容紧扣教学内容，可以在很大程度上激发学生的兴趣和激情，对比传统的集合加解散模式，显然更有利于塑造教学氛围，并能够鼓励学生积极参与其中，在课堂的一开始便抓住学生的注意力，从而为后续教学带来方便。

2.学习系统

这是自主学习模式的核心组成部分，即建立并完善学生的学习模式，学习系统主要包括内容和方式两个层面，这也是学习系统需要明确的两个基本要素。内容，即学生需要明确地选择出学习内容，这一内容可以是多样的，但应该充分结合学生的个人身体特质和兴趣爱好，经过教师的帮扶和建议，最终确定；而形式则是指学生自主学习的方法，学生可以自己进行，也可以分小组进行。分组进行是常用的一种学习系统方式，其学习效果也比较突出，高校可以在学习系统中参考这一模式。首先，教师根据学生的意愿和自身的教学计划综合划分小组，并对各个小组设立考评机制，主要根据小组学习情况和最终教学目标的实现程度进行评价。这样，小组之间便可以形成良性竞争的机制，而在小组内部，各个成员之间亦可以进行经验分享与学习上的互助，从而在内外两个层面提升学习系统的效率和教学效果。

除了内容与方式两个基本层面，学习系统还需要设置一定的后续配合内容，如在学生选择了学习内容之后，则期末的体育检测便可增设考核学生自己选择的项目并保持一定的权重，这样会使得学生在选择的时候十分用心，能够充分结合自身的实际情况，而后期学习也十分努力。同时可以在课堂上组织大家讨论采用什么样的方式来进行教学，讨论之后教师再综合考量大家的意见实行。通过反复地练习来不断反思和总结，再向同学和教师寻求帮助。

3.过程控制系统

过程控制系统属于自主教学模式中的控制性和辅助性环节，也是自主教学模式区别于传统自学的重要因素。一般来说，过程控制模式分为两个部分，即帮助和监管。高校可以基于这两个模块构建过程控制系统。帮助模块主要为解决学生自主学习过程中遇到的各种问题。由于体育运动的内容深入到社会生活中的各个层面，在学生自主学习的过程中，不可避免地会遇到各种学习和体育运动实践方面的问题，如锻炼方式、运动技巧、各项体育运动的细节动作、比赛规则等，如果没有科学有效的帮助系统，那么学生的疑问将会越积越多，最终严重影响自主教学模式的推进。在帮助模块中，可以设置师生之间、学生之间和小组之间等多种形式的帮助，学生可以自我解决，也可以讨论解决，当然也可以寻求教师的帮助。通过帮助模块的设置，学生在自主学习过程中的疑问可以得到及时有效的解决。

除了帮助模块，监管模块也是过程控制模式的重要组成部分，自主学习模式在推进的过程中，教师必须对整个过程进行监管，保证教学的正常进行，同时保证教学目标的实现。换言之，教师必须通过一定的手段，及时有效地掌握学生学习情况，当出现偏差或者教学环境发生变化时，教师应当及时调整教学计划和自主教学模式。监管模块的方式十分多样，例如，教师可以定期开展座谈会，开展学生小组内部讨论和小组之间的讨论，在讨论中分享学习经验，共同探讨学习问题，而通过这样的讨论，教师可以及时地把握学生的学习动向，以便于洞察当中存在的问题，进而进行纠正和调整。从这一层面来看，过程控制系统是保证自主教学模式按照既定模式发展的有效保证，这一系统的缺乏，将很容易导致自主教学模式变得散乱无序，进而偏离教学目标。

（三）分层教育法的构建

分层教育法是近年来兴起的一种全新教育模式，特别适合大学教育，和高校体育自主教学模式的构建有着良好的切入度。根据目前的教学实践效果来看，分层教育系统是实现和推动自主教育模式发展的强大工具和有效手段。分层教育法的主要特点在于对学生群体的重新划分，它充分结合了自主学习的特征与客观要求，更加重视学生的个体差异与个体特征，从根本上颠覆了传统体育教育的模式和教学目标，在灵活开放的大学教学环境中特别适用。

在目前的高校体育教育中，体育教育类别的划分往往比较粗略，仅仅是将专业与非专业类的学生进行分类，而大量的非体育专业学生沿用一个教育模式。除了进行专项培训的学生之外，其余学生统一划为非专业类进行体育教学，采用公共教育课程和体育兴趣选修相结合的模式进行教学。这一模式沿用多年，取得了一定的教学效果，但是面对新世纪素质教育的深入拓展和教学环境的变化，逐渐显现出越来越多的问题。首先，学生的个体意识不断增强，兴趣爱好各不相同，且体育基础和发展锻炼方向各有差异，不仅如此，在非体育专业学生群体中，也不乏对体育运动充满激情，渴望得到专业培训的学生，而传统的划分模式，这些问题的处理显然心有余而力不足。

（四）建立科学人性化的检测模式

在传统教学中，教学检测是体育教学的末端环节，实际上，每一次教学检测都是对整个教学系统和教学效果的总结与评价，经过总结与分析，可以为后续教学的改进与进一步发展提供有效的支撑依据，因而科学人性化的教学检测模式，对于教学模式的实施与发展同样具有重要意义，对于自主学习模式而言，亦是如此。在体育教学的检测模式方面，大体上采用的是"评分制"和"及格线"的模式，即根据学生学习的内容设置相应的考试内容，如立定跳远、跳高、百米跑、一千米长跑等，根据学生的测试成绩打分，再判断是否及格。当然，在素质教育不断深化的今天，测试的手段和内容在不断丰富发展，考试的内容也趋于多样化，结合学生实际开设了乒乓球测试、网球测试等项目，同时引入许多先进的体能测试设备，在提升检测精度的同时提高检测活动的趣味性可以说，这些措施是行之有效的，相比传统单一生硬的检测模式更加有效生动，但是必须注意到，在现代化的检测模式下，"评分制"和"及格线"的模式并未得到根本性的转变。在这一传统模式的影响下，体育教学效果检测受到较大不利影响。首先，学生的身体机能和体育综合素养存在必然的差别，划分统一的"及格线"显然不够准确和科学；其次，对于学生的测试结果，简单地以是否"及格"进行评价，显得太过粗略，对于学生后期学习的改进和教学方法的调整并没有明确的指导作用；再次，这种检测评价模式很容易挫伤部分学生的自尊心，从而进一步削弱其参加体育运动的兴趣与热情，甚至对体育教学产生抵触情绪，这对于高校的体育教学十分不利。因而，为了完善自主教学模式，高校在体育检测环节应该尝试更加人性化和更加科学的模式，只有这样，才能真正有效地检测自主学习效果，同时为后续学习教学工作的调整提供有效的支撑。

（五）积极扩展课堂外延

为了发展自主教学，必须将体育教学的课堂从单纯的操场分离出来，将普通教室、多媒体教室、网络化教室等元素引入体育教学。例如，跳高的教学，传统教学方式就是教师简单的示范和学生反复的练习，而当中的细节动作和技巧，教师的讲解未必能让学生充分理解，同时有时教师的示范本身就不甚标准。若扩展课堂的外延，在教师简单讲解之后便可在多媒体教室给学生播放跳远比赛的视频，这样的效果来得更直观，学生也更容易理解。在教室中则可以组织学生讨论，这样可以激发学生的学习热情，从而为自主学习的开展带来便利。不仅如此，开展第二课堂也是发展自主学习的有效方式，可以经常开展篮球比赛、乒乓球比赛、羽毛球比赛等活动，这样的活动很容易吸引学生的参加，而为了在比赛中有较好的表现，学生对相应的活动进行精心的准备和大量的练习，在这个过程中不可避免地会对相关的体育知识和技巧进行学习和研究，这其实在很大程度上推动了自主学习的发展。

（六）加强现代科技与自主学习的结合

1.加强CAI系统与体育教学的结合

CAI是计算机辅助教学系统，凭借其强大的多媒体功能和良好的互动性在教学中得到了广泛的运用。体育教学强调身体语言，不论是广播体操、篮球、乒乓球还是羽毛球，都是由一整套复杂连续且节奏较快的动作组成，传统的讲解很难让学生产生直观的印象，也使得学生把握不住当中的难点与易错点。借助CAI系统，可以给学生播放相关视频，让学生对整套动作和流程有一个非常直观的印象。以广播体操为例，可以给学生播放国家体育教育制作的标准动作示范，在此基础之上给学生讲解当中的要点，这样给学生的印象才十分直观。对于体操动作当中的难点，可以暂停、慢放、定格、反复重放，让学生看清楚，并及时地组织讨论，保证学生能够真正地理解当中的要点。

2.逐步推广新兴课件化教学系统

课件化教学系统主要由播放设备、投影设备和遥控设备组成，用户群日益庞大，网络资源也十分丰富。以篮球教学为例，篮球运动十分剧烈，不论是相关动作还是复杂的规则都不易讲解清楚。对此，可以制作形象生动的课件，在课件中融入图像、视频等元素，由于课件系统高度的自创性，因此CAI更加人性化。比如，"单手肩上投篮"是一个常用的投篮动作，可以在课件中以flash的形式对当中的"蹬、伸、屈、拔"等关键性动作进行分解，还可以用flash小游戏的形式来让学生进一步加深自己对所学内容的印象。

3.搭建网络教学平台

网络教学平台并不是新生事物，在我国的高校教育中也得到了较为普遍的推广，利用校园网、学生电脑端口和学校的资源库，学生可以及时查阅、下载相关信息，并进行教学、考试、报名、缴费等一系列操作，其便利性和完善性较好，这为体育自主学习模式网络教学平台的搭建提供了良好的基础平台。

网络平台虽然在教学管理和部分学科教学中得到广泛应用，但高校在体育教学领域并没有充分利用网络平台，体育教学很大程度上还是更加重视操场和场地训练的作用。实际上，根据分析可以看出，在自主教学的模式中，教学双方以及学生之间及时有效的沟通交流和资源共享是十分重要的，这贯穿于组织引导、学习、过程控制和总结评价这四个子系统，因而高校在这一方面应该充分利用自身已经具备的校园网络软硬件设备，加快构建体育自主学习网络平台。

第二节 高校体育快乐教学模式

一、概述

（一）快乐体育的基本要素

1.环境优化

"硬环境"美化、协调；"软环境"（人文因素）健康和谐。

2.情感驱动

教学中要引起学生快乐和成功的情感体验；教师应从情感教学入手，以自己对学生、对教材、对教学活动的热爱来激发学生勤奋学习；建立民主、合作的师生关系。

3.协同教学

协同教学是指运用协同论的原理，在体育教学过程中重视教与学诸要素之间的参量配置协调、同步以及互补，以形成体育教学活动协同高效的运行机制，使体育教学的整体功能得以放大、增值。协同教学要求启发式的教法与创造性教法有机统一，其突出特点是在内容上强调"发现学习"，在形式上强调"学习过程自组"。

4.增力评价

由口头的形成性评价和激励性评价组成，是一种即时的教学反馈。在具体运用时，应注意以下几点：①形成性评价要及时准确，激励性评价要适时并保持较高的频率；②要有效实用；③要避免超负荷；④要强调多项性。

5.快乐体验

快乐体验主要指快乐的运动体验与成功体验，在教学中强调不同的体育活动所独具的乐趣。实践中应强调以下几点：①教材要适合学生的身心特点，照顾学生的体育兴趣，满足他们的体育需要；②"情知交融"，使学生产生强烈的学习欲望；③加强学法指导，使学生的学习在"我要学"的基础上做到"会学"；④强调非同步化教学，要因材施教，区别对待，力求使每个学生都有自己的学习目标和自我实现的机会。

（二）快乐体育教学模式的基本内涵

1.注重学生在体育教学过程中的主体地位

快乐体育十分重视体育教学过程中学生的主体地位，在教学中充分发挥学生的内因作用，即学生的主体作用。快乐体育理论认为，重视学生的主体地位，激发和维持学生学习的兴趣与动机是提高教学效果的有效手段。从人的发展来看，兴趣和动机是构成人的人格特征的一个重要组成部分。另外，学生从事体育学习的基础、追求目标、个性心理、学习的方式方法等均不相同，教师只有最大限度适应学生的需要，因材施教，积极地鼓励、引导学生，才能取得良好的教学效果。

2.建立和谐的师生关系

体育教学是双向多边、复杂的活动。体育教师掌握着教学方向、进度和内容，用自己良好的思想品德、丰富的知识、高超的运动技艺，活泼、生动的形象教育和影响学生，在教学中发挥主导作用。学生是学习的主体，其学习目的、态度、动机、积极性、身体状况、兴趣、思维能力、情绪等都直接影响教学效果。快乐体育强调体育教学中师生之间、学生之间都存在着双向信息交流，建立和谐的师生关系、生生关系。

3.追求学生个性的和谐发展

快乐体育认为推动学生个性的和谐发展是快乐体育思想的根本精神所在。快乐体育与学生的个性发展存在着辩证关系，一方面是学生的个性倾向性和个性发展水平，在运动项目的选择以及参与运动项目的积极性和主动性上充分表现出来；另一方面快乐体育过程又能促进学生个性的和谐发展，帮助学生更深地挖掘从事体育运动项目的潜力和参与运动的乐趣。这两方面相辅相成，在增强学生体质的基础上，促进所有学生在智力、心理素质、美育和能力等方面都能得到发展。在快乐体育的思想指导下，培养学生的独立性、自主性、创造性以及热爱美、鉴赏美、表现美的情感和能力，丰富精神生活，促进学生个性的全面发展。

4.体育教学活动本身应是快乐的有吸引力的

体育教学艺术的本质在于促进学生乐于进行体育学习，为深化旨在追求运动乐趣的体育学习，学生们自发、自主的学习活动成了一个非常重要的条件，满足学生们的运动欲求就会产生运动的乐趣。这种欲求的水平越高，越明确，其满足后获得的喜悦也就越大。因此，体育课不能是带有教师强制性的，而必须能使学生自发、自主地享受运动中的乐趣的体育课。丰富多样、生动活泼的教学方法，新颖有趣、逻辑性强的教学内容，可以不断地引起学生新的探究活动，从而激发起学生更高水平的求知欲。

5.进行思想品德教育和提高运动技能

体育教学不仅要育体，而且要育心。社会越向前发展，对人的道德情操和适宜社会生活的能力的要求也越高。体育教学可以培养学生具有一定的适应社会生活要求的个人行为和社会行为，具有符合时代精神的思想品德、文明修养、道德情操等，快乐体育在注重学生的主体地位和发展个性的同时，也要求运动技能在积极参与下的提高，培养终身体育的能力和习惯。

（三）快乐体育的实施原则

1.教育性原则

在体育教学中渗透德育是体育教学的基本要求。快乐体育以"乐学"为支撑点对学生良好心理素质的培养更加广泛而深刻，包括目的、兴趣、情感、意志等全部非智力因素。

2.趣味性原则

"授之以趣"，教师乐教，学生乐学，形成良好的教学气氛。使学生在轻松的、舒适的、快乐的环境中进行体育课，从而使学生快乐地学会动作及技术。

3.情境性原则

将体育教学活动置于一定的情境之中，使学生贴近生活，使体育学习变得亲切、自由和愉快。

4.激励性原则

教学中一方面要"激情""激趣""激志"，激发学生主动学习精神；另一方面要"激疑""激思""激智"，激发学生的心智活动，达成在快乐中求发展，在发展中求快乐的目标。

5.实效性原则

近期目标是培养学生良好的学习习惯和乐学精神，提高教学质量，远期目标是面向终身体育，发展体育素质。

二、体育游戏与快乐体育教学模式重构

（一）体育游戏的内涵

体育游戏作为一种社会现象，其随着人类社会的产生和发展而不断发展。在人类社会漫长的历史中，体育游戏经历了一个由萌生、发展到不断完善的过程。何谓体育游戏？有学者提出它是游戏的一种，是以身体练习为基本手段，以增强体质、娱乐身心、陶冶性情为目的的一种现代游戏方法，它是按照一定目的和规则进行的一种有组织的体育活动，也是一种有意识的、有创造性和主动性的活动，其基本特征是大众性、普及性和娱乐性。也有资料指明，体育游戏是以游戏为活动形式，以身体练习为基本内容，以促进德、智、体全面发展为目的，按照一定规则进行，具有浓厚娱乐气息的身体练习和思维练习方法的一种特殊的体育运动。它对人体基本动作形成、增强人体能力和智力、陶冶情操、培养锻炼兴趣起着积极作用。

综合以上对"游戏"和"体育"含义的理解，可以明确体育游戏的定义，即体育游戏是按照一定目的和规则进行的一种有组织的，以身体练习为基本手段，促进人身心全面发展为目的，是体力活动和智力活动相结合、富有浓厚娱乐气息和鲜明教育意义的自主活动。由于体育游戏理论是游戏理论的一个分支理论，所以具有完整的有逻辑的游戏知识体系。

（二）体育游戏的特征

1.趣味性

辞源中说，"游戏乃玩物适情之事也"，即游戏是有趣的玩类的事情，它能使人在精神上得到某种欢娱，能满足人们对娱乐的需求。尽管它不能直接创造物质财富，但是能吸引各种不同的对象主动参加。不管何种类型的游戏，组织参与游戏活动，首先是有趣好玩，从中得到欢乐。体育游戏也是如此，所以趣味性是体育游戏的第一大特征。如果没有趣味性，则不能称之为体育游戏，而只能称之为体育练习或身体练习。

2.教育性

体育游戏是学生的"良师"，是体育老师的"益友"。体育游戏教学丰富了教

学内容，激发了学生的学习动机；培养学生的思维能力、创造能力和竞争力；提高学生的注意力，改善学生的心态；完善个性；培养学生的意志品质；建立良好的师生关系；提高学生的身体素质和健康水平，使学生在德、智、体、美诸方面全面发展。体育游戏教学实施并实现了"健康第一"的指导思想，在未来的体育教学中一定会发挥更大的作用。

3.竞争性

体育游戏大多都具有以个人或集体取胜为目的的竞争性特征。通常以游戏完成的数量、质量、速度为判别胜负的依据。因此，它充分体现游戏参与者体力、智力上的竞争特点，通过游戏活动可提高参加游戏者的身体活动能力、思维能力、应变能力、创造能力，并在游戏中培养学生团结互助的集体主义精神，使参与者在竞争中实现精神上的满足。

4.科学性

体育游戏在组织的过程中要考虑到学生原有的知识、技能、身体素质和训练水平，根据由易到难、由浅入深，循序渐进的原则，对不同年龄和性别的学生要区别对待，科学组织，做到"因材施教"。同时，游戏过程中要密切观察学生身体状况的变化情况，科学合理地掌握运动密度和运动量。

（三）基于体育游戏的快乐体育教学模式重构措施

1.贯彻"安全""健康"和"娱乐"三者统一的教学指导思想

"安全"问题是体育教学中最先考虑的问题，由于这个问题会带来严重的后果，就限制了体育活动的开展，而这里寻求的是在保障安全的活动环境下，学生德、智和体等方面全面发展，即"健康"成长；"健康"是体育教学的追求，而"娱乐"配合"健康"，在这里把两者并列，主要因为"娱乐"是"健康"不可或缺的途径。因此，只有统一三者，才能准确定位快乐体育教学的指导思想。三者合为一体才是一个良好的教学指导思想，快乐体育的本身原则就在于更"安全"、更"健康"、更"娱乐"地完成课程，三者的关系相互联系、不可分割。"安全"是课程完成的基础，学生的基本保障。"健康"体育课的根本所在就是要提高学生的身体素质，通过锻炼方式来予以提高，从而达到健康的目的。"娱乐"就是在前两者的基础上通过娱乐身心的方式，在安全的基础上来达到活跃身心健康的目的，这也是快乐体育所带来的一种教学效果。

2.建立以增强体质，促进人格完善的教学目标

众所周知，科学合理的体育活动能使身体更加健康，随着深入的研究，人们发现学生在积极参与运动的过程中，思维变得更加活跃和敏锐，创新能力大大提高。同时，由于受到活动环境的熏陶，也能够加速个性社会化的形成，而学生认

知能力的培养和个性社会化的形成则能促进人格的完善。社会的发展对于人才的需要越来越高，人本身的基本素质也需要提高，在基础的课程中，培养学生身体素质、健康能力是体育课的一方面。当前的社会需要及课程要求的改变，培养的是学生能力，能力的提高体现在动手能力，体育课的转变方式就在于如果在基本的思想上，让学生更好地完成教学目标，快乐体育的融入把学生的思想精力带动起来，融入课堂里，在环境因素影响的同时，身心得到了锻炼，人的身体得到锻炼，思维方式得到锻炼，从而达到体育课的教学目标。

3.建立"因人而异"的教材体系和"因材施教"的教学方法

教学方式及教学方法是教学课程的基本体系，好的教学方法能更好地来完成教学，有针对性地采用好的教学方法能够更好地提高教学质量。学生由于受到诸多因素的影响，其素质表现出明显的个体差异，因此教师要根据实际情况因材施教，具体在选择教学内容和方法以及制定练习的难度与要求时，表现出选择和制定上的灵活性，尽量满足每个个体的实际需求。人性化的教学更好地体现了快乐体育教学模式的重要性，因人而异地来进行教学。

4.建立以游戏理论为辅，不断创新并达到培养学生身体发展为目标的教学内容

如今的体育课程以传授基本技术、基本学习方法为主，始终没有使学生能够更好地理解和掌握技术，在教学过程中运用多种游戏方法进行教学，以此提高学生的积极性，促进学生身心的发展。让学生在娱乐的过程中学到知识和内容，可以通过游戏的趣味性加上教学方法来完成。游戏的理论基础颇深，在运用上没有局限性，也要有一定的人文融入其中，所以教师在安排教学内容上要有所体现，这才能体现出新型体育教学模式中的新型元素，重视娱乐教学，但是不能把体育课程变成根本的游戏课，用游戏的方法和理论去辅助教学，达到良好的教学效果。

5.建立以教师为主导，教师与学生共同为主体的教学群体

学生虽然是学习的主体，但其所需要的体育知识、技能，仍然需要由教师来传授；其在学习中的自学积极性，需要由教师来激发和培养；学生进行自主学习、合作学习和探究学习，也离不开教师的指导等等。然而，教师在主导的过程，也要让自己成为主体，与学生一起感受和体验，共同互动起来，让体育教学过程中的所有成员成为一个随时随地的信息反馈系统。

6.建立以重视情感投入为主并培养学生自主学习和合作学习的教学过程

体育教学的过程不仅是体育知识、技能的传递过程，而且还伴随师生之间的情绪、情感交流，伴随态度和行为方式的相互作用与影响。教师根据学生的自身需求，激发其兴趣，最后变成学习动机，而学习动机能克服许多传统教学模式中学生所处的被动状态的弊端，能够培养学生学习的自主性，也能改善师生关系和

生生关系，从而在活动过程中互相学习，共同提高，为学生提供愉快的学习经历，这也有利于营造和谐合作的学习气氛。

四、高校快乐体育教学模式的应用

（一）理论基础与实践结合

每种教学模式的创新都需要扎实的理论基础作为支撑，在不断的摸索实践中进步完善。快乐体育教学想要实现模式创新，不仅要在教学内容、教学方式、教学评价方式等方面下足功夫，还要注意调整在实际运用中因为某些因素导致教学模式的不间断变动。结合不同的时期、不同的教师、不同的学生顺序等多方面的因素，实现灵活性、多样化的教学。例如，个性教学模式结合快乐体育理论为社会培养全面的人才；发现问题教学模式结合布鲁纳发现法理论；增强体质教学模式结合享受活动乐趣快乐体育教学基础理论。

（二）情绪感染，调动学生的学习热情

大学生在快乐体育教学过程中，教师的热身设置非常重要。在这样的过程中如果加入情绪预热，可以帮助学生在最短的时间内参与互动。由于传统的体育教学中，教师在传授运动技能或是体育课上的活动内容时，"说教"占据了相当大的部分，体育教师与大学生之间侧重的是"教育"，体育教师在肢体语言运用技能上的缺失，导致情绪感染严重不足，很难调动学生的学习热情。加上难懂的各种技术动作相关术语，学生与教师交流的主动性与互动性丧失，最终导致快乐体育的教学目标难以完全实现。

（三）强调学生的主体性

快乐体育教学在实施上采用的组织形式应以学生为主体，在各个环节中体现并带动学生的主观意愿。但要杜绝盲目地以学生为先。例如，在设计掌握技能教学模式中教师可以让学生选择自己的强项体育技能，并同步录入教学系统，然后根据学生的自身特点制定健身运动的方式。此外，还可以在目标教学中，让学生自己选择符合自身能力的学习目标。

（四）体育教学手段要丰富多元化

快乐体育教学中包括了教材内容、教学方法、教学形式以及教学评价等内容。因此，快乐体育教学模式的创新就需要在这些环节中体现出来。例如，在对增强大学生体能教学的过程中，可以引入我国竞技体育领域中发展较快的体能训练方法，提高核心力量训练等。抑或将拓展训练的形式与体育教学结合起来，并引入健康周期理论，做好运动技能评价等教学内容。

（五）体育游戏让学生收获快乐

大多数学生潜意识里认为体育课应以"玩"为主，因此教师就应该抓住学生这个"玩"的心理，同时结合教材来进行体育游戏练习。体育游戏具有组织形式生动活泼、内容丰富多彩、操作简单易行等特点，能够在给予学生充分的愉悦体验的同时，将体育教学的目标充分渗透进去。

（六）利用现代科技发展促进体育课程改革

伴随着科技革命的不断深入发展，学科之间的渗透与交叉、分化与综合、知识结构的变化，推动体育课运用新的教学手段、组织形式、教学方法，最大限度地调动学生的积极性和主动性。快乐体育强调体育教学中应注意满足学生的动机需要，让学生愉快自主地从事体育学习与锻炼，充分发挥学生现有的能力去从事、创造、享受体育运动，并在运动过程中自觉积极地发展体能和提高运动技能。

（七）培养学生对体育运动的兴趣

遵循运动技能的形成规律，以系统传授运动技能为核心的一种体育教学活动体系，注重对技能掌握效果的评价，也称为"三段制"教学过程。在体育的教学过程中，要重视对学生体育能力的培养，使学生从体育锻炼中体验到乐趣，激发长期参加体育锻炼的欲望和兴趣，为其今后的终身体育锻炼奠定坚实的基础。

（八）努力建立融洽的师生感情

我国高校体育新课程理念中已经明确提出，教师教授知识和实施教学活动的过程其实是一种知识传递的过程，更加是一种学生和教师交流情感的过程，任何一个科目的高效课堂教育教学都建立在教师与学生之间情感交融的基础之上。因此，在大学体育课堂中应用快乐教学法，必须要建立起一种融洽的师生感情和平等的师生关系。例如，教师可以在自己的体育课堂中采取小组合作学习的教育方法，在大学生进行小组讨论的过程中，大学体育教师所扮演的角色并不是领导者与裁决者，而是评价者、指导者以及组织者，具体来说，就是要对学生进行指导，使他们能够对体育教材的知识和内容进行深入理解，并且要对大学生自身所显现出来的问题和错误进行详细分析，教师不能劈头盖脸地批评学生，而是应该耐心地引导学生抛弃错误的知识和观念，接受正确的知识和内容，教师必须要明确学生出现错误的原因，究竟是学习态度原因、学习方法原因，还是其他原因。然后，让学生实施小组合作学习以及交流，小组成员共同研究应该如何对学习过程中遇到的问题进行解决。

第三节　高校体育网络教学模式

一、概述

（一）相关概念

1.网络教学

网络教学是利用计算机设备和互联网技术，在此基础上实行信息化教育的教学模式。借助互联网平台实现异地、实时的教学和学习，平台将多媒体视频、音频、图像、动画等资源融合在一起。网络教学的主体是教师和学生，教师制作多媒体课件或开发网络课程时参考教学大纲、学生学习特征和学生认知水平，有针对性地调整课程、课件内容，将制作好的多媒体课件或网络课程与相关资源、扩展信息发布到网络教学平台。学生则通过网络设备接入到网络学习平台，可按教学要求选择课程或针对自身特点进行学习，同时师生双方可通过平台的交流模块针对学习问题及时进行交流。

2.教学管理

教学管理是学校正常教学秩序的保障，教学管理者通过一定的管理手段，使学生按照学校既定的培养方案进行学习，包括教学大纲、教学计划、教学运行、教学质量评估、学籍的异动审批以及学科、专业、教室、考场等管理。在确保正常教学秩序的前提下，同时对教师及学生在校期间开展的各类活动的辅助与监管。

3.网络教学管理平台

网络教学平台是建立在以互联网为基础的现代远程教育的支撑平台，为在网络上进行学习的学习者和教育者提供交流的平台，可以方便教育者进行授课、答疑、讨论以及作业的批注。它是支持共享和交互的平台，为学生学习质量提供了一定的保障，且符合统一的标准，它是现代网络教学必备的教学支撑平台。

网络教学管理平台建立在网络教学平台的基础上，教师可以在这个教学平台上开设教学课程，方便学习者自主选择要学习的课程并进行自主学习内容的挑选。不同学习者根据教学内容来进行交流互动，教学活动围绕着教师的教和学生的学来开展，方便教师和学生进行讨论和交流。它是支撑教学活动最重要的应用管理系统，为教师和学生提供了强大的施教和网上学习的环境。同时，将学校教务管理平台的内容进行融合，教师可以在平台上对学生的作业进行批注，可以编辑教学课件，可以在线对学生进行考试等。平台可根据教学的课程需要，定制个性化的学习工具。同时，学生也可以在这个平台上选修课程，安排学习计划，查看选修课程的内容，向教师提交作业，汇报协作学习的情况等。

（二）理论基础

1.教育传播理论

教育传播理论是教学技术的重要理论基础，现代远程教育的教与学活动，是一种以教与学的异地分离为特征，以媒体传播信息为特点，以学习者的自主学习为主的获取知识量的新的学习形式。由教育者按照一定的教育目的和要求，选定教育内容，并借助媒体通道，将知识、技能及思想等传输到特定的教育对象的过程。

2.人本主义理论

人本主义心理学主要体现在以培养"完整的人"或"自我实现"为目标，强调人的认知发展和情意发展的统一，强调人的情意发展和认知发展的统一；同时罗杰斯认为人的学习倾向和内在潜力是天生的，保持学生的好奇心将会推动终身学习的发展。好奇心可以帮助学生解决学习中的困难，而且可以不断激发学生自主学习的潜力。从这个意义上说，网络教学管理平台的个性化学习有利于学生"自我"目标的实现，以兴趣为引导点，推动学生学习，提高学习效率与品质。

3.混合学习理论

混合学习理论的主要特点是将现代教学与传统教学融合在一起，通过综合运用不同的教学手段来满足不同的教学需求。在传统的教学中，只要存在不同教学手段的结合，就可以称为混合式。例如，在课堂中播放录音、录像等。需要教师对"混合"的内涵有充分认识，才能将教学活动有效地体现出混合式学习，并将混合式学习的思想融入教学活动之中。

在网络教学平台的教学活动中，将传统学习与网络学习结合起来。根据学习者自身的特点和教学内容要求，针对实际的教学环境和教学条件来选择多种传递通道进行知识传输，不局限于任何一种教学方法、教学手段和教学设施，同时通过教师有效的引导和规划，学习者根据自己的能力去进行自定步调的学习，以取得更好、更有效益的学习效果。

4.绩效评价理论

绩效评价理论是组织依照预先确定的量化指标及评价标准，运用科学的评价方法，对评价对象的工作能力、工作业绩进行定期和不定期的考核与评价。在网络教学管理平台中，师生双方均可互相评价、互相监管。同时，引入第三方监管机制即教务部门对师生同时监管，既可以考核评价教师日常教学活动的开展、课件资源的上传、师生日常的交流情况，又能够对学生完成课程进度、日常考试、教师评议、学业完成情况进行考核评价，在一定程度上督促师生双方有序地进行教学活动，保证教学顺利开展。

二、网络教学模式在高校体育教学中的应用

（一）网络技术在高校体育教学中的应用发展的特点

网络技术应用于高校教学的快速发展和变化，是以网络技术为核心，通过运用网络平台实现高校师生之间教学辅助功能的过程。与传统模式下的高校体育教学相比，高校体育教学的信息化、智能化是计算机网络技术、信息技术高速发展的必然结果。学校开展体育网络化教学，需要建立一个完善的体育教学管理系统，包含体育教学管理系统、体育教学资源管理系统以及体育课堂教学的网络管理系统，从而营造基于互联网的信息化、智能化的体育教学环境。丰富的体育教学信息资源提高了网络技术的应用效率，能够有效地整合各个方面的体育教学资源，实现高校体育教学信息资源的及时整合与分享。通过网络技术可以及时对高校体育教学资源进行更新，及时满足体育教学知识更新的需求。为高校体育教师和学生提供丰富的体育教学资源，提高学生自主学习的积极性。在高校体育教学中，使学生突破被动"灌输式"的教育方式，学生可以根据自身需求设定符合自己特点的学习目标，从而极大地提高体育教学过程中学生自身的积极性。在这种新的体育教学环境中，体育教师不仅仅是传统体育教学中知识的教授者，也是学生自主学习过程中学习的引导者，丰富了师生之间的交流渠道，方便了学生学习过程中教师的指导。此外，这种模式极大地丰富了体育教学形式，拓展了学生在体育课堂之外的学习环境，营造了不受时空限制的体育教学环境。总之，对高校体育教学模式进行改进，有利于高校体育教学质量和效益的提高，而传统模式下的体育教学也能够得到开放性的发展。网络技术在体育教学中的应用使得体育教学形式日趋多元化，高校体育教学过程中环境更加自由，为学生提供了更加方便接受体育教育的教学形式。

网络技术应用于高校体育教学，使得高校体育教学更加适应时代发展的需求，这也是现代信息化社会发展对于高校教学发展的现实需求。网络技术应用于高校体育教学提高了高校体育教学的学习效率，这也是网络时代背景下学生接受的学习知识的方式之一。体育知识的更新频率高、时效性快，将网络技术运用到高校体育教学之中，可以及时让学生接收到最新的体育科学知识信息。

网络时代的到来使得网络技术得以飞速发展，各大高校越来越多地采用网络技术进行网上选课以及教学管理。高校体育教学管理工作的智能化发展离不开网络技术的支持，运用网络技术开发的教学网络管理系统为高校体育教学繁重的管理工作带来了巨大帮助和改善。通过体育教学网络管理系统的运用、建设，及时

掌握学生体育课程的选课情况信息，方便高校教师结合所教授的体育专业课程及时进行教学计划的调整，更加有效地应对高校体育教学的需要，全面详细地掌握本校体育类学科教学过程中教学资源的分配情况，并对本校体育教学的相关数据信息做出更加准确的统计。体育教学网络系统可以根据管理员以及教师和学生操作人员的身份以及功能需求的不同，来进行不同功能使用权限的分配，保障体育教学网络管理系统的正常运行。管理员掌握整个系统数据库的安全操作权限，其中学生拥有查询自己考试成绩以及管理选课等权限，体育教师则可以通过使用网络教学管理系统，及时了解体育教学所需的有关信息，并对所教授学生的学习进度与成果进行了解，从而方便教学计划的顺利实施。

　　新的网络时代背景下的体育教学环境更加致力于发展学生个性、培养学生终身体育学习能力、促进学生综合素质的发展，从而最大限度地发挥网络技术对体育教学资源的作用，构建良好的体育教学环境，为实现终身体育做贡献，对实现全面育人和终身体育的目标有着重要意义。

（二）　网络时代在高校体育教学中的应用策略

　　1.体育信息化背景下高校体育教学改革的需要

　　高校体育教育是高等教育的重要组成部分，而高校现代化体育教学又是高等教育现代化发展重要组成中的关键环节。同时，高校体育教学在大学生接受高等教育的过程中肩负着全面提高高校学生身体素质的重要使命，为现代化素质教育发挥着重要的作用。网络技术在高校体育教学中的应用为改变传统模式下高校体育教学提供了技术上的支持和保障，同时也为高校体育教育工作者未来信息化教学的发展带来了难得的机遇。网络技术应用在体育教学中，并与其他学科进行多学科教学辅助整合后的教学方式得到了迅速发展，并且受到了学术界许多专家学者以及高校体育教师和学生的认同，在网络技术运用于高校体育教学的过程中展现出其特有优势。与此同时，高校体育教学工作者在体育教学过程中，通过将网络技术融入传统体育教学过程中来设计新的教学模式，使网络技术更好地服务于高校体育教学的需求，为高校体育教学的现代化发展起到良好的辅助作用。将网络技术应用到高校体育教学管理的工作中，可以有效地促进高校体育教学管理效率的提升，为高校体育教师与学生提供了良好的教学科研环境以及更加便捷的交流途径。未来一段时期，网络将从根本上改变原有的高校体育教学模式，并更加有效地整合高校体育教学资源，极大地推动高校体育教学的现代化发展。

　　建立和完善高校体育教学网络技术应用平台的环境，需要加大高校计算机硬件设施的投入，加强高校校园网中体育网的建设。良好的高校体育教学网络技术平台环境是建设现代化高校体育教学的基础，其中包含了标准化的网络技术设施和系统化的教学软件。随着网络时代背景下网络技术的快速发展以及高校已经基本普及的网络多媒体教室和大量的体育教学网络应用软件，高校体育教学网络技术平台的应用环境得到较好的硬件保障，具备良好的教学环境可以促使高校体育教师在体育教学中更好地应用网络技术来完善高校体育教学。

随着当前网络时代背景下网络技术的发展与广泛应用，网络技术给高校体育教学带来的影响越来越深刻，应用网络技术的体育教学网络平台受到了广泛关注。在高校体育教学中应用网络技术，营造对软件和硬件建设的良性教学环境也有要求，如果不具备良好的体育教学软件和网络硬件教学环境的支持，那么在体育教学的过程中就发挥不出应有的教学效果。高校应加大对高校体育教学软件开发的力度，使之可以更好地为高校体育教学提供优质的服务。高校体育教学中运用多媒体网络教学离不开体育教学网络资源的支持，丰富的体育教学课件和教学素材是未来高校体育教学的保障，高校应及时对体育教学所需的网络教学资源库进行更新，增加体育教学所需的相关课件，对体育教学所需数据信息资料进行教学共享。高校体育教学网络资源库的建立为高校体育课程提供了充足的体育教学课件，为体育教学课件的自主设计提供了丰富的体育教学素材，而且体育教学网络资源库的建立也拓展了学生的学习途径。高校体育多媒体教学网络资源库的建立和完善离不开高校体育教师对体育教学资源的制作和搜集，需要多方面的支持，及时建立有效的激励机制提高积极性，使广大师生积极地加入体育多媒体教学网络资源库的建设中来。高校之间应加强合作，实现体育教学资源库的共享，及时对优秀的体育教学资源进行收录，并建立长期稳定的教学合作和共享关系，进而加强高校体育教学网络资源库的建设。

2.改进传统体育教育模式，提高教学管理的质量和效率

在高校体育传统的教学模式中，多数是体育教师课堂讲述的形式，其中大多依赖于体育教师的板书以及静态投影图等单项式教学。这种传统的教学模式形式和方法都比较单一，使得高校体育课程的教学效果受到了局限，没有得到充分的发挥。网络多媒体技术是集各种网络信息载体平台于一体的技术，通过网络技术把图文以及视频动画等影像进行体育教学信息的整合，是网络技术应用于高校体育教学的重要表现方式之一。网络多媒体技术在体育教学中的应用，从而辅助高校体育教学，已经得到了高校体育教师的广泛认可。在高校体育教学中应用网络多媒体技术，可以针对高校体育教学的特点发挥其特有的优势，结合不同体育教学中实际教学网络软硬件设施的具体情况，应采用相对多样的体育教学课件制作软件进行网络多媒体课件的制作。这些方法的运用有利于节约教学成本，提高高校体育教师工作效率，改进高校体育教学的质量。其中，在高校体育教学中，体育理论课程教授的各项运动技术的理论与方法以及动作理论分析，还包括运动技

能的教学步骤与方法和影响成绩因素的分析，都需要有与之相应的图像解析和相应的视频教学，这样不仅能极大地提高学生课堂学习的积极性，还能增强课堂上体育教学的效果。网络技术的运用可以使体育教学中，及时选取最新的优秀赛事中运动员的数据材料和视频做教学示范，这将能够较好地调动学生学习过程中的积极性。在体育教学过程中运用情境式的教学使得体育教学的效果成倍增加，利用网络多媒体技术对体育教学进行科学处理是高校体育教学现代化发展的重要表现。体育教学智能化的管理涉及高校体育教学的方方面面，体育教学网络信息化管理可以加快体育教学工作的进度，提高高校体育教学工作效率。高校体育教学管理还包括高校体育教学资料和文档的智能化管理，当前高校体育工作中存在着一些单调、烦琐、重复的细碎工作，如高校举行校园运动会，从校园运动会的报名准备、赛程编排，到各项赛事的成绩记录以及对应的统计分析。随着现代网络信息技术的快速发展，基于高校体育教学的实际需要，对高校体育教学管理所需要的软件加强开发和运用，从而推动高校体育教学智能化管理的发展。现代化的高校体育教学不应仅仅局限于传统模式的体育教学方式，尤其在这个网络技术飞速发展的时代，网络技术应用于高校体育教学已经成为未来高等体育教育发展的必然趋势。网络技术在体育教学中的运用有效地突破了时间与空间的限制，弥补了传统体育教学中所使用的纸质教材的不足，极大地拓宽了学生体育学习的知识面，拓展了新的体育学习方式，丰富了高校体育教学内容，强化了高校体育教学效果，增强了学生在体育教学中自主学习的积极性，提高了高校体育教学的教学效率。

高校体育教学有其独有的特性，由于体育教学中体育运动项目的种类比较多，不同的运动项目其运动技术相应也有所不同，在不同运动项目和运动技术的教学中都需要体育教师进行相应动作的示范。高校体育教师由于自身随着年龄增长等原因，对于体育教学中一些体育运动技能的动作示范能力有所降低，不能保证每个动作都能做得符合标准。网络技术在体育教学中的运用，有利于克服体育教师自身因素的限制，引用与相关体育课程所需的体育运动项目的标准进行示范，并整合运用到教学之中。这样不但不会因为体育教师自身年龄增长、身体技能的退化而受到影响，反而可以更好地利用体育教师本人对该运动项目多年的体育教学实践经验，达到更高标准的体育教学水平。网络多媒体技术能够将不同运动项目的技术动作全方位地展现在体育教学课堂上，同时还可以对相应的体育运动项目中的细节动作进行细致的分解教学。通过视频动画的视角转移，每个时间点的定格等，给学生在运动项目每个时间段多个视角的视觉呈现，保障学生对所学的体育运动项目每个细节的学习都有科学直观的认识，激发学生进行体育学习的兴趣，提高高校体育教学的效率。网络信息技术作为体育教学技术的一种，其被广泛地应用到高校体育教学的课程之中，以促进高校学生对体育知识的学习。在当前高校体育教学过程中，不能一味地只对单一体育学科的相关的体育知识、运动技能进行教学。在如今知识信息迅速更新的时代背景下，为了更好地提高高校的体育教学的效率，应该考虑将体育教学的课程与其他学科的课程进行整合。

由于计算机网络技术与网络多媒体技术的迅速发展，新的网络信息技术不断被运用到高校体育教学的课堂之中，与体育教学的课程相结合，出现了许多新的现代化的体育教学模式和学习方式。多学科间的课程整合就是把与课程相关的交集部分进行教学内容的辅助融合，在体育教学过程中运用教学技术融为一体的体育教学理念。这些对高校体育教学有很大的帮助，在体育理论课程的教学中，通过集合网络多媒体技术进行课程的设计，能使体育理论的教学过程变得形象生动，同时能够提高学生在体育课堂上的学习积极性和课堂学习效率。网络技术的运用可以使体育教学中各项体育运动技术的分析更加细致准确，在高校体育教学中运动训练过程中对学生的体能监测十分重要，网络技术的运用促进了高校学生体能监测的科学化，通过网络技术及时反馈出每个学生在运动训练中的负荷等相关数据并加以合理系统的分析，从而达到体育教学过程中科学化的训练效果。体能监测借助于先进的网络信息技术可以使体能监测标准化，对于体育教学过程中运动训练及时进行科学数据分析，并对相关的数据进行准确的保存，有助于历史数据的统计和分析研究。使高校体育教学中运动训练计划更加合理化，从而对体育教学中运动训练的全过程进行跟踪，包括对训练的目标和制订的训练计划以及实施训练的目标实现等。高校体育教学在保障学生掌握一定的运动技能的基础上，发挥学生自主练习的积极性，使训练的过程更加科学有效。

3.加强网络技术在体育教学中的普及与相关师资队伍建设

高校体育教师是高校体育教学过程中的指引者和实践者，高校体育教师是否具备现代化的教学技术运用理念，直接影响到高校体育教师自身的教学行为。高校体育教学中网络技术的应用使传统模式下的体育教学理念和方式都发生了转变，有效地促进未来高校体育教学的改革和推动高校体育教学现代化的发展。高校体育教师在高校体育教学中运用网络技术辅助教学，需要突破传统体育教学理念的束缚，不断促进高校体育教师体育教学理念的提升，这有利于高校体育教师在网络教学技术等专业技能方面的提高，有效地建立现代化的体育教学教育理念，使高校体育教师将网络技术应用于体育教学过程中，对体育教学的效果以及教学模式和方法的提高有准确积极的思想指导。因此，高校体育教学中体育教师对网络技术在高校体育教学中所发挥的具体作用，要用准确的高校体育教学理念进行指导，才能在高校体育教学中提高高校体育教学效率，有效保障高校体育教学质量和高校体育实现现代化教学。网络技术全面应用于对高校体育教学中对体育教学智能化的发展，高校体育教师工作效率的提高和学生学习效率的提高方面产生了极大的推动作用。网络技术在高校体育教学中的应用，可以有效地发挥其特性来提升高校体育教学的效果，使高校体育教学发展符合当前信息化社会现代化发展的需要，为高校的体育教学效率提高提供保障。

网络技术应用于高校体育教学，使得高校体育教师的教育职责不仅仅停留在体育课堂教学上，网络技术的运用拓宽了体育教师在课堂之外与学生交流的渠道，使得高校体育教师在课堂之外的时间可以方便快捷地解答学生在体育课程学习中遇到的问题。高校体育教师应及时对高校体育教学的网络素材库进行完善建设，为高校体育教学提供一个良好的网络支持平台和体育教学环境，这些都需要体育教师彻底转变传统模式下的体育教学理念，从而促使高校体育教师熟练掌握运用网络技术于体育教学之中的特性。现代化的体育教学技术对高校体育教学中学生的学习有积极的促进作用，能够更好地增强未来高校体育教学效果。实现这些，需要高校体育教师把现代化的体育教学技术合理地应用到体育教学实践中，为网络时代下高校体育教学建立一个体育教学多媒体网络平台，为高校大学生自主学习和合作交流提供良好的学习环境，从而更好地培养高校大学生的创新能力和合作精神。

高校应及时建立完善的体育教学网络技术管理激励制度，为高校体育教学更好地应用网络技术提供完善的保障体系。高校体育教学管理制度应跟随网络教学技术的不断发展进步，及时更新有关新网络技术应用的管理规定，从而不断完善高校体育教学管理体系。高校为保障现代化体育教学技术的运用，需要重视高校的教学网络管理系统，及时采取应对措施，完善体育教学网络管理系统。要及时建立高校体育教学现代化教学技术运用的有效激励制度，如设立行之有效的奖励措施，并纳入高校评定考核体系之中，积极利用网络多媒体技术制作的体育教学课件开展教研活动。对优秀的体育教学课件及时给予相应的奖励，充分调动高校体育教师在体育教学中运用网络技术的积极性，使高校体育教师及时掌握最新的现代网络教学技术，从而积极促进高校体育教学现代化的发展。

第四节　高校体育教学模式的创新及发展趋势

随着我国教育改革的不断深化，高校体育教学越来越受到重视。为满足社会对德智体美全面发展人才的需求，高校需要进一步完善人才培养核心标准，即在保障大学生具备较强政治素养、专业素养和创新能力的基础上，提高社会素质，为人才施展抱负奠定坚实基础。近年来，社会经济及科学技术在快速发展，大学生的体育锻炼兴趣却在逐渐丧失，身体素质直线下降。在高校，传统的自由活动式体育教学，愈发难以吸引学生的兴趣；因此，高校及相关体育教师必须结合时代发展趋势，创新体育教学模式，尽可能提高体育教学能力，培养高素质人才。

一、高校体育教学模式创新的重要性

（一）可丰富高校体育文化

高校是文化传承和创新的重要基地，开展体育教学模式革新，可以吸引广大师生共同参与，结合中外体育文化精髓，丰富高校文化生活、丰富体育文化内涵。如按照高校办学特色及地区文化特征创新体育运动教学形式，培养大学生积极饱满的精神状态，强健体魄，促进高校体育文化和精神的良好推广。

（二）可推动大学生综合发展

高校开始体育课程的主要目的是培养大学生的运动兴趣，按照学校要求完成相应的目标，并展示自身个性，实现身心健康发展。在新时代，我国体育事业发展迅速，体育精神符合社会前进趋势。创新体育教学模式，能够激励学生参与体育运动，亲身感受竞争精神、团队合作精神、顽强拼搏精神等内核，从而实现学生到社会人的过渡，塑造优秀人才。

（三）可充分体现现代高校教育理念

在高校教育深化改革过程中，通过创新体育教学模式，贯彻以人为本的教育理念，可以让大学生获得主体地位。如在体育运动中，学生往往需要与人交流，根据身体状况参与活动，在运动中锻炼自身能力，并在获得成就感和成功感的同时，获得满足感和乐趣。在体育教学中渗透时代精神和文化，充分体现现代高校教育理念，为培育优质人才奠定良好基础。

1.缺乏明确的教学目标

当前高校体育教学普遍存在缺乏明确教学目标的问题。部分体育教师对学生的体育运动方式缺乏指导，经常以自由活动为教学内容，随意性较强；因此学生学习目标模糊。教学娱乐化严重，难以有效完成教学任务。同时，高校体育教学的目标设置不够清晰，即便依据教学大纲认识到体育教学的目的是提高大学生体质健康水平，但在具体实施中则存在目标模糊、方法不合理等情况。高校对体育教师的量化考核也有诸多缺陷，影响教学有效性。除此之外，高校体育教学课时相对较少，运动效果无法提升，对学生的体质促进作用不够明显，在很大程度上限制了体育教学的作用发挥。

2.理论教学较少

体育教学是实践性较强的学科，多数教师以课外运动为基础平台，指导学生掌握相应运动技巧，从而使学生获得直观体验。但大学体育教学，理论与实践应并重，要保证学生了解和掌握各项运动的原理、方法、影响等。近年来，随着我国体育理论研究不断深入，科学体育运动的研究成果对体育实践教学具有很强的指导意义。但当前高校体育教师对理论教学的重视程度不够，尚未认识到大学生的身心发展特点，单纯认为教授学生运动技巧即可。

学生无法了解体育运动的演变历史及趋势，就难以理解体育运动所包含的文化精神，不能正确看待体育学科的发展变化，影响了学生体育运动兴趣的培养。

3.运动强度不大

高校体育教学运动强度普遍不大：主要是现阶段大学生身体素质普遍不高，难以承受高强度的运动练习，强制参加高强运动，则会引发学生的抵触心理。现在学生的生活方式使其长期缺乏活动锻炼，身体协调能力与力量均存在不足，户外运动适应性较差。另外，高校运动场地普遍缺乏，加之各地区室外温度变化不一，户外练习活动受到限制。

4.忽视体育兴趣的培养

高校体育教学对体育兴趣培养的重视程度不足，大多强调整体性和服从性。如在教学设计中，教师往往忽视学生的兴趣和诉求，机械地按照教学大纲及人才培养方案等完成教学任务，导致学生参与体育教学的积极性和主动性较差，甚至出现逃课、替课、早退等行为，不利于学生身体素质的培养。此外，高校对体育课程的设置也不完全合理，大多为大众化项目，不关注学生的个性化发展，部分学生的运动潜力难以被挖掘，限制了学生的发展。

三、高校体育教学模式创新路径

（一）明确高校体育教学目标

针对现阶段高校体育教学的现状，实现教学模式创新，应明确教学目标，构建合理的体育教学体系。在具体实践中，高校应当对教学目标进行细化，结合大学生的身心发展特点，制订阶梯形成长计划，即按照学生的入学体检报告制作健康档案，深入分析学生体质情况，并以此为依据制订科学的教学计划，设立学生兴趣培养与人文发展相结合的体育教学目标。通过培养学生的运动热情，深入挖掘学生的体育潜力，使学生在团队配合中丰富社会阅历，提高身体素质，发展职业素养。对优秀人才采取职业化培训方式，为体育事业发展输送人才。

（二）适当增加理论教学比重

虽然体育教学具有较强的实践性和组织性，但为提高教学有效性，教师仍需提高理论教学的比重。根据大学生的身心发展特点——对于理论的理解程度有所加强，运用理论指导实践的能力相比于初高中学生要强，在人才培养的过程中，将理论教学融入体育运动，确保大学生能够提升理论研究和实践能力，促使体育文化及精神内涵深入思想中，正确看待体育运动，并投入学习和实践活动。教师在开展体育教学课程之前，要先向学生讲解该项运动的知识，分解教学目标、交代教学路径和安排计划等。体育教师要转变角色，将课堂教学延伸到课后练习，指导学生全面掌握体育运动的原理、方法及影响等。在教学实践中，可将课程的1/3时间用于理论教学，规范学生运动行为，讲解运动注意事项、受伤应急处理等知识，确保学生开展体育锻炼的有效性、科学性。要改变自由活动的课堂教学模式。积极开展阶段性指导，将理论学习、课堂练习、课后养成运动习惯等有机结合，在模块化教学的基础上，指导学生进行循序渐进的体育运动，逐渐改善身体素质，强健体魄，切实保证大学生的身心健康发展。

（三）加强体育运动强度

高校体育课程运动强度相对较低，难以通过课程掌握专业体育技术。在创新教学模式的过程中，高校要提高教学专业性，突出运动效果。如高校可组建专业化程度较高的校级运动队，并邀请专业运动员或教练参与教学，积极举办或参与校级、校际、社会性运动竞赛，提高学生的体育竞争精神、拼搏精神，在获得成就感和荣誉感的同时，增强运动水平。在体育教学中，教师可直观观察体质较好、潜力较高的学生，鼓励其进入运动队，发挥自身特长。另一方面，在开展体育教学和练习时，教师要引导学生逐渐加强体育强度。如，对跑步具有浓厚兴趣的学生，可指导教学慢跑、竞走、短跑等运动项目，当学生的体质得到一定增强后，可进行长跑、马拉松等教学训练，不断加强运动强度，促使学生养成体育锻炼的良好习惯，进而改善体质。最后，教师可积极引进专业运动培养体系，指导学生采用专业运动员训练方法，掌握运动技巧，提高运动能力。

（四）重视对体育兴趣的培养

兴趣是教学中不容忽视的重要因素，因此高校及教师要注重培养学生的体育兴趣。创新体育教学模式，应制订相应教学方案，可融合当地特色运动项目，关注对学生身体素质及运动精神的培养。也可在教学中融合社会体育，鼓励学生按照兴趣爱好成立体育社团、参加相应的体育选修课，在社团活动中加强学生参与运动的积极性和主动性。另外，也可邀请当地的职业体育俱乐部，通过开展友谊赛、一对一指导、社团交流等，提高学生的运动意愿。体育教学模式创新，应重视学生体育兴趣，使其全身心投入学习，配合教师开展教学内容，完成教学任务。

四、我国高校体育教学模式创新发展趋势

(一) 选项式体育教学模式

在高校体育教学的发展中，采用选项式教学可为学生提供更大的自主性和选择空间。学生可以基于自身兴趣爱好及身体情况、学校教学条件、环境等，选择对应体育运动项目。该模式相比于传统模式，能够对课程精细化区分，并树立健康教育的观念，从而培养学生终身体育的意识。

(二) 分层次型体育教学模式

该模式是现代高校体育教学的新方式，是对传统并列型模式及三段型模式的深化和细化。在应用过程中，先由体育教师把握教学内容，并基于学生的实际情况，将同一教学班的学生按照身体素质强弱、运动能力高低、体育合格标准成绩和达标成绩等，分为不同教学组别。如男、女A组（上等生）、B组（中上等生）、C组（中等生）、D组（下等生）等。根据不同组别设计不同教学目标及教学要求。同时，综合考虑学生的实际情况、身体素质的变化，适当调整分组。该体育教学模式具有很强的针对性，避免学生自主选课的弊端，在高校体育教学中具有较好的应用效果。

(三) 俱乐部型体育教学模式

在当前高校体育教学改革过程中，俱乐部型教学模式受到广泛关注和认可，其在借鉴外国先进教育形式的基础上所形成，采用俱乐部的组织方式，以学期或学年为单位，自主选择某一体育俱乐部，从而接受某方面的体育专项训练。该模式能够给予学生相对较多的自主性，能够根据兴趣爱好选择运动内容。在实践过程中，俱乐部型体育教学模式有效体现了自主选择课程内容、自主选择任课教师、自主选择上课时间的自由度。但是该教学模式也存在一定的缺陷，高校采用时必须结合自身的实际情况。如，教学中很容易将俱乐部活动与体育课训练等同，使教师的指导作用弱化，并减弱体育学科的知识性、系统性和技术性。另外，俱乐部教学模式对体育运动场地、器材及设施等硬件要求相对较高；因此该教学模式尚未被广泛接受。但在未来发展时期，随着高校对体育教学的重视程度不断提升，各项运动设施日益完善，则会进一步凸显俱乐部教学模式的优势。

第五章　高校体育体能训练基础

第一节　体能训练的基本原理

体能训练是在运动生理、运动生化等相关原理的指导下进行的提高人体各项技能的训练。因此，对体能训练基本原理有所了解是十分必要的。体能训练的基本原理主要有四个，分别是训练适应原理、训练负荷原理、能量代谢原理和恢复过程原理。

一、训练适应原理

体能训练是为了提高人的运动能力才进行的，而人的运动能力会受到多方面因素的影响。

在影响人体运动能力的因素中，身体机能的状态和身体健康因素是最主要的因素，也是判断体能训练效果的重要依据。体能训练的主要任务是通过一定的训练负荷刺激机体，使机体产生训练适应以不断提高机体的运动能力。在进行体能训练时，不断增加训练的负荷，打破机体原有的负荷适应与平衡，并使机体在新的负荷水平上产生新的适应与平衡，以此循环，从而提升机体的体能水平，这种方法就是超量负荷训练适用原理，该原理的生理学基础就是应激学说。

（一）应激

应激学说最早于1936年由生理学家塞里提出，塞里在病理学的研究中提出了应激学说，他将应激反应定义为机体在功能活动或损伤作用下引起的所有非特异性变化的总和。

创伤、出血、中毒、感染、缺氧、神经紧张等都会使机体产生应激反应，这些能够使机体产生应激反应的刺激都可以称为"应激源"。机体对应激源的反应有以下两种不同的表现：

第一，机体对所有的应激源都产生相同的、没有特异性的反应，这种非特异性的应激反应就是"应激"。

第二，机体对不同的应激源会产生不同的特异性反应，例如，人体发生了细菌感染就会引起人体的免疫细胞水平升高。

运动员在进行大负荷体能训练或者比赛时，身体不仅会出现脱水、缺氧、神经紧张等不同的特异性反应，还会出现共同的、一致的非特异性应激反应。从这个角度来说，体能训练是导致运动员发生应激反应的重要因素，运动员通过体能训练引起身体发生变化、恢复和适应的过程与塞里应激学说的原理是一致的。依据应激学说的基本原理而制订的体能训练计划往往能够达到良好的训练效果，因此，应激学说的基本原理是运动训练的重要理论基础。

（二）适　应

适应指的是人体对不同运动方式引起的化学特性所产生的适应性变化的现象。体能训练是一种特异的刺激，运动员如果长期进行专门系统的体能训练能够使其机体的物质代谢、调节能力等发生一系列的适应性改变。实际上，人们经过体能训练后运动水平得到提升就是适应能力提高的表现，具体如下所述：

第一，运动员进行体能训练，对不同的运动方式产生应激后，身体会出现相同的适应性变化，其运动能力发生适应和提高的变化规律是"刺激——反应——适应——提高——再刺激——再反应"。

第二，运动员对不同的运动方式发生适应之后，其身体会发生不同的适应性变化。例如，力量训练会使运动员的骨骼肌体积、磷酸原储备量等得到适应性提高；速度耐力训练能提高运动员糖酵解系统酶的活性，能增加运动员的耐乳酸能力；耐力训练能够使运动员的最大摄氧量、骨骼肌细胞线体数目和体积等有所增加。

（三）应激与适应过程

应激与适应的过程主要分为三个阶段，分别是动员阶段、适应阶段和衰竭阶段。

1.动员阶段

人的身体对体能训练的应激发生最初反应的阶段就是动员阶段。在这个阶段，当人们进行超负荷的体能训练时，身体的各个器官系统都处于全面的动员状态，此时身体会出现以下变化：

（1）安静时的心率有所增加；

（2）肾上腺素、糖皮质激素等的分泌有所增加；

（3）体内物质能源的分解和代谢有所增强；

（4）次日晨血尿素和尿胆原含量有所升高；

（5）体内血红蛋白含量有所下降。

这些变化都能说明在动员阶段人的身体不适应体能训练的负荷。

2.适应阶段

人的身体对体能训练的应激表现出代偿性反应的阶段就是适应阶段，在适应阶段，人体会对体能训练的负荷产生适应。当发生适应后，身体会出现以下变化：

（1）安静时的心率有所下降；

（2）肾上腺素、糖皮质激素等的分泌恢复至原有水平；

（3）体内物质能源合成代谢加强；

（4）次日晨血尿素和尿胆原等含量回落至原有水平；

（5）体内血红蛋白含量增加。

这些变化说明在适应阶段人的身体已经适应了体能训练的负荷，人的运动能力也有所提升。

3.衰竭阶段

当人进行了负荷量过大的体能训练，或者人的身体机能保持在较低水平时，人体已经获得的适应产生衰竭甚至消失的阶段就是衰竭阶段。在衰竭阶段人体会出现以下变化：

（1）安静时的心率上升；

（2）过度分泌肾上腺素，皮质醇分泌持续增加；

（3）体内血红蛋白含量水平较低；

（4）血液和尿液含量处于不正常的水平；

（5）容易发生运动性贫血。

这些身体变化说明人进行的体能训练负荷已经超过了人体能够承受的最大负荷。

体能训练的过程其实就是人的身体发生"应激——适应——再应激——再适应"的过程，因此，要善于利用训练适用原理，并掌握应激与适应过程各个阶段身体指标的变化规律，并据此制订科学化的体能训练方案，这对提升高校学生的体能以及提高大学生的运动能力具有重要作用。

二、训练负荷原理

（一）训练负荷的含义

人体在受到一定的外部刺激时，机体在心理方面和生理方面表现出来的应答反应就是训练负荷。

人参与任何身体活动都会引发机体的生理和心理等发生相应的变化，训练量、训练强度、训练密度、训练持续时间等因素都会影响训练的效果。鉴于此，在对高校大学生进行体能训练时，一定要合理安排和调控训练负荷，以更好地实现体能训练想要达到的效果。

（二）训练负荷的影响因素

影响训练负荷的因素包括负荷量、负荷密度、负荷强度、负荷持续时间等，在对大学生进行体能训练时，要根据学生的具体运动能力和运动水平合理安排训练负荷。

1.负荷量

负荷量指的是一次训练的总量，包括训练持续时间、训练重复次数、组数、距离或重量的总和。在对负荷量进行统计时，跑的距离（耐力）用单位"km"表示，训练的重量（力量）用单位"kg"表示，动作的次数用单位次表示。

负荷量和负荷强度是相互依存、相互影响的关系，负荷量主要反映的是训练对人体刺激的数量，而负荷强度主要反映的是训练对人体刺激的深度，在安排体能训练的负荷时，一定要综合考虑负荷量和负荷强度。

2.负荷强度

负荷强度就是训练的强度，是指在一定的时间或完成单个动作的训练量或者人体表现出来的生理和心理负荷反应量。

根据训练过程对负荷强度进行划分，可以将其分为三种强度，分别为平均强度、瞬时强度和最高强度。通常情况下，我们将负荷强度的有效范围称为"强度范围"，为增进训练适应的最小强度的负荷称为"强度阈"。体能训练的强度必须超过"强度阈"才能增进体能的适应性变化，因此，为了达到体能训练的目的，负荷强度必须达到一定的阈值水平。

评定负荷强度是否达到阈值水平的最好办法就是测定脉搏，运动后脉搏与负荷强度的关系如表5-1所示，在运动后5～10分钟之后脉搏的恢复情况与负荷强度的关系如表5-2所示。

表5-1　运动后脉搏与负荷强度的关系

负荷强度	运动后脉搏
高强度	180次/min以上
中等强度	150次/min以上
低强度	144次/min以下

表5-2　运动后5～10分钟之后脉搏恢复情况与负荷强度的关系

负荷强度	运动后脉搏
高强度	比运动前快6～9/10s
中等强度	比运动前快2～5/10s
低强度	恢复到运动前的脉搏水平

3.负荷密度

负荷密度就是训练的密度，指的是实际进行训练的时间占训练单位时间的百分比。其中，实际进行训练的时间=每次训练持续时间×每组训练重复次数×训练组数。例如，每次训练持续3分钟，每组训练2组，一共练习5组，那么实际进行训练的时间就是30分钟，如果训练单位时间为60分钟，那么负荷密度就是50%。在体能训练中，要合理安排负荷密度，主要做到合理安排训练重复的次数和组数。

4.负荷持续时间

负荷持续时间指的是单个刺激发生作用的时间或者一次重复所花费的时间。与负荷强度一样，负荷持续时间也需要达到一个阈值才能达到想要的训练效果，如果负荷持续时间不能达到最小的阈值水平，那么机体是不会发生适应性变化的。

在安排体能训练时，要注意负荷持续时间和负荷强度是成反比的，也就说，负荷强度较高要缩短负荷持续的时间，负荷强度较低要适当增加负荷持续的时间。

（三）训练负荷的调控

大学生进行体能训练就是为了有计划地使其运动能力得到全面提升。但运动能力的提升会受到多方面因素的影响。因此，在制订体能训练方案时，不仅要根据个体的运动水平合理地安排训练负荷，还要遵循超量恢复原理对训练的负荷不断地进行调控，以更好地提升体能训练的效果。

1.训练负荷调控

任何一种生物系统都是处在一个动态平衡的状态中的，处于动态平衡状态中的生物系统，其能量的消耗和摄入也一定是相对平衡的。而体能训练就是要打破这种平衡并使机体产生适应后再打破新建立起来的平衡，如此循环往复，达到提升运动能力的目的。

在对大学生进行体能训练的时候，他们能够承受的和应该承受的训练负荷的量和强度受到其自身运动水平与能力的影响，因此要根据学生的具体情况进行合理的安排。通常情况下，负荷量和负荷强度的组合变化主要有四种形式：

（1）一升一降。提升负荷量、降低负荷强度，或者降低负荷量、提升负荷强度，总体上使体能训练保持中等负荷。

（2）一升（降）一稳定。提升负荷量稳定负荷强度，总体上使体能训练保持中大负荷，降低负荷量稳定负荷强度，总体上使体能训练保持中小负荷。

（3）同升同降。当进行大负荷体能训练时，通常采用同时提升负荷量和负荷强度的组合方式，但需要注意的是，如果负荷量和负荷强度同时增长，训练负荷总体上会成倍增长；当进行小负荷体能训练时，则采用同时降低负荷量和负荷强度的组合方式。

（4）负荷量和负荷强度相对稳定。在整个训练周期内，始终保持负荷量和负荷强度稳定不变，使体能训练总体上保持中等负荷。

在一个完整的体能训练年度周期内，体能训练也应该根据训练时期的不同进行适当的调控。在体能训练初期，要以提升负荷量为主，负荷强度要有所限制；在体能训练后期，训练者的运动能力也有了一定的提升，这时要适当地提升负荷强度而对运动量加以控制。

大量的训练实践表明，在进行体能训练时，负荷量和负荷强度不能同时达到最大程度，这样很容易造成过度训练，进而使训练者身体机能失去平衡，不仅不能达到体能训练的目的，还会使训练的水平有所降低，严重的还会造成训练者发生运动损伤。

2.训练负荷节奏的安排形式

负荷量、负荷强度、负荷密度、负荷持续时间等之间的组合方式不同，都会在一定程度上影响体能训练的效果。在实际训练中，对总体运动负荷水平的把握不是一件困难的事情，但是对总体的负荷量和负荷强度进行最佳组合却不是一件容易的事情。训练负荷节奏的安排形式一般有以下五种类型。

（1）斜线渐进型

斜线渐进型训练负荷节奏形式通常在体能训练的准备期使用。在这一时期，负荷量的安排要呈斜线上升的趋势，但是也要注意控制上升斜率，斜率不能太大。

（2）直线稳定型

直线稳定型训练负荷节奏形式主要是保持训练负荷量的相对稳定，通过调整负荷强度来使整体的训练负荷得到调整。

（3）波浪型

波浪型训练负荷节奏形式在体能训练的任何阶段都能够使用。负荷量呈现逐渐上升或逐渐下降的趋势，总体负荷量的变化比较缓和，机体也容易产生适应性变化。

（4）阶梯型

阶梯型训练负荷节奏形式通常用在比赛前期和准备期的第二阶段。负荷量呈现平台式上升和保持趋势，没有明显的下降。

（5）跳跃型

跳跃型训练负荷节奏形式是一种高强度负荷的体能训练形式，通常用在准备期的第二阶段。一般分为以下五个步骤来实施训练：

第一步：训练负荷由60%提升到90%，通过急剧增加负荷来打破机体原有训练适应的动态平衡。

第二步：训练负荷由90%下降到60%，通过急剧降低负荷使机体迅速得到恢复并产生超龄恢复。

第三步：逐步增加训练负荷至80%，使机体再次接受逐步提高的负荷刺激。

第四步：保持80%的训练负荷，使机体对这一负荷水平产生适应性变化。

第五步：再次急剧增加训练负荷至90%以上，使机体承受负荷的能力达到一个新的水平。

三、能量代谢原理

人体的物质代谢和能量代谢是人体体能的核心因素，其能力决定着机体的机能水平和运动能力。人体在运动时，有一个完整的供能体系，该体系由有氧代谢系统和无氧代谢系统共同构成，其中有氧代谢系统指的就是有氧氧化系统，无氧代谢系统包括磷酸原系统和糖酵解系统。

在进行体能训练之前，一定要先明确训练的内容属于哪种运动方式，这种运动方式的代谢基础是什么，然后再有针对性地发展对应的代谢系统的功能能力，从而提升运动能力。下面，我们将对人体代谢的三大系统进行分析，以期为运动训练提供能量代谢理论基础。

（一）有氧代谢系统

机体在供氧充足的情况下，脂肪、蛋白质和糖会在细胞内分解成二氧化碳、水、铱素等，在这个过程中会伴有能量的释放，这就是有氧代谢的过程，也是有氧氧化系统供能的过程。

脂肪、蛋白质和糖通过有氧代谢可以释放大量的能量并合成腺嘌呤核苷三磷酸（又称腺苷三磷酸，简称ATP），这种ATP是一种高能化合物，能够为人体的肌肉运动提供能量，构成了人体的有氧代谢系统。

1.脂肪的有氧代谢

脂肪是有氧代谢的主要燃料之一，而脂肪作为燃料参与代谢为人体提供能量只能通过有氧代谢系统进行。在氧气供应充足的情况下，脂肪可以氧化分解为二氧化碳和水并释放能量，这个过程就是脂肪的有氧代谢。

人体内的脂肪大多数都存在于皮下结缔组织、内脏器官周围、肠系膜等处，脂肪有保护人体器官、保持人体体温的作用。脂肪被分为真脂和类脂两类，其中，真脂指的是甘油酯，是由甘油和脂肪酸细胞构成的，作用是给人体提供热能和必要的不饱和脂肪酸；类脂是组成组织和细胞的主要成分，是人体所需的特殊营养成分，能够提升人体的抗缺氧能力。

大量的训练实践已经证明，要想脂肪参与有氧代谢，必须经过长时间的运动才能动员脂肪，并且，随着运动时间的逐渐增长，脂肪提供能量的比例也会不断升。因此，坚持长期长时间的有氧运动，一方面可以提高人体利川脂肌提供能量的能力。另一方面还能到达消耗人体脂肪、减少体脂积累，从而达到塑身塑形的效果。

2.糖的有氧代谢

糖也是有氧代谢的主要燃料，在供氧充足的情况下，肌糖原和葡萄糖能够被彻底氧化分解为水和二氧化碳并释放大量的能量，这个过程就是糖的有氧代谢。

糖是组成人体组织细胞的重要成分，人体的主要能量来源也是糖。通常情况下，人日常食物中的糖提供了人体所需能量的70%以上，而且在有氧代谢系统中，糖氧化所需的氧气是少于脂肪和蛋白质的，因此，糖是人体所需能量的首选物质，也是人体最经济的物质能量。

人体中的肌糖原储备是最多的，为350～400克，因此，在运动训练中，首先会动员肌糖原参与有氧代谢，随着运动时间的逐渐增长，肌糖原被消耗殆尽且血糖有所下降时，肝糖原才会被分解进入血液参与有氧代谢。

3.蛋白质的有氧代谢

蛋白质参与有氧代谢提供能量并不是人体能量的主要来源。在长时间、高强度的运动训练中，人体内的蛋白质和氨基酸会参与供能，但是提供的能量是极少的，在供糖不足或者糖已被大量消耗之后，蛋白质的供能也只占到了总供能的15%～18%。正常情况下，如果人进行了1小时的有氧跑步，那么蛋白质供能只是总供能量的4%。

无论人在安静的状态下还是在运动的状态下，蛋白质供能都不是人体的主要能量来源，蛋白质分解和代谢其实只是维持生命活动的基础。

（二）无氧代谢系统

顾名思义，无氧代谢系统就是不需要氧的代谢功能系统，包括磷酸原系统和糖酵解系统。

1.磷酸原系统（ATP-CP系统）

人体肌肉细胞内的ATP（腺苷三磷酸）和CP（磷酸肌酸）都属于高能磷酸化合物，两者能够分解释放能量并能再合成能量，因此，由这两种磷酸原构成的供能系统就是磷酸原系统，也称为ATP-CP系统。

磷酸原系统供能有以下特点：

（1）供能绝对值不大，持续时间很短，仅仅8秒；

（2）供能不需要氧，也不会产生乳酸；

（3）供能速度快，能量输出功率也最高，ATP是细胞唯一可以直接利用的能源。

综上所述，所有时间短、功率高的运动，如短跑、举重等，其能量的主要来源都是磷酸原系统。磷酸原在肌肉细胞内的储量少，一般在运动的开始阶段就会被最早最快地利用掉，在运动的加速和冲刺阶段，磷酸原供能系统也在供能方面发挥重要作用。

2.糖酵解系统（乳酸能系统）

当人体的运动时间持续到10秒以上且运动的强度比较大时，磷酸原系统的供能已经无法满足机体对能量的需求，此时，运动中合成ATP提供能量的任务就交给了糖酵解系统。

在没有供氧的情况下，肌糖原和葡萄糖会进行无氧分解，生成乳酸并释放能量合成ATP为运动提供能量，这一过程就是糖酵解系统，由于糖酵解系统的产物除了ATP之外还包含乳酸，因此它也被称为"乳酸能系统"。

在高强度运动中，当运动持续30秒左右时，糖酵解系统的供能能够达到最大的速率，并能够维持1~2分钟，之后供能速率便会下降。糖酵解系统供能虽然不需要氧，但会产生乳酸，如果体内的乳酸过多就会使人体感到疲劳。虽然如此，糖酵解系统在人体运动过程中的能量供应作用还是具有十分重要的意义，在供氧不足的情况下，糖酵解系统仍然能够快速供能以满足机体的需要。

（三）供能系统的特征

人们在参与运动时，为人体提供能量的供能系统一般是以一个为主，其他两个为辅，但是也存在三个供能系统同时作用为人体运动提供能量的情况。人们参与的运动不同，主要运用的供能系统也是不同的，这主要是根据运动的需氧量与摄氧量的关系决定的：当人体的摄氧量能够满足需氧量时，主要由有氧代谢系统提供能量；当人体的摄氧量无法满足需氧量时，能量不足的部分需要无氧代谢系统进行补充。运动的强度与需氧是成正比的，强度越大需氧量也就越大，因此，强度越大，无氧代谢参与供能的比例也就越大。

了解供能系统的特征及不同运动项目的代谢类型，对体能训练来说是非常重要的，一方面有利于我们掌握训练时的主要供能系统，另一方面能够帮助我们明确发展运动能力时所需要努力的方向。

供能系统的特征如表5-3所示。

表5-3 供能系统的特征

供能系统	底物	可合成ATP量/（mmol·kg^{-1}）	可供运动时间
磷酸原系统	ATP、CP	100	6~8s
糖酵解系统	肌糖原	250	12~3min
有氧氧化系统	肌糖原	13000	>3~5min
	脂肪	不受限制	1~2h

常见运动项目的代谢类型具体如图5-1所示。

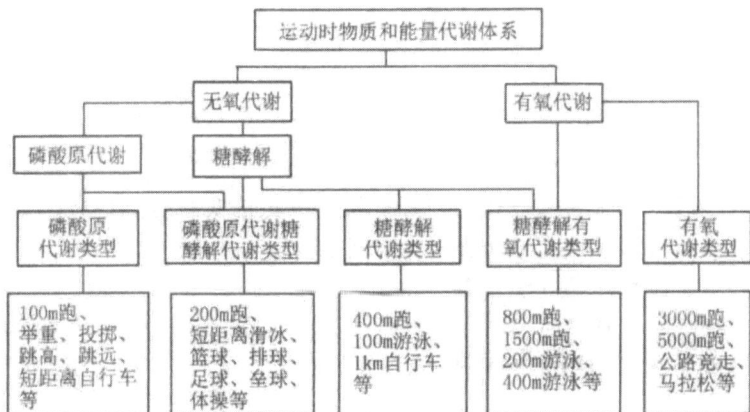

图5-1 常见运动项目的代谢类型

如图5-1所示，短跑、跳远等训练项目的能量供应主要是由磷酸原系统供应的，糖酵解系统作为辅助参与供能，因此，要想提高短跑、跳等能力，必须进行针对性的训练以提高磷酸原系统和糖酵解系统的供能能力。而长跑、马拉松等运动项目的能量来源主要是有氧代谢系统，长跑进行到冲刺阶段时无氧代谢系统也会发挥重要的作用，这就需要有氧系统和无氧系统混合供能。

四、恢复过程原理

（一）恢复过程的一般规律

人们在参与了体能训练之后，其生理功能和能源物质会逐渐恢复到参与训练之前的状态或水平，这期间发生的功能变化的过程就是恢复过程。人体在经历了负荷量比较大的训练之后，有些情况能够使机体的运动能力下降，有些情况能够使机体的运动能力提高，这两种不同的情况与人体的恢复程度是息息相关的。

"没有疲劳的训练是无效的训练，而疲劳不能恢复的训练是危险的训练。"这说明不是所有产生了疲劳的训练都能提升人的运动能力，因此，在进行体能训练时，正确认识疲劳并实施正确的措施帮助疲劳恢复是十分重要的。人在进行运动的过程中，机体的消耗和恢复一般分为三个阶段。

第一阶段：人体在运动时，能源物质的消耗是主要的，虽然这期间恢复过程也在同时进行，但总体上消耗大于恢复，具体表现为体内物质能源呈下降趋势，各器官系统的功能也呈下降趋势。

第二阶段：人体停止运动后，消耗大幅降低，恢复过程在这一阶段较占优势，表现为体内的能源物质和各器官系统的功能逐步恢复到运动前的水平。

第三阶段：人体在运动一段时间之后，运动中消耗的能源物质不仅恢复到运动前的水平，甚至还超过了运动前的水平，这就是超量恢复，保持了一段时间之后又恢复到了运动前的水平，此时运动训练负荷后的恢复过程就全部完成了。

超量恢复是客观存在的，超量恢复的程度和时间取决于机体在运动训练中的消耗程度。在一定的训练负荷范围内，能源物质消耗得越多，恢复的过程也就越长，超量恢复的效果也就越明显。因此，在具体的训练实践中，一定要把握好训练和休息的时机，从而获得最佳的训练效果。大量的实践也已经证明，当运动员在超量恢复阶段时去参加训练或者比赛，训练效果会更好，比赛也会获得更加优异的成绩。

（二）机体能源储备的恢复

1.磷酸原储备的恢复

磷酸原的恢复速度很快，人在进行剧烈运动之后的2~3分钟所消耗的磷酸原就可以被完全恢复。因此，在体能训练过程中要适当地安排间歇，这样有利于磷酸原的快速恢复，磷酸原再合成能够有效防止或延缓由于体内乳酸堆积而产生的疲劳。

在磷酸原的恢复过程中，在肌肉中储备ATP和CP需要一定的能量，所需的能量一般由有氧氧化系统提供，有氧氧化系统通过分解糖和脂肪释放能量合成ATP，所合成的ATP一部分直接储存在肌肉细胞中，另一部分用于合成CP，最后以CP的形式储存在肌肉细胞中。

2.肌糖原储备的恢复

有氧氧化系统和糖酵解系统的供能物质是肌糖原。运动后肌糖原储备的恢复受到多方面的影响，其中最主要的就是膳食、运动强度和运动的持续时间。肌糖原储备的恢复主要依靠膳食的补充。

肌糖原储备恢复的速度取决于运动中肌糖原的消耗量。有研究证明，在运动员进行大负荷训练后，如连续3天进行长跑训练后，机体内的肌糖原就会被消耗殆尽。在恢复期间，如果连续吃5天高脂和蛋白质的食物，对于恢复肌糖原储备来说是没有效果的：如果吃高糖膳食，那么肌糖原储备在2天内就可得到恢复。并且前10个小时肌糖原恢复的速度是最快的。在进行了时间较短而强度较大的间歇训练之后，无论食用高糖膳食还是普通膳食，1天之内肌糖原就可以完全恢复，并且前5个小时恢复的速度是最快的。

需要注意的是，在运动训练中，如果训练的时间太长会导致人体消耗过多的肌糖原，有可能会导致人体出现低血糖的症状。

3.氧合肌红蛋白的恢复

肌红蛋白与氧结合时被称为氧合肌红蛋白，肌红蛋白存在于肌纤维中，正常情况下，每千克肌肉中的肌红蛋白大约可以结合11毫升的氧。肌红蛋白可以迅速与氧进行结合和分离，而这个过程并不需要能量的供应，因此，在运动后的几秒钟内，氧合肌红蛋白就可以完全恢复。

第二节　体能训练的分类与价值

一、体能训练的分类

在实际的训练过程中，体能训练一般分为两种：一种是一般体能训练，另一种是专项体能训练。

（一）一般体能训练

一般体能训练是为了提高人体各器官系统的技能，全面发展人的运动素质，改善人的身体形态的训练。一般体能训练能够使人掌握非专项的运动技术、技能和相关的知识，从而为人进行专项体能训练打下良好的基础。

（二）专项体能训练

专项体能训练指的是针对某一项专门的体能进行的训练，进行专项体能训练能够使高校大学生的某一专项素质得到提高，能够最大限度地发展与专项成绩有关的运动，并能够促进大学生掌握专项技术和战术并能在运动比赛中有效运用，从而取得良好的运动成绩。

（三）一般体能训练与专项体能训练的关系

1.一般体能训练与专项体能训练的联系

一般体能训练与专项体能训练之间的联系主要表现在以下三个方面：

第一，一般体能训练与专项体能训练的总目标是一致的，两者互相作用、互相影响、密不可分。

第二，进行专项体能训练的基础是做好一般体能训练，一般体能训练能为专项体能训练的进行创造良好的条件。

第三，专项体能训练能使专项体能水平有所提升，专项体能水平的提升能够带动一般体能的提升，以适应专项水平提升后对身体机能的更高要求。

2.一般体能训练与专项体能训练的区别

虽然一般体能训练与专项体能训练之间有着密切的关系，但是两者之间也是有着很明显的区别的，两者的区别主要体现在训练的目的、内容和作用方面。

二、体能训练的价值

高校学生进行体能训练的价值表现在以下六个方面。

（一）有利于促进人的身体健康

众所周知，进行体育锻炼能够增强人的身体素质，增进人体健康，如肥胖者在经历了长期的体育锻炼后能够减脂塑形，慢性病患者经过合理的体育锻炼能够延缓病情等。因此，如果进行系统的体能训练，更能有效地提高人体各器官系统的机能能力，尤其是能够提升心血管系统、呼吸系统等的机能。除此之外，体能训练还能够增强人的骨骼、肌肉、肌腱等运动器官的功能，改善人体中枢神经系统的机能。同时，体能训练还有助于促进人体的新陈代谢，提高人体适应外界环境的能力和抵抗疾病的能力。综上所述，体能训练有利于促进人的身体健康。

（二）有利于提高运动训练能力

体能训练的过程实际上就是协调机体各器官系统功能，使机体具备从事专项竞技运动能力的过程。高校大学生无论参与任何一项体育运动，都离不开体能作为运动保障，而且体育运动对大学生体能的要求会随着运动难度的增加而提高。根据技能迁移的原理，人体在掌握了一定的运动技能之后再学习其他特定的运动技能的话，其能力就会有所增强。而体能训练就是通过具体的身体动作进行训练的，大学生在学习和掌握了这些身体动作之后，对其专项运动能力的提升和发展是十分有益的。例如，大学生会经常参加篮球、足球等运动项目，这些运动都具有对抗激励、战术行动强度高等特点，其对大学生的专项运动素质和体能都有很高的要求，虽然各专项运动的战术训练也包含身体训练的内容，但是难以达到专项训练对大学生体能的要求。因此，对大学生进行专门的体能训练有利于提升大学生的体能及身体适应的能力，从而能够满足大学生进行专门运动项目的体能需要。

（三）有利于运动素质的充分发展

当前，体育事业在世界范围内的发展都十分迅速，体育运动事业在世界上的影响力不断提升，各国运动员都在为取得优异成绩、为在世界体坛上留下姓名而刻苦训练、努力拼搏着。体能训练能够充分发挥机体的潜能，通过专门的、系统的体能训练，能促使运动员在比赛中取得更加优异的成绩，能够最大限度地发展运动员的各项运动素质，如力量、速度、柔韧、灵敏、耐力等，这是运动员取得优异成绩的重要保障。从这个层面来讲，体能训练对人的运动素质的充分发展起着十分重要的促进作用。

（四）有利于提高人的心理品质

体能训练是一个比较艰苦的训练过程，因此，高校大学生在进行体能训练的过程中，其吃苦耐劳、坚韧不拔的心理品质也会得到相应的提升。竞技运动的对抗激烈性和高强度性对大学生的心理素质有较高的要求，而大学生的生理因素和身体素质会在一定程度上制约和影响人的心理因素。大学生经过体能训练可以提升自身的身体素质，使自己保持精力旺盛、体力充沛，同时还可以增强自身的抗疲劳能力，使大学生在进行训练和比赛的过程中充满自信，从而提升训练的效果和比赛的成绩。反之，如果大学生体能不佳，在训练和比赛的过程中就会感到力不从心或者总是为体能问题而担忧，这会使其丧失自信，从而影响训练的效果和比赛的成绩。从这个层面来讲，体能训练有利于提高人的心理品质。

（五）有利于人体适应高强度的比赛训练

现代竞技运动的竞争是十分激烈的，运动员要想在重要的比赛中取得优异的成绩，就必须通过大负荷的运动训练来发掘自身的体能潜力，只有这样，才能保证运动员在竞技比赛中娴熟地运用和发挥自身的竞技战术水平。体育运动训练经过不断的发展，到今天已经进入了科学训练的阶段，这个阶段的体能训练具有强度高、密度高、速度高、运动量大等特点，这些都要求运动员必须拥有强健的身体和良好的身体机能，如果没有良好的体能作为基础，运动员是很难适应这种高强度的比赛训练的。

（六）有利于预防伤病，延长运动寿命

在进行高水平的体能训练之后，高校大学生的身体形态、生理机能和运动素质都会发生很大的变化，这不仅能够使其身体素质水平有较大的提升，而且还能使其产生的训练适应更为稳固，这就有利于大学生的运动技能得到发展并能够保持得更为长久，从而有利于延长运动寿命。体能训练还能增强大学生的体质，这一方面能够预防伤病，另一方面能够对已经出现的伤病进行很好的控制并使其得到快速恢复。

第三节 体能训练的原则与要求

体能训练是一个专门组织身体训练的过程，在对高校大学生进行体能训练时，必须要遵循体能训练的原则和要求，只有这样才能达到科学化训练的目的，也能在一定程度上避免运动损伤的发生。

一、体能训练的原则

科学化的体能训练必须要遵循体能训练的原则，体能训练的原则分为基本原则和具体原则，下面将一一进行阐述。

（一）体能训练的基本原则

1.自觉性原则

在进行体能训练之前，教师必须对大学生进行必要的思想认识教育，使学生意识到体能训练的重要意义，帮助学生摆正态度，提高学生的自觉性和积极性，以促进学生能够自觉、刻苦地投入到体能训练中，学习和掌握体能训练的相关知识、技术和技能，并能在专项运动中加以运用。如果学生对体能训练没有正确的认识，就会缺乏训练的主动性和积极性，可能不会将体能训练付诸实际行动，这会影响训练的效果。

2.从实际出发原则

学生的性别、年龄、身体素质和运动能力各不相同，在对他们进行体能训练之前，教师必须坚持从实际出发的原则，根据学生的健康状况、身体素质、意志品质、接受能力等具体情况合理地设计体能训练的任务、内容、负荷等，做到因地、因人、因时地对学生进行有针对性的训练。只有这样，才能使体能效果更具目的性和有效性。

3.全面发展原则

在对学生进行体能训练时，要坚持全面发展的原则。这要求体能训练要做到训练内容的全面性和多样性，以保证学生的身体各部位、各器官系统、基本活动能力等都得到全面的训练和发展。在设计体能训练方案时，不仅要合理安排训练的强度和进度，各个训练项目的搭配和组合也要多种多样，要充分利用各种方法和手段，保证学生身体素质的全面发展。

4.结合专项原则

坚持结合专项原则是指在进行一般体能发展的基础上，要结合专项运动的技术、战术、专项特点等有针对性地发展与专项运动相适应的运动素质，从而促使学生能够在专项运动中取得更优异的成绩。一般体能训练是专项体能训练的基础，但是体能训练也不能只注重一般体能训练而偏离专项体能训练。在进行体能训练的过程中，要与专项技术战术相结合，这不仅有利于全面提升学生的运动能力，还有利于提高学生的专项运动成绩。

5.循序渐进原则

体能训练遵循循序渐进原则，要求在对学生进行体能训练时，要遵循由简到繁、由易到难、由小到大等的规律来合理安排训练内容和训练负荷等。只有坚持不断深化、不断提高的训练顺序和规律，才能保证体能训练的效果。

6.持之以恒原则

学生在经过体能训练之后其运动能力会得到一定的提高，但这并不是永远保持不变的。如果不能坚持持之以恒的原则，长时间停止了体能训练，学生之前所获得的运动能力也是会逐渐下降甚至消失的。因此，要想保持运动能力并在此基础上获得进一步的提升，必须使体能训练保持常态化，持之以恒。

（二）体能训练的具体原则

1.以力量素质为核心

肌肉力量是一切运动能力的原动力，对人的体能来说具有十分重要的意义。肌肉运动是在人体神经系统的支配下进行收缩与放松的运动，肌肉力量直接影响了人体各项运动素质的发展。因此，在体能训练中，要把力量素质训练的内容作为核心进行重点训练。具体需要做好以下几个方面的工作。

（1）系统全面性训练。

在对肌肉力量进行训练时，首先要选择合理的训练方法，然后要注意训练的全面性，不仅要对大肌肉群和主要肌群进行训练，也要兼顾到小肌肉群和远端肌肉群，只有这样，才能使全身的肌肉协调同步发展。如果全身的肌肉不能同步发展，不仅不利于运动能力的提升，而且还容易在运动中发生运动损伤。

（2）结合专项进行训练。

力量素质的训练还要结合专项进行，根据不同运动项目的具体需要，有针对性地发展力量素质。只有这样，才能提高学生在专项运动中的力量水平。不同专项运动需要重点发展的力量素质如表5-4所示。

表5-4 不同专项运动重点发展的力量素质

专项运动	重点发展的力量素质
投掷类运动	最大力量、爆发力
短跑、跳跃类运动	快速力量、相对力、爆发力；
长跑类运动	力量耐力

2.以耐力素质为基础

任何运动项目对运动员的耐力素质都有一定的要求，尤其是长跑、足球、马拉松等需要长时间进行的体育项目，对运动员耐力素质的要求更高。因此，体能训练要以耐力素质训练为基础。具体需要做好以下几个方面的工作。

（1）提高呼吸质量

在运动中，提高呼吸的频率、加深呼吸深度能够有效地帮助运动员提升摄氧量。因此，提高运动员的呼吸质量和呼吸效率，培养其以深呼吸为主的供氧能力，使其掌握协调呼吸节奏与动作节奏的方法，能够帮助运动员在运动中节省体力，提升身体耐力。

（2）把有氧训练作为基础

有氧耐力是无氧耐力的基础，因此，要将有氧训练作为耐力训练的基础，先进行有氧耐力训练，增大学生的心脏容积，提升输出量，为无氧耐力训练奠定良好的基础。

（3）结合专项需要

不同的运动项目对耐力素质的需求是不一样的，因此，进行耐力素质训练要结合专项需要，运用不同的训练方法进行。对于中长距离的田径运动项目来说，其具有运动时间长、负荷相对较小的特点，在对从事这类运动的运动员进行耐力素质训练时主要进行有氧耐力训练；对于短距离的田径运动项目来说，其具有运动时间短、负荷相对较强的特点，在对从事这类运动的运动员进行耐力素质训练时则主要进行无氧耐力训练。

3.以速度素质为灵魂

速度素质在运动能力中是最重要的，尤其是当前许多竞技比赛如赛跑、游泳等都是按照速度的快慢决定比赛胜负的。速度素质包括反应速度、移动速度、起跳速度等，在体能训练中，要以速度素质训练为灵魂，将其作为重中之重进行训练。具体需要做好以下几个方面的工作。

（1）全面培养运动能力

从一定程度上来说，速度素质是一项具有综合性质的能力，速度素质能力的形成受到多种因素的影响。因此，在进行训练时应综合考虑各方面的因素，在对速度素质进行训练的同时也要注重全面培养学生的运动能力。因为学生的力量、爆发力、协调性等都会影响其速度，所以，全面提升运动能力可以促进学生速度素质的提高。

（2）合理安排运动计划。

速度素质的训练通常具有强度大、对身体刺激较强等特点，进行速度素质训练对学生的神经和肌肉系统的要求很高，为了保证训练的科学性，要合理地制订运动计划，其间需要特别注意以下两点：

第一，选择合理的运动时间，要尽量选择学生体力充沛、运动欲望较强的时间段进行训练，这有利于提升训练效果。

第二，合理安排运动负荷，训练的时间和间歇的时间安排也要合理，以免学生出现严重疲劳而发生运动损伤。

（3）紧密结合专项特点。

体能训练会通过多种不同的动作结构进行，这种训练所获得的速度素质一般不会在专项运动中明显地体现出来，因此，在进行速度素质训练时一定要结合专项运动，紧密结合其特点，有针对性地制订速度素质训练方案，只有采用正确合理的手段和方法，才能获得良好的训练效果，才能有助于学生在专项运动中获得优异的成绩。

4.以灵敏协调素质为保证

学生具有良好的灵敏性和协调性，有助于其在运动中能够迅速、准确、流畅地完成各种动作技术，对学生所从事运动项目技能的形成和发展具有十分重要的支配作用。如果学生的灵敏性和协调性不高，就很难达到较高的运动水平，如在健美操运动中，只有拥有较高的灵敏性和协调性，学生才能展现出优美的动作和高超的运动水平。因此，灵敏协调素质的训练也是非常重要的，在具体的训练实践中，要做好以下几个方面的工作。

（1）合理安排训练的时间。

要合理选择灵敏协调素质训练的时间，当学生进行了大量运动后，他们的运动兴奋性已经大大削减，此时他们是不适合进行灵敏性和协调性训练的。另外，在进行灵敏协调素质能力训练时，练习的次数和时间不宜安排过长的时间，练习过程中也应合理地安排间歇，否则不利于达到理想的训练效果。

（2）注意结合年龄的特征。

上文提到人的体能主要指标的增长是具有一定年龄特征的，人的灵敏性发展的最佳年龄段是6~13岁，协调性发展的最佳年龄段是5~12岁，而大学生处于18~22岁的阶段，虽然灵敏性和协调性发展已经错过了最佳的年龄阶段，但是处于青春发育后期，灵敏性和协调性还有一定的发展空间。在对其进行训练时，一定要根据大学生的年龄特征进行有侧重的训练。

二、体能训练的要求

（一）一般体能训练和专项体能训练分配要合理

一般体能是专项体能的基础条件，一般体能的训练可以为专项体能的训练奠定良好的基础，能够弥补专项训练对身体发展造成的局限性。但一般体能训练还是不能代替专项体能训练的，当学生在专项运动中想要获得更进一步的发展时，只有发展专项体能才能提高专项运动的能力和成绩。因此，在对学生进行体能训练时，教师一定要根据学生的运动发展水平和能力合理安排一般体能训练和专项体能训练，使学生的身体素质和专项运动成绩都能得到提高。

（二）要注意突出体能训练的重点

在体能训练的过程中，要注意突出体能训练的重点。在进行专项体能训练之前，必须先全面发展体能素质基础，为专项训练的深化打下良好的基础。但是，在全面发展体能素质的同时，也要根据学生的具体情况和专项训练的体能需要因人而异、因地制宜地安排训练内容，突出训练的重点和侧重点，使体能训练能够全面而有重点地进行。

（三）要紧密结合运动专项的特点

在对大学生进行体能训练时，要紧密结合学生从事的运动项目的技术战术进行专项体能训练，从而使学生获得的体能素质能够与其专项运动有机结合起来，帮助学生在进行专项运动时能通过技术战术充分发挥已经获得的运动能力。专项体能训练的内容安排和训练方法的选择，一方面要突出专项运动的特点，在表现形式上尽量与专项技术动作保持一致，另一方面要将身体训练的生物力学特征充分考虑进去，只有这样，才能使体能训练的效果在专项运动的训练和比赛中体现出来。

（四）训练要配备系统的评价系统

体能训练要配备系统的评价系统，总的来说，就是要定期或者不定期地对学生体能训练的效果进行检测，对学生的体能训练结果进行总结和评价。将数据量化的分析和评定结果反馈给学生，一方面可以使学生明确自身是否达成了体能训练的目标，明确自身的运动素质和能力是否已经达到了专项运动所要求的目标，另一方面还可以使学生根据评价结果找到自己在体能训练中的不足之处，并有针对性地对自身的不足进行完善和提高。系统的评价系统有利于为体能训练提供科学化的指导依据，能够在一定程度上避免盲目训练。

第六章　高校体能训练的科学方法

第一节　力量素质训练的科学方法

力量是人体运动的源泉，只有具备了力量基础，人才能完成各种动作。本节首先从力量素质的概述出发，具体阐述力量素质的相关理论，然后对力量素质训练的方法和手段进行了研究，最后列举了力量素质训练中常见的训练实例。

一、力量素质概述

（一）力量素质的概念

力量素质指的是人的身体或者身体的某些部位用力的能力，也指肌肉在人体运动中克服内外部阻力的能力。其中，外部阻力指的是重力、摩擦力、离心力、惯性力等；内部阻力指的是人体自身的重力、关节的加固力、人体内部的反作用力等。

不同的运动项目对力量素质的要求是不同的，而不同的身体素质在不同运动中的重要程度也是不同的，具体如表6-1所示。

表6-1　身体素质在各类运动项目中的重要程度

运动项目		很重要	重要	比较重要
体能类运动项目	速度—力量性项目	速度、速度力量、爆发力、专项耐力	相对力量、最大力量	力量耐力、一般耐力、柔韧性、协调性
	耐力性项目	专项耐力、一般耐力、相对力量	力量耐力、速度、速度力量	最大力置、爆发力、柔韧性、协调性

续表

运动项目		很重要	重要	比较重要
技巧类运动项目	表现性项目	柔韧性、协调性、相对力量 ·	速度、速度力量、爆发力、专项耐力	最大力量、一般耐力、力量耐力
	对抗性项目	爆发力、相对力量、专项耐力、协调性	速度、速度力量、最大力量	力量耐力、一般耐力、柔韧性

由表6-1可知，力量素质在大多数运动项目中都占有比较重要的地位，可以说，力量素质是进行一切运动的基础，可见，力量素质的训练对大学生来说是十分必要的。

（二）力量素质的分类

对力量素质的分类和组成成分进行正确的了解与认识，有助于合理安排力量训练的内容和方法，以此提升力量训练的效果。力量素质依据力量的表现形式可分为：最大力量、速度力量和力量耐力；依据力量与体重的管理可分为绝对力量和相对力量；依据肌肉收缩的形式可分为：静力性力量和动力学力量。

下面具体介绍力量的三种表现形式：最大力量、速度力量、力量耐力。

最大力量指的是肌肉通过最大随意收缩抵抗无法克服的阻力过程中所表现出的最高力量值。影响人体最大力量的因素包括肌肉的生理横断面和肌肉间及肌纤维之间的协调性。

速度力量指的是人神经肌肉系统用尽可能快的速度发挥力量的能力。影响速度力量的因素包括人体肌肉的收缩速度和最大力量值。速度力量的组成成分包括三个方面，分别是起动力量、爆发力、制动力量。

力量耐力指的是人体肌肉长时间克服阻力、保持肌肉紧张而不降低工作效率的能力。力量耐力又可以被细分为静力性耐力和动力性耐力，田径、游泳、篮球、足球等运动项目主要要求运动员要具备较高的动力性耐力，射击、摔跤、支撑类运动项目主要要求运动员要具备较高的静力性耐力。

（三）进行力量素质训练的基本要求

力量素质训练的基本要求主要包括以下四点：

第一，要注意全面发展身体的肌肉能力，使各肌肉群都能够得到同步发展。在力量素质训练中，切忌只注重大肌肉群和主要肌肉的训练，而忽视小肌肉群和远端肌肉群的训练，这种做法是不利于提升训练效果的，相反，如果身体的肌肉群不能得到平衡协调发展，还可能会使人在运动中发生运动损伤。

第二，力量训练的频率和强度要合理安排。通常情况下，力量训练的频率不宜过高，每周进行2~3次为宜，每次训练的时间也不宜过长，35~60分钟即可。

另外，每次力量训练的负荷量也要合理安排，总体上要遵循循序渐进的原则，使力量素质有节奏地逐步提升。

第三，力量训练的顺序要安排好，不同程度的力量训练会对机体产生不同的影响。力量训练的负荷大、次数少有利于改善人体肌肉的协调能力，而力量训练的负荷小、次数多则影响肌肉的结构，使肌纤维变粗，进而增大肌肉的横截面。通常情况下，在对学生进行力量素质训练时，先进行负荷小、次数多的力量训练，等有了一定的力量基础后，再进行负荷大、次数少的力量训练，这样的顺序有利于提升学生的力量素质，而且还能避免运动损伤。

第四，在力量训练的过程中，一定要把安全放在首要位置。高校学生在参与力量训练的过程中，一定要集中注意力，确保训练姿势和动作的正确性，量力而行，避免在训练中发生运动损伤。在力量训练结束后，也可以采用按摩、淋浴等方式使身体的肌肉得到一定的放松。

二、力量素质训练的方法与手段

（一）发展最大力量的训练方法和手段

生理横断面和肌肉间及肌纤维之间的协调性是影响最大力量的重要因素，因此，发展最大力量要从这两个方面进行训练。

1.增强肌肉生理横断面的最大力量训练

（1）训练负荷强度

根据每个人不同的具体情况，训练负荷的强度也要有所区别。一般最适宜的负荷强度为学生能够承受最大负重的60%～85%，以这样的负荷强度进行重复练习，有利于增加肌肉体积，增大肌肉的生理横断面，从而提升学生的最大力量值。需要注意的是，为了减轻学生的心理负担，也为了避免学生在训练中发生运动损伤。95%以上的极限负荷强度不建议使用。

（2）训练重复的次数与组数

按照60%～85%的负荷强度进行的话，一般每组重复练习4～8次，每次可做5～8组训练。总的来说，训练重复次数是根据训练的负荷强度决定的，次数不同、负荷强度不同，对身体也会产生不同的作用，具体如表6-2所示。

表6-2　训练负荷强度、次数及其作用

负荷强度	次数/次	对身体的作用
<40%	>13	提升力量耐力
40%～65%	8～12	增加肌肉体积，提升速度力量
65%～85%	4～7	增加肌肉体积，提升速度力量

负荷强度	次数/次	对身体的作用
85%～95%	2～3	提升肌肉的协调性发展
>95%	1	提升肌肉的协调性发展

（3）训练持续的时间

每次训练时做动作的速度可以慢点，保证动作能够自然、流畅地完成。通常情况下，一个动作在4秒左右完成，这有利于增大肌肉体积，使肌纤维变粗，从而增大肌肉的生理横断面。

（4）训练间歇时间

每组训练完成后身体会产生一定的疲劳感，需要间歇一定的时间使身体的疲劳感消失再进行下一组的训练。通常情况下，高水平运动员经过2～3分钟即可进行下一组训练，如果学生的力量水平较低，可以稍微延长间歇时间。需要注意的是，间歇期间不能完全放松休息，停止运动，而是要做一些放松的活动和练习，这样更有利于消除疲劳，恢复体力。

2.改善肌肉协调能力的最大力量训练

（1）训练负荷强度

建议采用的训练负荷强度为人体能够承受最大负重的85%以上，这样的负荷强度能够动员更多的肌纤维单位参与训练，有利于促进和改善肌肉的协调能力。

（2）训练重复的次数与组数。

训练重复的次数与组数要能够达到训练所规定的负荷强度。通常情况下，每次训练需进行5～8组，每组1～3次，当然，运动员也可以根据自身具体情况适当地增加训练的次数与组数。

（3）训练持续的时间。

每次训练时做动作的速度要适当加快，通常情况下，一个动作在1秒左右完成。

（4）训练间歇时间。

每组训练之间的间歇时间在3分钟左右即可，不管是局部肌肉训练还是全身肌肉训练，都要保证肌肉疲劳感消失之后再进行下一组练习。同样地，间歇期间要做一些有利于肌肉恢复的放松活动。

（二）发展速度力量的训练方法

速度力量的训练可采取负重和不负重两种不同的训练方法。

1.负重训练法

（1）训练负荷强度

在负重训练法的速度力量训练中，如果负重过大就会影响速度的发展，但如果负重过小又难以达到想要获得的速度力量的效果。通常情况下，负荷强度适宜采用人最大负重的40%～70%，这种负荷强度可以同时兼顾速度和力量的发展。

（2）训练重复的次数与组数

训练重复的次数与组数要以不降低完成动作的速度为准。通常情况下，每次训练需进行3～6组，每组5～10次，如果在训练中学生的动作速度有所下降，可以减少重复的次数或者停止练习。

（3）训练间歇时间

速度力量训练间歇时间过长容易使中枢神经的兴奋度下降，这对后面的训练是十分不利的。因此，不宜安排过长的间歇时间，一般2～3分钟即可。

2.不负重训练法

利用不负重训练法进行速度力量训练，主要是采取各种形式的方法来克服自身体重进行跳跃练习，如台阶跳、跨步跳、纵跳、蛙跳等。

在进行不负重跳跃训练时，要注意保持动作的连贯性、爆发性和速度，也可将不负重跳跃训练与专项运动技术训练结合起来，这对于发展速度力量十分有效。

三、力量素质训练的注意事项

（一）力量训练要结合专项特点

在很多运动项目中，由于项目的不同其技术动作结构会有很大的区别，因此要求参加工作的肌肉群力量就不同，要求的力量素质也不同。如田径运动中的短跑项目，要求竭尽全力连续快速蹬地向前推进的力量；投掷要求竭尽全力使运动器械获得最大加速度的爆发力量；跳跃要求有良好的爆发力和弹跳能力。因此，力量训练要根据专项技术的动作结构来选择恰当的练习，以便于发展相应的肌肉群力量，提高运动成绩。另外，也可以通过肌电研究来了解主要肌群用力特点、工作方式、用力方向、关节角度等，从而确定力量训练的方法，发展专项力量素质。只有紧密结合专项特点来安排力量训练，才能收到更好的效果。

（二）训练时要集中精神

肌肉活动要依靠中枢神经系统的调节才能进行。在进行力量素质练习时，要集中精神，全神贯注，意识要跟上练习，与练习动作紧密配合、保持一致。这样，练习才能够有助于肌肉力量更好地发展。尤其是在训练期间负荷较大时，注意力应高度集中，否则容易受伤。练习时切忌嬉笑打闹，因为人在笑的时候肌肉处于放松状态，一不小心就易造成损伤。另外，为了练习安全，达到期望效果，要有自我保护意识。还要加强互相保护，尤其是在举或肩负极限重量时。

（三）呼吸方法要正确

进行力量练习时，通常采用的呼吸方法是用力时憋气，完成动作或放松时呼吸（练习前自然吸气——练习中憋气——练习后自然呼气），由于憋气可以提高练习时的力量，所以极限用力一般都是在憋气情况下进行的。憋气是指在吸气之后，紧闭声门，尽力地做呼气动作。在运动中"憋气"有利于固定胸廓，增强腰背肌的紧张程度，能够发挥人体潜在的力量。因此，极限的用力需要在憋气的状态下才能进行，虽然憋气可以提高练习的潜力，但用力憋气时，会引起胸廓内压急剧升高，迫使动脉血液循环受阻，易导致供血不足、脑缺氧，甚至发生休克。憋气后，胸内压骤降，回血量猛增，心脏负担加大，易发生窒息。以防运动中出现不良后果，需注意以下几点。

（1）对初练者，安排的极限和次极限用力的训练内容要尽可能少一些，使其在训练中学会正确地运用呼吸和调整呼吸的方法。

（2）首先，最大用力的时间较短，可以不憋气时就不要憋气；其次，重复做用力不太大的练习时，应尽量不憋气。

（3）做最大用力练习时，运用狭窄的声门进行呼气，也能达到与憋气类似的同样大的力量指标。

（4）为避免通过抽气来完成练习，开始训练时的极限和次极限用力的练习不要太多。

（5）力量练习时间短暂，吸的气并不会立即在练习中产生作用，因此完成力量练习前不应做最深的吸气。

（6）用狭窄的声带进行呼气几乎也可达到与憋气类似的效果，因此做最大用力时，可采用慢呼气来协助最大用力练习的完成。

（四）发展要全面又要有侧重点

大多数运动项目的动作技术都比较复杂，难度也很大，因此需要身体各部位许多大小不同的肌群协同工作才能良好地完成。那么，在发展不同类型的力量素质时，既要全面又要有着重，应该在全面发展的基础上针对项目特点而有所侧重。这就要求发展力量素质首先应使四肢、腰、腹、背、臀等部位的大肌肉群和主要肌肉群得到锻炼、提高，也要注意发展薄弱的小肌肉群的力量。

（五）练习前后肌肉要松紧有度

首先，力量素质训练时应使肌肉充分伸展拉长，然后再使其收缩，动作的幅度要大。这是因为肌纤维被拉长后可增大收缩的力量，又能够保持肌肉良好的弹性和收缩速度。这对力量素质训练是很重要的。

其次，力量素质训练完成后，肌肉会充血，很胀很硬。这时便要做一些与力量练习动作相反的拉长动作，或者做一些按摩、抖动，充分放松肌肉。这样做的目的是既可加快疲劳的消除，促进恢复，又可防止关节柔韧性因力量训练而下降，同时有助于保持肌肉良好的弹性和收缩速度。

（六）严格要求训练动作符合技术规格

进行力量素质训练时，每一个力量练习动作，都有技术规格要求。练习者要按照技术规格要求去操作，才能够更好地发展肌肉群的力量。如果技术动作不规范，走样，那么参与活动的肌群就会有改变，从而影响力量训练的效果。比如臂弯举动作要求身体直立，两臂贴于体侧，只依靠肘关节的充分屈伸来完成。如果练习者为了贪图省力举得重，依靠身体的前后摆动来完成动作，那么发展肱二头肌的效果要差很多，因为身体摆动时腰背肌肉、臀部和大腿后面的伸髋肌群也参与了工作。

此外，掌握正确技术动作，可以防止伤害事故的发生。比如做深蹲练习要求挺胸直腰，腰背肌收紧以固定脊柱，主要依靠膝关节的屈伸，同时也伴随着髋关节的一定屈伸来完成动作。若站不起来，腰背肌也要一直保持收紧，等待同伴的保护帮助，这样既安全且有效果。如果练习者弓腰练习，尤其是站不起来时，腰弓得更加厉害，这样就比较容易造成腰部损伤。

（七）训练负荷要循序渐进增加

大负荷是指进行力量素质训练时，训练的负荷强度和训练总量一般要用所能承受的最大负荷或接近最大负荷。采用大负荷训练能迫使肌肉进行最大收缩，可以刺激人体产生一系列的生理适应性变化，从而导致肌肉力量的增加。为了达到大负荷，训练时无疑要保持较大的强度，或者要保持较大的数量。

进行力量素质训练后，力量增长，原来的大重量负荷就逐渐改变，变为小负荷。要继续保持大负荷，就必须循序渐进增加负荷。如训练开始时某人用20千克做臂弯举，反复举8次出现疲劳。当训练一段时间后他能用20千克连续举起12次，这时就可以增加负荷至又能举起8次的重量。这样，就可使有关的肌肉群始终在大负荷状态下工作。

很多运动员采用"超负荷训练"，它是指要求肌肉完成超出平时的负荷。"超负荷训练"会引起肌肉成分，特别是肌蛋白的分解肌肉的成分重新组合，肌蛋白含量得到提高，从而使肌肉更加粗壮有力，导致超量恢复的产生。他们会不断地有目的、有计划地安排"超负荷训练"以引起超量恢复，达到迅速发展力量素质之目的。但是这种方法并不适合每个练习者，适合大多数优秀运动员，但不适合初学者或者运动能力不高的人。

（八）训练计划要科学合理

力量素质"用进废退"，所以训练计划要科学合理，不能中断，计划还要系统地进行全年甚至多年的安排。科学研究表明，力量增长快，停止训练后消退也快。力量训练一旦停止，已获得的力量将会按增长速度的1/3消退。

（九）负荷安排要合理

力量素质训练要根据每个人的身体素质和不同运动项目制订不同的训练周期计划和训练任务，负荷的安排应周期性、波浪式地变化。

力量训练课的次数也取决于这些因素：训练课的阶段和周期、训练课的主要任务、各力量素质的发展水平及训练特点，以及运动员的性别、年龄、健康状况、身体素质能力及训练水平等。其中训练水平是重要因素之一。实验证明，刚开始训练的人，每周3次课要比1~2次课或5次课的效果更好，而训练有素的运动员训练课的次数可安排得稍多一些，因为刚参加训练的人与训练有素的运动员适应性变化不同。

大肌肉群的工作能力恢复相对较慢，所以比赛前7~10天，通常训练中不安排用极限负荷进行较大部位肌肉群的练习。

在每个小周期中，要尽量使各种不同性质的力量训练交替进行。每堂课可先安排发展最大力量、速度力量的练习，最后安排发展力量耐力的练习。

（十）坚持完成最后的动作

肌电研究证明，肌肉工作越接近疲劳时，其放电量越大。这就表示肌肉在此时受到的刺激较深。这样的刺激能够促使机体发生良好的生理、生化反应，有助于超量恢复，使力量获得增长。因此，进行力量素质训练时，越是最困难的最后一两次动作，越要坚持完成。

（十一）要偏重摆动的动力性练习

发展力量素质应偏重于摆动的动力性练习，尤其要注意动作的振幅。它可使练习者获得用力感和速度感，增强技术动力力量，培养快速完成动作的能力。此外，还能改进关节的灵活性。增大动作振幅要注意结合肌肉放松和伸展练习，以使肌肉保持弹性和柔韧性。

第二节 速度素质训练的科学方法

速度素质在运动能力中占据十分重要的位置，尤其是对田径运动项目来说，具有高水平的速度素质是运动员创造优异成绩的基础。本节从速度素质训练的理论基础出发，具体阐述了速度素质训练的方法。

一、速度素质概述

（一）速度素质的概念及其分类

速度素质指的是人体或者人体的某个部位在最短的时间内完成动作的能力。按照速度素质的不同表现形式，可将速度素质细分为反应速度、动作速度和移动速度。其中，反应速度指的是人体对外界刺激作出反应的时间长短；动作速度也称为动作频率，指的是人体或人体的某个部位完成某个动作所用时间的长短；移动速度指的是人体快速发生位移的能力。这三者之间既相互联系，又存在差别。反应速度主要体现在神经活动方面，而动作速度和移动速度主要体现在肌肉活动方面。

（二）速度素质训练的目标和要点

1.速度素质训练的目标

速度素质训练的目标有以下三个：

第一，训练膝关节屈肌的离心收缩力量。

第二，减少脚掌着地的时间，提高步伐频率，发展运动员的速度力量。

第三，将脚的着地点控制在身体重心的下方，提升小腿、脚在着地时的后摆速度，从而减少着地时产生的制动力。

2.速度素质训练的要点

速度素质训练的要点有以下四个：

第一，要提升着地时小腿与脚后移的速度。

第二，减少垂直冲力与控制动力。

第三，脚支撑的时间要短，步频要快。

第四，要重视膝关节屈肌离心力量的训练，同时要改善摆腿技术。

二、速度素质训练的方法

（一）发展反应速度的方法

想要提高学生的反应速度能力，主要是利用多种信号（如口令、哨声、枪声、手势、掌声等）不断刺激学生，让学生不断地作出反应，以促进其反应速度能力的提升。

反应速度主要针对以下三个方面进行训练：

第一，视觉反应。通过让学生观察手势、物体、旗势等信号的变化和移动，作出相应的应答反应，经过不断的训练，提升学生的视觉反应能力。

第二，听觉反应。通过让学生认真听枪声、哨声、口令、击掌声等声音信号，作出相应的应答反应，经过不断训练，提升学生的听觉反应能力。

第三，综合反应。通过对学生进行先后或者同时的信号刺激（包括视觉、听觉、触觉等），使学生作出相应的应答反应，经过不断训练，提升学生的综合反应能力。

（二）发展动作速度的方法

常见的发展动作速度的方法有以下几种：

1.助力训练法

助力训练法是指在训练中给学生必要的助力帮助学生快速完成动作。例如，铅球运动员在投掷球之前最后用力的瞬间，教练会在其后给予助力，让其体会快速发力的感觉；体操运动员会在教练的助力下完成作快速摆腿振浪的练习。除此之外，在训练时借助外界的力量助力也是助力训练法，例如，短跑训练中借助下坡跑、牵引跑、顺风跑等方式进行训练。

2.速度控制训练法

速度控制训练法是通过对运动员动作速度的有效控制来提升其对动作速度的感知能力，从而提高动作速度的训练方法。例如，在一些注重表现难美性项群的训练中，其中一个或几个高难度的动作与整套动作之间适合速度比例的训练，不仅要求发挥出这几个动作的最高速度，还要重视这几个动作与整个动作的节奏配合。再如，武术运动员在进行速度训练时，先用比正常比赛相比较慢的速度进行，在训练的过程中体会用力的大小、方向和节奏等，经过训练后再用最大的速度完成动作，这种方式能够有效提升其动作速度。

3.加大动作难度训练法

在练习某一动作或技术之前，先在该动作的基础上加大阻力、加大难度进行练习，然后再恢复到正常的水平进行。这种利用前面练习对神经系统及运动系统的较高要求而形成的痕迹作用，可以有效提高动作的速度。例如，练习跑、跳时，先进行负重跑、跳练习，经过一段时间的练习之后，去掉负重恢复到平常水平进行跑、跳训练，就会感到轻松、有力。从而能够有效地提升跑、跳的动作速度。

4.变换训练法

变换训练法主要是缩小训练的时间和空间界限来完成训练的方法，通常情况下，会采用缩小训练场地的方法，加上限制训练的时间，使技术动作出现的频率增高，通过不断练习，以此来提升学生完成动作的速度。三人制的篮球赛和五人制的室内足球赛等都是变换训练法。

5.信号刺激训练法

信号刺激训练法是通过信号对学生进行刺激以提高其动作速度的方法。例如，让学生听着同步的伴奏，快速做出与伴奏节奏相一致的动作。

除此之外，肌肉随意放松的能力也直接决定着动作速度素质，因此，在对学生的动作速度素质进行训练之前，使之充分放松肌肉也是非常重要的。

（三）发展移动速度的方法

通常情况下，最常用的发展移动速度的方法有以下几种。

1.增加肌肉力量

物质运动速度的获得是力作用的结果，物理学中，在其他条件相同的情况下，质量越大，速度越快；在质量相同的情况下，作用力越大，加速度越大，移动的速度也就越快。学生的质量是一定的，因此要想提升学生的移动速度，必须致力于提升其腿部肌肉收缩的力量。常见的提升腿部力量的方法有蛙跳、单腿跳、负重半蹲、双足跳等。

2.减少内外阻力

学生要想提高移动速度，要从两个方面进行努力，一方面要努力减少来自自身体重、空气阻力、惯性、摩擦力等影响移动速度的外部阻力，另一方面要减少肌肉的黏滞性、活动关节囊的摩擦力和对抗肌对肌肉群的牵引力等影响移动速度的内部阻力。只有影响移动速度的内、外阻力减少，才能有效提升移动速度。常见的减少内外阻力的方法有控制体重、提高肌肉协调性和提高动作技术正确性等。

3.提高综合能力

移动速度素质是一种综合性能力的表现，运动员的力量素质、柔韧素质和灵敏素质都对其移动速度有一定的影响，另外，机体神经系统的灵敏性、心血管系统的功能与适应性等都会影响学生的移动速度。因此，在对学生进行移动速度素质训练时，要采用多样化的训练方法和手段，不断克服"速度障碍"，提高学生对各个动作技能之间的转换能力，从而可以有效提升学生的速度综合素质。

三、灵敏素质训练的注意事项

（一）训练方法经常改变

灵敏素质的发展与各种分析器和运动器官机能的改善有密切的关系。大学生对动作的熟练程度一旦达到对某一动作技能熟练到自动化程度时，再用该动作去发展灵敏素质的意义就不大了。为此，发展灵敏素质训练的方法应是多种多样的，并且要经常改变。这样不仅可以使人掌握多种多样的运动技能，还可以提高人体内各种分析器的功能，使大学生在体能训练中能够表现出准确定向和定时的能力。

（二）掌握部分基本动作

体能训练中运动技能的本质是条件反射，这种在大脑皮层中建立的条件反射暂时联系的数量越多，临场时及时变换动作就越迅速准确。大学生在已掌握的运动技能的基础上，可以快速形成新的应答性动作来应付突然发生的情况。

（三）把握训练最佳时机

灵敏素质是在中枢神经系统的指挥下，各种能力的综合表现。人体的神经系统发育期较早，一般在青年时期就已发育成熟，在反应能力、动作速度、平衡能力和节奏感等方面具有很大的发展潜力，这些都为发展灵敏素质提供了有利的条件。因此，应抓紧在这一时期前进行灵敏素质训练。

（四）合理安排训练时间

灵敏素质的训练在整个训练过程中都应该适当安排，并使之系统化。但训练时间不宜过长，训练重复次数不宜过多。肌体疲劳时不宜安排灵敏素质训练。有经验的教师都是根据不同训练过程的特点来安排灵敏素质的训练。

例如，随着比赛临近，技术训练比重增加，协调能力的训练相应加强；准备期以一般灵敏素质训练为主，比赛期以专项灵敏性训练为主。在一次训练课中应尽量把灵敏素质的训练安排在课的前半部分。

（五）充足训练间歇时间

足够的间歇时间可以保证氧债的偿还和肌肉中ATP能量物质的合成。但休息时间又不可过长，因为休息时间过长会使中枢神经系统的兴奋性大幅度下降，在下次训练中就会减弱对运动器官的指挥能力，使动作协调性下降、速度减慢、反应迟钝，这必然会影响训练的效果。一般来说，训练时间和休息时间的比例可控制为3∶1。

（六）结合要求进行训练

灵敏素质具有专项化的特点。经验丰富的教师会针对本专项对灵敏素质的特殊要求安排灵敏素质训练，使训练效果与专项要求相一致。例如，篮球运动中，大学生多做发展手的专项灵敏性训练，以提高手感和控球能力；足球运动中，大学生多做一些脚步移动和用脚控球的训练；体操、技巧等项目运动中，大学生多做一些移动身体方位的训练；等等。

第三节 耐力素质训练的科学方法

任何一项运动项目都对运动员的耐力素质有一定的要求。本节从耐力素质训练的理论基础出发，具体阐述了耐力素质训练的方法。

一、耐力素质概述

（一）耐力素质的概念

耐力素质是指机体在一定时间内保持特定强度负荷或动作质量的能力，是有效完成动作、对抗训练疲劳的能力。耐力素质的提高主要表现为运动员在运动中能够保持特定强度负荷或动作质量的能力持续的时间更长，因此，运动员如果想要在比赛的整个过程中都能保持特定的运动强度或者动作质量，就必须进行耐力素质训练，以保证良好的耐力素质水平。运动员在进行耐力素质训练的过程中一定会产生疲劳，而机体抗疲劳的能力也体现了运动员的耐力素质水平。

（二）耐力素质的分类

从生理学的角度对耐力素质进行分类，可以将其分为肌肉耐力和心血管耐力两大类，心血管耐力还可以继续细分，包含有氧耐力、无氧耐力以及有氧与无氧混合耐力。

（三）耐力素质训练的基本要求

1.有氧耐力与无氧耐力训练相结合

有氧耐力与无氧耐力之间存在着十分密切的联系，一方面，有氧耐力能为无氧耐力的发展提供基础，对学生进行有氧耐力训练能够有效增大学生的心脏体积，有效提升学生心脏的每搏输出量，这为无氧耐力的提升奠定了一定的基础；另一方面，在对学生进行有氧耐力训练的同时加入一些无氧耐力的训练，不仅能够改善学生呼吸系统和循环系统的功能，还能使机体输氧的能力得到提升。综上所述，在对学生进行耐力素质训练时，一定要将有氧耐力和无氧耐力的训练结合起来进行，使两者能够相互促进、相互提升。

2.掌握呼吸技术

学生掌握的呼吸技术与其有氧耐力训练的成效密切相关。呼吸的作用就是为耐力素质摄取必要的氧气，增加摄氧量。提升耐力素质主要是通过提升呼吸频率和加深呼吸深度两个方面来实现的。其中，加深呼吸深度是最有效的方式，因为只有呼吸的深度越深，才能吐出更多的二氧化碳，才能吸进更多的氧气。因此，在对运动员进行耐力素质训练时，要注重对学生呼吸技术的培养，尤其是培养学生深度呼吸和用鼻呼吸的能力。

3.体现个性化特点

每个学生的身体素质、运动水平、机能状况等都有所不同，为了使学生的耐力素质得到最大限度的发展，在耐力训练中不仅要遵循大负荷训练的原则，也要在训练过程中体现个性化特点。换句话说，就是要根据每个个体的具体情况，使用不同的耐力训练方法和手段，根据个体的实际情况为其制订个性化的训练方案。

4.注意体力的恢复

学生在进行耐力训练时一般要经历长时间的运动，这很容易使运动员产生疲劳。因此，在体能训练结束之后，一定要注意使学生恢复体力，应组织学生做各种使肌肉放松的活动，学生也可以自行采用按摩或温水浴等方式使身体得到放松，从而消除疲劳、恢复体力，另外，也要注意蛋白质、糖等能量物质的补充，这能有效地促进体力的恢复。

5.加强医务监督

耐力素质训练具有持续时间长、负荷强度大的特点，进行耐力素质训练会对学生的各器官系统都产生比较大的影响。在进行耐力训练时，如果学生的健康水平和运动能力状况不是很好，很有可能对学生的身体造成一定的伤害。因此，在对学生进行耐力训练时要加强必要的医务监督，一方面要对学生进行身体机能的评定，判断学生的状况是否适合参加耐力训练；另一方面要注意观察学生在进行耐力训练过程中的情况，如果发现异常情况应酌情降低训练的强度，减少训练的负荷量，甚至直接停止训练。

二、耐力素质训练的方法与手段

（一）持续训练法

持续训练法就是让学生在一定时间内持续不断地进行耐力训练的方法。这种训练方法在田径运动体能训练中经常用到，是准备期训练中主要采用的体能训练方法。

依据不同的运动项目的特点、训练目标、训练水平和训练任务，持续训练法的负荷强度既可以固定也可以不固定，但一般以小强度或者中强度为主。采用持续训练法进行体能训练，一般负荷持续时间不能低于30分钟，其中，高水平运动员的平均练习时间应在60~120分钟，如果是马拉松等超长距离的田径运动项目，持续训练时间应该更长。

持续训练法能够有效发展有氧耐力，提升机体的摄氧能力和输氧能力。通常情况下，持续训练的强度和负荷量不同，训练会产生不同的作用，具体如表6-3所示。

表 6-3　不同训练负荷及其产生的作用

刺激强度		练持续时间	训练产生的作用
强度	心率/（次·min⁻¹）		
小强度	120～150次/min	30～50min	调整、休整、恢复体力
中强度	150～180次/min	50～90min	提升有氧耐力
小、中强度	120～150次/min、150～180次/min	90～120min	提高承受最大负荷的能力
小、中强度	120～150次/min、150～180次/min	不能再做为止	提高力量耐力

（二）间歇训练法

在相对固定的条件下，严格按照事先规定的训练距离、训练强度、训练持续时间、训练重复次数、训练间歇时间等进行训练的方法就是间歇训练法。这种训练方法最大的特点就是对时间有严格的要求，在训练的准备期，这是一种主要的体能训练方法。

运用间歇训练法对学生进行体能训练，一般都采用积极性休息方式，即便是慢跑或走的训练，也会进行一些放松性的练习。一般情况下，间歇训练法会在学生的心率恢复到120～130次/min之后（此时体能还没有完全恢复）就会进行下一次训练，因此，间歇训练法是一种有效提升学生的耐力水平的训练方法，具体表现在以下四个方面：

第一，能够提升机体心肌收缩力能力和心脏每搏输出量。

第二，能够有效提升人体呼吸系统的功能，提升人体的最大摄氧量。

第三，对于一些运动持续时间较长而负荷相对较低的中长跑运动项目来说，采用间歇训练法进行耐力训练能够有效提高机体对糖原的有氧分解能力，提升机体的有氧耐力水平。

第四，对于一些运动持续时间较短而负荷相对较高的中距离跑或短跑项目，采用间歇训练法进行耐力训练能够有效提高有氧无氧混合耐力及无氧耐力水平。

运用间歇训练法进行耐力训练时，训练持续时间、训练强度、训练间歇时间以及训练重复次数不同，其产生的效果也有所不同，具体如表6-4所示。

表 6-4　不同类型间歇训练法的作用

训练持续时间	训练强度	训练间歇时间	训练重复次数	训练效果
8～15min	小强度	长	较少	能够提高有氧耐力

续表

训练持续时间	训练强度	训练间歇时间	训练重复次数	训练效果
8s～2min	最大强度或大强度	短	多	能够提高无氧耐力
2～8min	中等强度	中	中	能够提高混合耐力
8s～15min	大强度	短、中、长	少、中、多	能够提高专项耐力
8s～15min	中等强度	短、中、长	多	能够提高力量耐力

（三）重复训练法

在不改变动作结构和运动负荷量的前提下，按照事先规定的距离、持续时间和负荷强度重复进行训练的方法就是重复训练法。这种体能训练方法是竞赛初期主要的训练方法，具有训练强度大、训练次数少的特点。

对以无氧代谢为主的短跑耐力训练和以混合代谢为主的中等长度跑项目来说，重复训练法是一种比较好的训练方法，主要体现在以下两点：

第一，200米、400米等短跑项目对运动员速度耐力的要求较高，而通过较长的重复跑训练，能够使机体无氧代谢乳酸能系统的供能水平得到提高。

第二，800米跑项目中，无氧代谢供能的占比较高，在运动过程中氧债较大，而且会出现乳酸堆积的现象，在体能训练中，通过进行500～1500米的重复跑训练，一方面能够提升机体对氧债和乳酸堆积的耐受力，另一方面能够使无氧耐力和速度耐力得到有效提升。

运用重复训练法进行耐力训练时，训练持续时间、训练强度、训练间歇时间以及训练重复次数不同，其产生的效果也有所不同，具体如表6-5所示。

表6-5　不同类型重复训练法的作用

训练持续时间	训练强度	训练间歇时间	训练重复次数	训练效果
8～15min	最大强度、大强度	中、长	少	能够提升有氧耐力
2～100s	极限强度、最大强度	短	少	能够提升无氧耐力

（四）比赛训练法

借助比赛形式或者模拟比赛的形式对运动员的比赛能力和专项耐力进行训练的方法就是比赛训练法。比赛训练法适用于竞赛期的各个阶段，运用这种方法进行体能训练时，一定要注意以下三点：

第一，训练的时间、训练的距离、训练的负荷量、训练的强度等都要与正式比赛的形式和特点无限接近；

第二，为了提升比赛的能力，应将比赛的技术充分融于专项耐力训练之中；

第三，训练要以实战为基础，要按照为比赛确定和设计的战术进行训练，不断培养比赛的能力，为比赛积累经验。

三、耐力素质训练的注意事项

(一) 必须遵循耐力素质发展的基本原则

大学生耐力素质的发展要根据其生长发育的特点来进行，选择适宜的耐力训练手段和方法，大学生耐力素质发展的基本原则有以下内容。

1.从实战出发原则

在进行耐力训练时，必须要处理好比赛和训练之间的关系，必须把握好实战要素和训练要素之间的和谐统一。

2.适宜时机提高专门性原则

在进行常规的耐力素质训练的同时，还要掌握适宜时机进行专门性耐力训练。

3.周期性原则

科学、合理的耐力素质训练，其过程会呈现出鲜明的周期特征。

4.一致性和协调性原则

大学生的耐力训练要与取得发展耐力运动成绩要素之间形成统一的目标，做到相互协调。

5.针对性和持续性原则

大学生的耐力素质训练要有明确的目的，并具有系统连贯性。

6.循序渐进原则

在进行耐力训练时，训练负荷的增加要做到循序渐进，不能突然加大，防止运动伤害事故的发生。

7.持久训练控制原则

在发展大学生耐力素质的过程中，必须不间断和高效率地控制训练部的过程。

(二) 注意有氧、无氧耐力训练相结合

在机体代谢的过程中，机体的有氧耐力和无氧耐力之间有着密切的关系。其中，有氧耐力是无氧耐力发展的基础。通过有氧耐力练习能使心脏体积增大，每搏输出量提高，从而为无氧耐力的发展打下了坚实的基础。在发展有氧耐力过程中，合理穿插一些无氧耐力练习，可以对学生的呼吸能力和循环系统的功能进行有效的改善，在增强学生机体输送氧气能力的同时，也大大提高了学生的有氧耐力水平。由此我们可以看出，机体有氧耐力和无氧耐力之间是能够相互联系和促进。所以，在耐力练习中要注意两者的结合，至于有氧耐力练习和无氧耐力练习的比例，应视实际情况而定。

(三) 注意呼吸问题

大学生在进行耐力训练时，正确的呼吸节奏是有效摄取耐力训练时自身所需

要氧气的关键。在训练过程中，当学生进行中等负荷耐力训练时，机体的每分钟耗氧量与氧供给量之间会出现一些不平衡的现象，如果是大负荷训练，这种不平衡就会表现得更加明显。氧的摄取是通过提高呼吸频率和加深呼吸深度而实现的，大学生在耐力训练中应将加深呼吸深度为主的供氧能力作为着重培养对象同时，还应注意强调呼吸节奏与动作节奏配合的一致性，使呼吸与动作协调。

（四）注重专项特点

大学生在运动过程中，运动方法不同，其增进各种能量系统的作用也会出现差异（表6-6），在训练时必须根据项目的特点和需要，选择适合的训练内容、方法和手段，以达理想的训练效果。而同一项目的不同训练周期中，耐力训练也有着特定要求，多是按照一般耐力阶段、专项耐力基础阶段和专项耐力阶段划分来进行训练的。

表6-6　不同训练方法对增进各种能量系统的作用

训练方法	ATP-CP系统和乳酸能系统	乳酸能系统和有氧系统	有氧氧化系统
加速疾跑	92	5	5
持续快跑	2	8	90
持续慢跑	2	5	93
间歇疾跑	20	10	70
间歇训练	0-80	0-80	0-80
慢跑	/	/	100
重复跑	10	50	40
速度游戏	20	40	40
疾跑训练	90	6	4

（五）有意识地培养意志品质

大学生在耐力训练中，意志品质在其耐力素质提高的过程中起到了至关重要的作用。这是机体产生的一种心理内驱力，在身体承受运动极限的同时，用坚毅的品质作为内在驱动，而继续前行。因此，在耐力训练过程中既要注意学生承受的生理负荷，同时又要对意志品质的培养给予足够的重视。

第四节　柔韧素质训练的科学方法

运动员如果具备良好的柔韧素质，不仅能够高质量地完成技术动作，还能在一定程度上预防运动损伤。本节首先对柔韧素质的基本内容进行概述，然后对柔韧素质训练的方法做了具体阐述。

一、柔韧素质概述

（一）柔韧素质的概念

柔韧素质指的是人体各关节的活动幅度和肌肉、肌腱等软组织跨过关节的弹性与伸展能力。其中，"柔"指的是肌肉、韧带等被拉长的限度；"韧"指的是肌肉、韧带等保持被拉长长度的力量。运动员从事的运动项目不同，对柔韧素质的要求也有所不同。

（二）柔韧素质的分类

依据不同的分类依据，柔韧素质可以被分为不同的种类，依据一般分类标准，可分为一般柔韧素质和专项柔韧素质；依据外部运动状态的表现，可分为动力性柔韧素质和静力性柔韧素质；依据完成柔韧练习的动作方式进行分类，可分为主动柔韧素质和被动柔韧素质。

其中，一般柔韧素质指的是机体为了适应一般技能的发展所需具备的柔韧体能；专项柔韧素质指的是为满足专项运动技术所需具备的柔韧体能；主动柔韧素质指的是机体在运动过程中主动表现出来的柔韧水平；被动柔韧素质指的是机体在外力协助或作用下表现出来的柔韧水平。

（三）柔韧素质训练的基本要求

为了保证柔韧素质训练的效果，在进行柔韧素质训练时要遵守三点基本要求。

1.坚持经常练习

高校学生通过系统的专门的体能训练可以获得柔韧素质，但是柔韧素质不是获得之后就会永远保留的，如果停止了体能训练，那么肌肉、肌腱、韧带等已经获得的柔韧素质也会很快消退。因此，学生如果想要拥有长期性的柔韧素质，就必须经常进行体能训练，并且要循序渐进不断巩固，只有这样，才能保证柔韧素质长期保留并且不断发展。

2.兼顾相互联系的部位

柔韧训练是针对全身的训练，训练目的就是使学生的整个身体都能够协调发展，因此，在进行柔韧素质训练时，不能只针对身体的一个关节或者一个部位，要兼顾相互联系的部位。例如"体前屈"运动，虽然主要是训练腿部的柔韧性，但是其与脊柱、肩、髋部的柔韧性也是密切相关的，所以，在训练中要对这些相互联系的部位也进行训练。综上所述，在进行柔韧素质训练时，要加强主要关节和各有关关节的训练，做到有主有次，主次结合。

3.控制拉伸力度

学生在进行肌肉拉伸柔韧素质训练之前，一定要做好充分的准备活动和热身运动，这能有效地降低肌肉的黏滞性。在进行拉伸运动的过程中，要特别注意控制拉伸的力度，避免出现用力过猛、过急的现象，一旦在拉伸训练中出现紧绷感和疼痛感，应立即减轻拉伸力度或停止拉伸练习。拉伸训练应循序渐进地进行，并且在训练中应仔细观察学生的反应，以便能够及时合理地对学生拉伸力度进行调整，只有这样，才能使学生的柔韧素质得到良好的发展。

二、柔韧素质训练的方法

在对学生的柔韧素质进行训练时，最常用到的训练方法就是拉伸训练法。拉伸训练法分为动力拉伸训练法和静力拉伸训练法两种。

（一）动力拉伸训练法

以较快的速度、有节奏地多次重复同一个动作的拉伸训练方法即为动力拉伸训练法。动力拉伸训练法分为主动拉伸和被动拉伸两种方式，其中，主动拉伸是练习者依靠自身的力量主动进行拉伸，被动拉伸则是依靠同伴或其他外力被动进行拉伸。

采用动力拉伸训练法进行柔韧素质训练，能够引起肌肉的牵张反射，从而提高肌肉的伸展性和收缩性，同时，在动力拉伸训练的过程中还能使机体的血液循环得到加强，能够改善肌肉、韧带等软组织的营养，从而能够提高肌肉的弹性和动作效果。但是，使用该方法进行柔韧素质训练时，一定要注意用力不能过猛过急，动作幅度也要循序渐进逐渐增大，以免发生肌肉拉伤的情况。

（二）静力拉伸训练法

通过缓慢的动作，将肌肉、肌腱、韧带等软组织拉长到一定的长度，然后保持静止不动，使这些软组织受到持续的拉长刺激，这种拉伸训练方法就是静力拉伸训练法。运用静力拉伸训练法对学生进行柔韧素质训练时，一般拉伸的程度是将肌肉等拉伸至有酸、胀、痛感觉的位置，保持静止的时间设置在8~10秒，每次训练重复动作6~10次。

静力拉伸训练法也分为主动拉伸和被动拉伸两种方式。其中，主动拉伸指的是练习者主动靠自身的力量完成整个柔韧素质训练；被动拉伸指的是练习者在外力（同伴、器械等）的协助下完成柔韧素质训练。

静力拉伸训练法的训练强度相对较小，但是动作幅度一般都很大，对肌肉、韧带等的伸展性发展有很好的作用，而且进行静力拉伸训练时不需要专门的器材和场地，操作非常简单，因此，静力拉伸训练法是发展柔韧素质的主要训练方法。在采用静力拉伸训练法进行柔韧素质训练时，应注意以下几点：第一，动作幅度要大，要尽量拉长肌肉、韧带等软组织；第二，拉伸的力度要循序渐进，逐渐增大，最大强度以自身感觉到疼痛为止；第三，两组训练之间的间歇时间不用固定，可根据练习者的主观感觉自主确定；第四，拉伸训练时动作以快为主，但也要注意快慢结合；第五，拉伸训练的次数和组数不固定，要根据练习者自身的条件以及训练的不同阶段和不同部位进行科学的设置。

三、柔韧素质训练的注意事项

（一）做好充分的准备活动，以防运动损伤

做好充分的准备活动，有助于提高肌肉的温度，能够有效降低肌肉内部的黏滞性。进行准备活动时，运动员应当在体温逐渐升高之后，再进行柔韧素质训练，这样可以有效防止肌肉拉伤，进行柔韧素质训练时，运动员应逐步加大动作的速度、力量和幅度，且不可用力过猛。

此外，运动员在进行柔韧素质训练时还应注意训练方法的科学性，以防止肌肉拉伤的情况发生。为提高柔韧素质训练的最终效果，运动员应当防止在训练时受伤。做好充分的准备活动和放松活动，减少肌肉内部的黏滞性。教师或同伴在施加外力时要遵循循序渐进的原则，同时还要了解学生柔韧素质的发展水平，及时注意学生的训练反应，以便合理地加力与减力，从而保证柔韧素质训练取得良好的效果。

（二）训练要循序渐进、持之以恒

柔韧素质的发展需要意志力的练习。痛感强，见效慢，停止训练便有所消退。而肌肉、韧带等软组织的伸展是需要长时间坚持不懈地训练才能实现的，因此，运动员在进行柔韧素质训练时应遵循循序渐进的原则。在进行肌肉拉伸训练时可能会出现疼痛现象，在教师或同伴的帮助下进行被动性拉伸练习时应更加谨慎，且不可急于求成，以防止肌肉、韧带等软组织的拉伤。

运动员在进行一般柔韧素质训练时，每次训练课应安排一次柔韧练习。在进行保持阶段的训练时，一周的柔韧练习不得超过3次，练习量也应逐渐减少。每天用于发展柔韧素质能力的练习时间应保持在45~60分钟，一天中可安排不同时间进行训练。柔韧素质的提高需要运动员持之以恒地训练，才能达到理想的训练效果。

（三）柔韧素质训练要因项、因人而异

柔韧素质训练必须根据专项特点和练习者的具体情况安排，例如，跳跃项目的运动员主要要求腿部和髋部的柔韧性，游泳运动员主要要求踝关节和躯干的柔韧性，体操运动员主要要求肩、髋、腰、腿部的柔韧性。因此，在全面发展身体各部位柔韧性的基础上，要重点练习本专项所需的几个部位的柔韧性。另外，

练习者的具体情况不一样，在进行柔韧素质训练过程中必须区别对待，因材施教，突出针对性，这样才能使学生积极参与到柔韧素质训练中来，并有助于实现较好的训练效果。

（四）柔韧素质应与其他素质发展相结合

身体素质的发展相互之间有转移的现象，运动器官的生长发育也会影响各种身体素质之间的关系。所以，柔韧素质训练要与发展其他身体能力的训练相结合，从而使它们之间相互促进，以实现共同发展的目的。例如，力量练习能发展肌肉的收缩能力，柔韧练习能发展肌肉的伸展能力，因此，力量结合柔韧的练习对提高肌肉质量最为有效，能达到力量和柔韧的同时增长，又能保证关节灵活性的稳固。

（五）柔韧素质训练应注意外界温度与练习时间

外界温度过高或过低，都会影响到肌肉的状态和肌肉的伸展能力。一般来说，当外界温度在18T时，有利于柔韧素质的发展，因为肌肉在这个温度下，伸展能力较好，从而可以促进柔韧素质的发展。温度过高，肌肉紧张或无力都会影响其伸展能力。

一天之内在任何时间都可以进行柔韧性练习，只是效果不同。早晨柔韧性会明显地降低，所以早晨可做一些强度不大的"拉韧带"的练习。在10~18时人体表现出良好的柔韧性，此时可进行一些强度较大的柔韧性练习，值得注意的是，一天中训练时间不可过长，否则容易造成身体疲劳。

（六）柔韧素质训练后应进行放松练习

进行柔韧素质训练后，应注意结合放松练习，以使身体尽快得到恢复。在每个伸展练习后，都应做好与动作呈相反方向的放松练习，使供血供能机能加强，这样有助于伸展肌群的放松和恢复。如压腿之后做几次屈膝练习，体前屈练习之后做几次挺腹、挺胯动作，下完腰后做几次体前屈或团身抱膝动作等。

第五节　灵敏素质训练的科学方法

灵敏素质是运动技能、神经反应和各种素质的综合表现，对于每一个运动项目来说都是非常重要的素质。本节首先对灵敏素质的基本内容进行概述，然后对灵敏素质的训练方法进行具体的阐述。

一、灵敏素质概述

（一）灵敏素质的定义及分类

在运动的过程中，因各种条件突然发生变化，运动员需要迅速、准确、敏捷地改变身体运动的轨迹或者动作以适应发生的条件变化，这种能够迅速调整的能力就是灵敏素质。灵敏素质是人的各种体能素质在神经支配下的综合表现，灵敏素质体现在运动员的综合表现中。

灵敏素质分为一般灵敏素质和专项灵敏素质。其中，一般灵敏素质指的是在各种复杂动作中表现出来的适应环境变化的能力；专项灵敏素质指的是与专项技术密切相关的适应环境变化的能力。一般灵敏素质是专项灵敏素质的基础，在一般灵敏素质的基础上结合专项运动的技术战术进行训练，就会获得专项运动所需的专项灵敏素质。

（二）灵敏素质训练的影响因素和基本要求

（1）影响灵敏素质的因素

影响灵敏素质的因素有很多，其中，主要的影响因素如图6-1所示。

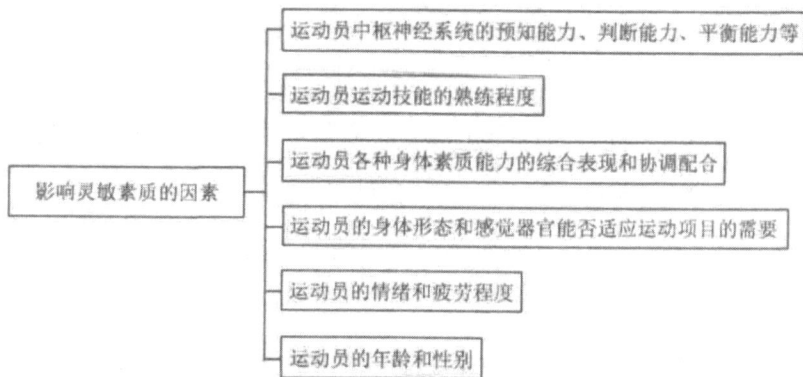

图6-1 影响灵敏素质的因素

（2）灵敏素质训练的基本要求

为了保证灵敏素质训练的效果，在对运动员进行灵敏素质训练时，要遵守三点基本要求：

第一，灵敏素质训练应结合运动员所从事的专项运动项目进行，在一般灵敏素质的基础上重点进行专项灵敏素质的训练。

第二，要选择适宜的时间进行灵敏素质训练，通常情况下，应选择运动员兴奋性高、体力和精力都十分充沛的时间进行。

第三，在进行灵敏素质训练时要注意安全，要给运动员一定的保护措施，这一方面能够消除运动员的紧张心理，另一方面能够避免在训练中发生不必要的运动损伤。

二、灵敏素质训练的方法

常用的针对灵敏素质进行训练的方法主要包括以下几种。

（一）变换训练法

变换训练法主要用在跑的训练中，要求学生在跑的过程中迅速地做出变换跑步方向、急停急起的动作或者在跑的过程中迅速准确地做出教练员所要求的技术动作。常见的变换训练法如折返跑、十字变向跑等。

（二）障碍训练法

障碍训练法是灵敏素质训练最常用的方法，主要通过在训练中为学生设置一定的障碍以提升其灵敏素质。这种训练方法一定程度上提升了训练难度，有利于激发学生的求胜欲望，提升学生的兴奋度，从而能够保证训练的效果。但需要注意的是，要科学地设置障碍，既能保证为训练增加难度，又要确保学生能够通过努力完成障碍训练，避免出现障碍难度过高学生完不成而打击学生的自信心。同时，在设置障碍时也要对安全问题进行充分考虑，避免因为不合理的障碍设置使学生产生运动损伤。

（三）多球训练法

在对从事球类项目的运动员进行灵敏素质训练时多采用多球训练法，它一方面能够提升运动员的技术战术能力，另一方面对提升运动员的灵敏素质也有很好的效果。例如，在乒乓球训练中采用发球机进行两点攻球练习，在羽毛球训练中采用一对多练习法，在篮球运动中采用一人多球运球等。

（四）游戏训练法

通过各种游戏的方式提升学生灵敏素质的训练方法就是游戏训练法。常见的提升学生反应速度和灵敏素质的游戏有以下两种。

1.打沙包游戏

将学生分为两组，一组作为射击组，分成两队站在游戏场地的两端，一组作为击打目标组，全部站在游戏场地的中央。游戏开始，射击组的两队成员轮流持沙包瞄准击打目标的下半身进行射击，而击打目标要通过灵活转身、躲避等方式躲避射击，一旦击打目标被沙包打中，就被淘汰出局，直到击打目标全部被淘汰，两组互换角色继续进行。

2.老鹰捉小鸡游戏

在学生中挑出两人，一人扮演老鹰，一人扮演母鸡，其余学生都扮演小鸡。

扮演小鸡的学生排成一列都抓住前面一个学生的腰部，然后躲在母鸡的身后，母鸡张开双臂护住身后的小鸡，老鹰则通过各种办法绕过母鸡去抓小鸡，小鸡要随着母鸡的移动而移动躲避老鹰的抓捕。

三、速度素质训练的注意事项

（一）速度素质训练的一般注意事项

速度素质的发展受多种因素的影响，为了有效地提高人体的快速运动能力，在练习中必须注意如下事项。

1.合理安排速度训练的顺序与时间

各种身体素质及运动能力之间，具有相互联系、相互促进和相互制约的关系，在发展某一素质的同时，都会或多或少、或直接或间接地引起其他素质的变化。因此，发展速度素质时应处理好同其他素质的关系，合理安排练习的顺序，使得素质间互相促进和良性转移。

速度练习中，常使用发展力量的手段来促进速度，尤其是静力性力量练习，由于动作缓慢，会降低神经过程和肌肉活动的灵活性。而速度素质要求神经过程的灵活性高，兴奋与抑制迅速转换，肌肉收缩轻松协调。因此，速度练习应放在力量练习之前进行，力量练习也应以动力性力量为主。在力量练习过程中，应交替安排一些轻松、快速的跑跳练习或一些协调性和柔韧性练习，这对发展速度素质十分必要。

速度素质练习的时间应安排在练习者身心状态最佳、精力最充沛的时候进行。因为人体疲劳后神经过程灵活性降低。兴奋与抑制的快速转换不可能建立，在这时发展速度素质效果不好。

2.速度素质训练与专项技术相结合

最近体育科学研究人员发现，速度类练习对本身练习之外动作速度发展的迁移效果较低，也就是说速度练习只是更多地局限于诱发练习动作本身的速度能力。因此，速度练习需要结合专项技术动作要求进行，具有较高的专门性。如短跑运动员的反应速度训练应着重提高听觉的反应能力，球类运动员应着重提高视觉的反应能力，体操运动员应着重提高皮肤触觉的反应能力。一般人的视、听、触觉中，触觉反应最快，听觉反应次之，视觉反应较慢。动作速度训练应与各专项的技术相结合，让运动员在速度训练中能感觉到躯干等各部位的协调配合及在空间、时间方面的速度节奏，发展专项技术所需要的动作速度的能力。

3.保证大学生体能训练的环境安全

必须保证训练环境的安全，速度训练前进行充分的准备活动，保证速度训练后的充分休息和身体恢复。当运动员进行速度练习时，如果所发出的力量以及动作频率、动作幅度超过了最大的限度，这将给运动员带来巨大的受伤危险性。速度练习中的负荷对运动员的肌肉、肌腱和韧带提出了很高的要求，因此，运动损伤发生的潜在危险性很高。运动损伤的发生主要是由于如下原因，如训练手段缺乏变化、负荷过大、在气温较低或运动员疲劳的情况下运动负荷的安排不当，或是速度训练所要求的直接准备（准备活动）不充分而引起的肌肉放松能力下降等。所以对任何速度练习来说，在比赛或训练前认真进行专门的准备活动是最基本的要求。此外，在早晨的训练时间里应该注意不要安排最大强度的速度练习。如果肌肉出现疼痛或痉挛等迹象，训练的原有负荷就应该停止。在气温较低的天气里，应当选择恰当的服装（径赛服）。还应该采用按摩和放松练习等训练手段，如果在皮肤上涂擦强力的物质来促进血液循环，必须使用经过有关医疗卫生部门批准的物质。最后，还需要在保障场地设施安全的条件下进行速度训练，注意穿透气良好、宽大的运动服和适宜的鞋袜。

4.从体能训练者的实际情况出发

训练内容的安排要充分考虑练习者训练水平和身体状态的可接受程度，在速度练习之间要保证练习者身体疲劳完全恢复。注意采用正确的技术动作和练习内容之间循序渐进的衔接顺序，先慢后快，先易后难。

人体适宜的工作状态对发展速度素质是十分必要的，其中包括神经系统的适宜状态、内脏系统的适宜状态和肌肉系统的适宜状态。这种适宜状态可以通过集中注意力和速度练习前用强度较小并保持一段时间的活动得到满足。练习者注意力集中，可使神经系统处于适宜的兴奋状态，并使肌肉保持一定的紧张度。而强度较小并保持一段时间的活动能提高中枢神经系统功能，使内脏系统与肌肉系统间形成适宜的相互关系，对改善肌肉内协调性有良好的作用。

5.速度能力与其他能力协同发展

力量特别是快速力量和柔韧性，是影响速度素质的重要因素，所以在发展速度素质中，首先要注意发展快速力量。如采用中小强度多次重复快速负重练习，使肌肉横断面和肌肉力量增大，并提高肌肉活动的灵活性。适当采用大强度练习，使肌肉用力时能够最大限度地动员更多的肌纤维同时进行收缩，提高肌肉的收缩功效。其次，柔韧性提高后可以增加力的作用范围和时间，同时能使肌肉内协调性得到改善，从而减少肌肉阻力和增大肌肉合力，最终导致运动速度的提高。

运动员整个身体或某些关节的运动速度，是实现理想运动成绩的决定性因素。而运动项目所要求的最佳运动速度经常是由于关节协同发力的结果，但是速度和力量并不同步发展。在一些速度能力起决定性作用的运动项目训练中，较早地进行技术动作的速度训练是很重要的，但是这些训练不一定必须遵照基本的技术模式。在一些项目中，速度与体能训练有密切联系，因为速度可能与耐力、力量和灵活性紧密相关。而且，速度训练还可能与复杂的技术训练有关，因为速度训练需要针对项目的专门要求来安排，此外，根据项目中所参与的有关力量、耐力和灵活性，以及项目所要求的最佳/最大速度和关节运动速度变化之间的协同配合程度的不同，这些专门要求也有所不同。

（二）各类型速度素质训练的注意事项

1.反应速度素质训练的注意事项

（1）动作熟练程度

反应速度的提高主要取决于练习者对应答信号的熟练程度。在运动中，对于动作娴熟、运用自如的练习者来说，一旦信号出现，就会即刻作出相应的应答动作。反之，则会作出迟钝的反应动作。这是由于感受器受到信号刺激，中枢神经无须再花费较长时间去沟通与运动器官的反射联系。因而，要提高反应速度的最好方法，就是反复多练。但在反复练习中，需要经常不断地变化练习刺激的时间和强度等因素，否则，便会形成反应速度的动力定型，继而发生"反应速度障碍"。

（2）集中注意力

在运动中，保持注意力集中，可使神经系统处于适宜的兴奋状态，并使肌肉收缩处在待发状态。实验证明，肌肉处在待发状态时，要比肌肉处于松弛状态的反应速度快60%左右。开展反应速度练习，肌肉紧张待发状态的时间大约为1.5秒，最长不得超过8秒。这里所说的注意力主要反映在完成的动作上，以及缩短反应潜伏期的时间。

（3）掌握多种技能

反应速度的练习，需要结合实际需要进行练习。如练习短距离起跑时，主要是练习听觉—动觉的反应速度，可采用"声"信号刺激来提高这种反应能力。又如，格斗类项目动作复杂多变，这就要求练习者能在瞬间对各种复杂多变的条件作出迅速应答反应，为了达到这一要求，可多模拟实战演练或比赛的情况。因为格斗时对方所采用的动作变化只有在激烈的对抗中才能充分地显现出来，而反击对手的应答动作是否有效，则需要在对抗中得到检验。

2.动作速度素质训练的注意事项

（1）采用的动作应是熟练掌握的

采用已熟练掌握的练习动作，可以使练习者在完成动作时，无须把精力放在如何完成动作上，而把精力集中在完成动作的速度上，以提高动作速度的练习效果。

（2）掌握好练习的间歇时间和休息方式

由于练习动作速度强度比较大，因此要求练习者须有较高的兴奋性。为了保证整个练习过程不因疲劳而降低运动的强度，并达到预定的练习效果，就需要严格掌握好练习的间歇时间和休息的方式。因为休息间歇的持续时间决定着中枢神经系统兴奋的转换和与氧债的"偿还"有密切关联的植物性功能指标的恢复。休息间歇时间一方面应该使间歇时间长到植物性功能指标能得到较全面恢复的程度；另一方面又应该短到神经兴奋不会因休息而产生本质性降低的程度。

（3）动作速度练习需要与练习项目相似

实践证明，如果采用了与练习项目或动作结构不相同的动作速度练习，所获得的动作速度不会积极地向练习项目或动作结构转移。例如，短距离跑练习可使体操跳马项目的助跑速度加快，但并不能由此而获得器械上的旋转动作速度。这是因为旋转动作速度和动作速度的练习与感受器官和运动器官缺乏一致性。动作速度仅仅是提高水平速度的平行运动，而旋转动作速度则是物体围绕一个轴或点所做的圆周运动。只有将两者有机地结合起来进行练习，才能达到预定的练习效果。例如，球类运动的反应练习可把视觉与四肢运动结合起来，格斗运动应把判断对手的动作与自己的攻防动作结合起来。通过简化条件的反复练习，既可以提高反应速度和动作速度，又可以掌握正确的技术动作，并协调速度的运用。

3.移动速度素质训练的注意事项

（1）防止和克服速度障碍

当移动速度发展到一定水平时，由于神经、肌肉系统等达到一定高峰后，在练习中积累、形成的步频、步幅、技术、节奏等就会产生相对稳定的状态或动力定型，继而出现移动速度停滞，阻碍其继续提高的现象，从而出现速度障碍。产生速度障碍的客观原因是：从运动技能形成规律上讲，技能动力定型的形成，使得练习者在已掌握技术动作的空间特征上固定下来，在时间特征上稳定下来；从技能形成的机制上讲，神经过程的灵活性对速度练习的作用比其他练习显得更为重要，而神经过程的灵活性练习难度是很大的；从能量供给上讲，肌肉收缩所需要的能量值的立方与肌肉收缩的速度成正比；从运动医学上讲，人体向前移动所克服的阻力与其前进的速度平方成正比。由此可见，产生运动障碍的主要原因是：过早地发展绝对速度，基础练习不够；技术动作不合理；训练手段片面、单调；负荷过度、恢复不当等。在练习中，防止和避免速度障碍应注意以下几点。

第一，强化运动能力，发展全面身体素质，使练习者掌握好基本技术动作，提高机体的活动能力，不要过早、过细地进行专门化的练习。

第二，发展肌肉力量和弹性，培养练习者轻松自如、准确协调地完成动作的意识。

第三，练习手段要多样化，尤其要多采用一些发展速度力量的练习手段，以变化的频率、节奏完成动作，建立起中枢神经系统灵活多样的条件反射。

第四，采用极限速度练习时，安排适中的运动负荷。在极限速度练习后，则要使肌肉得到一定的放松，这样做不仅可以尽快地恢复机体的活动能力，还可以促进纤维工作同步化和肌肉工作的协调性。

第五，采用减少外部阻力的练习。为了防止和避免速度障碍的形成，训练中可以通过变换练习方法或增加一些能够产生运动过程兴奋具有强烈刺激的练习内容。因为多次重复新的刺激能使练习者产生新的更快速度的动力定型。如减少外部阻力的下坡跑、牵引跑、顺风跑等练习。

（2）预防和克服心理障碍

心理障碍是妨碍练习者发展快速移动能力或潜力的主要因素之一。如认为对自己的成功与否难以预测，自信心较弱；消极思维导致过度紧张和焦虑，感觉提高成绩是不可能的事。要克服心理障碍应做到以下几点。

第一，要激发练习者顽强拼搏、奋勇进取的勇敢精神和坚定的信心，并设置适宜的目标。

第二，可在练习中有意识地安排一些接力跑、集体游戏等练习内容，激发练习者在练习中发挥快速移动的能力。

第三，在练习中有针对性地采用一些竞赛活动，通过斗智、较力，比速度、比技术、比成绩，激励练习者的高昂斗志和运动动机，使练习者在竞争中充分地发挥速度水平的潜力。

第四，在练习或测验、考核、比赛中，可采用"让步赛"的活动形式，即强者让出一定的优势给弱者，以促使练习者尽量地发挥最快的速度水平。

（3）注重肌肉放松的练习

肌肉的放松对速度的提高有着极为重要的作用。这是因为肌肉放松，张弛有度，能够减少肌肉本身的内阻力，增强肌肉合力，促进血液循环旺盛。生理学研究表明，当肌肉张度达到60%~80%时，严重阻碍血液流动，动作协调性严重失控，已具备的快速能力将无从发挥，而肌肉放松时，肌肉中的血流情况则大为改善，比紧张时提高15~16倍。由于血液循环旺盛，能够给予参加活动的肌肉输送大量的氧气，加快ATP再合成速度，节省能源物质，使得机体储备有限的ATP得到合理的利用，有效地增加肌肉收缩的速度。

第七章　高校竞技体能训练

第一节　竞技体能的基本概念

一、专项速度

（一）概念

专项速度是指运动员高速度完成专项动作和比赛的能力。它包括以下三种。

1.位移速度

人体在单位时间内位移的距离，即走、跑的速度。位移速度与步长、步频以及两者的比例有关；与肌肉的放松能力有关；与运动技能的巩固程度有关。

2.动作速度

人体或人体某一部分完成成套动作或某一单个动作的快慢，如起跳的蹬伸速度、肢体摆动速度、挥臂速度。动作速度也可以用在单位时间内所完成动作的数量来评定。在单位时间内完成动作数量多则动作速度快，反之则动作速度慢。

3.反应速度

人体对外界刺激的反应快慢，即运动员接受刺激后，产生应激反应的速度。反应速度还表现为运动员完成动作时，对各种动作结构、动作节奏快慢变化的控制能力和应变能力。击剑、武术、短跑等项目的运动员在瞬间变化的情况下，做出反应的快慢，是以神经传导过程的反应时为基础的。反应时短则反应速度快；反之则反应速度慢。

（二）影响因素

1.中枢神经系统灵活性的高低

中枢神经系统灵活性高的运动员，能够准确地支配肌肉的紧张和放松，完成各种动作时达到高度的协调性，保证速度的发挥。表现为灵敏性好、反应速度快。

2.肌肉专项力量和弹性

肌肉力量充足，肌肉快速收缩的能力越强，越能快速完成动作。肌肉的弹性越好，就能在肌肉收缩之前充分拉长，使其产生爆发性的收缩。肌肉的拉长越迅速、在一定范围内越长，肌肉的收缩速度就越快。

3.动作技术合理

掌握合理的技术，能最经济最合理地使肌肉参加工作，为肌肉工作创造最有利的条件，并充分发挥肌肉的工作能力，因而也就有利于速度的发挥。

二、专项力量

（一）概念

专项力量是指运动员在完成专项技术动作时使肌肉力达到高水平的能力。不同项目对力量素质的要求不同。按力量的表现形式可将专项力量分为最大力量、相对力量、速度力量和力量耐力。

1.最大力量

最大力量是指运动员以最大意志发挥尽可能大的肌肉力量，即克服最大阻力的能力。它的值主要取决于肌肉横断面的大小和肌纤维的数量，以及最大意志紧张的能力，即尽可能多地动员肌肉的运动单位参加收缩的能力。最大力量是力量的基础。发展最大力量最常用的手段是负重抗阻练习。其效果取决于负荷量和强度、重复的次数和组数、练习的持续时间以及组间的间隔时间。

2.相对力量

相对力量是指人体每千克体重所具备的力量。相对力量的大小等于最大力量（kg）与体重（kg）的比值。相对力量与最大力量成正比，与体重成反比。因此，为了发展相对力量，必须在控制体重增加的前提下，发展最大力量。相对力量对于在运动中需要克服自身体重的项目（如体操、短跑、跳跃和中长跑）及按体重分级比赛的项目（如柔道、举重、摔跤、拳击等）的运动员具有重要的意义。

3.速度力量

速度力量是指在最短时间内肌肉收缩的能力。肌肉的收缩速度是速度力量的决定因素。速度力量=力×速度，功=力×距离，功率=功/时间。从公式可见，功率的大小与功成正比，与时间成反比。在做同样大小的功时，时间越短，功率就越大。例如，在跳远和跳高的起跳中，若踏跳力量相等，脚接触踏板（地面）的时间和蹬地的时间越短，所获得的功率就越大，起跳效果也越好。功率也可以用另一个公式来表示：功率=力×速度。实际上就是指肌肉在预先拉长后，通过强有力的快速收缩而产生的瞬间功率。

速度力量是力量和速度有机结合的一种特殊力量素质，具有速度和力量的综合特征。运动员在完成动作时，所用的力量越大，时间越短，所表现的速度力量就越大。发展速度力量是在发展力量的同时，加快完成动作的节奏和频率。通常采用负重与不负重两种方法。在负重练习时，一般以运动员体重40%~60%的重量为佳。更多的是采用负重与不负重的各种专项练习，以及负重与不负重的各种跳跃练习，如"跳深"等超等长的肌肉收缩力量练习。

4.力量耐力

力量耐力是指长时间、反复地完成工作时肌肉持续收缩的能力。力量耐力的发展不仅依赖于肌肉力量的发展，还依赖于血液循环系统和呼吸系统的机能。力量耐力主要通过极限地重复中、小力量的负重抗阻练习或极限地、以负重与不负重的方式重复某一动作（专门动作）来发展。

（二）影响因素

1.肌肉力量

增加肌肉的绝对力量，对发展速度力量具有重大的意义。但是单靠增加肌肉的绝对力量，来提高动作速度，效果不是十分明显的，它必须与增加肌肉的收缩速度相结合。对田径运动员来说，需要增加肌肉的绝对力量，但最终在于提高速度力量。

2.用力的时间

大多数运动项目的用力特点，无论是在蹬地、踏跳瞬间，还是在最后用力瞬间，都要求运动员以最短的时间来完成动作。所以用力时间短是速度力量的一大特征。用力时间的长短，取决于肌肉的收缩速度的快慢。

3.合理的动作技术

掌握合理的技术就能充分地发挥肌肉的绝对力量和速度力量，完成动作效果就越好。

（三）专项力量训练应注意的问题

专门从事某一项目训练的运动员必须具有较大的基本力量潜力。尽管如此，也不能保证获得好的运动成绩，还要善于将各种力量训练的手段、方法与自身专项动作的结构、用力的时空过程、肌肉工作方式等紧密结合，创造性地进行加工改造，只有这样的力量训练才有意义。也就是说，通过力量训练提高了比赛动作的成绩。因此，在进行专项力量训练时提出以下几点要求：

（1）首先要使比赛动作的肌肉和肌肉群承受负担，得到发展。

（2）要考虑比赛动作的时空过程，要和比赛动作的整体动作结构和部分动作结构相一致。

（3）要注意克服比赛动作的阻力。例如，中长跑和游泳运动是中小阻力；举重、投掷、摔败运动是中大阻力等。

（4）训练练习的力量与速度过程要和比赛动作的要求一致。

（5）训练练习的神经肌肉工作方式应与专项动作一致。例如，自行车运动员主要是克制性工作，跳跃运动员既有克制性又有退让工作；滑雪运动员支撑主要靠静力性工作；举重、摔跤运动员既有克制性、退让性工作，还有静力性工作。

（6）训练练习的重复次数应与比赛动作的频率相适应。例如，耐力性项目的练习应采用重复次数多、重量小的练习方法；力量和快速力量性项目的练习应采用重复次数少、重量大的练习方法。

（7）训练练习的内部条件应与比赛动作一致。例如，举重项目的运动员要突出最大力量和爆发力；田径运动员应在机体恢复的条件下比赛；足球、篮球、排球、摔跤、拳击等项目的运动员在练习时必须在疲劳的状态下坚持比赛等。

（8）要考虑比赛时的心理要求。

由此可见，训练练习负荷的组成应适应比赛动作的总体要求，但也不是说每个训练练习都要完全符合比赛动作的结构。例如，训练练习卧推、深蹲、提踵是铅球运动员的一般训练手段，它们与推铅球动作的部分结构相似，可纳入专项力量训练计划之中。如果将卧推改为斜板推，使斜上推的出手角度接近推铅球时的出手角度，深蹲改为半蹲，使之接近推铅球时的下肢关节角度等等，可能对专项成绩的提高会取得更好的效果。类似的情况在游泳中也屡见不鲜，如俯卧拉改为俯卧直臂后摆，卧推改为仰卧直臂下压，使训练练习的动作结构更接近专项动作结构、用力的顺序和用力节奏等。细心的教练员可举一反三，创造出有利于专项发展的许多力量练习，促进专项成绩的提高。

根据多年训练规律和成功的经验，一般来说，距比赛较远的准备期应抓好基本力量训练，打好力量训练基础。而比赛期应抓好专项力量训练，但也不能忽视基本力量训练。对那些快速力量型项目的运动员来说，比赛期也不能忽视最大力量训练，每周至少应安排1~2次。

小周期或训练课上使训练练习与专项动作结合练习之后做一些专项动作的模仿练习很有意义。例如，田径运动员做完深蹲后再做一些专门的跑、跳投练习。

总之，一般训练练习和专项力量训练应有所区别，两者紧密相连，交替进行，最终达到全面发展运动员力量的目的。

三、专项耐力

专项耐力是指运动员长时间、高效率地进行大强度专项运动和比赛的能力。

专项耐力是运动员参加比赛所必需的体能，也是保证完成大运动负荷训练所需要的体能。它取决于运动员各器官和系统的专项训练水平，以及与专项运动相联系的生理和心理水平。运动员在疲劳的情况下，能以顽强的意志品质继续坚持训练的能力对发展专项耐力水平具有重要的作用。

不同项目的专项耐力具有不同的特点。长距离和超长距离的走、跑以及中小强度、较长时间的运动项目，以有氧耐力为主；中距离跑以及强度较大、运动负荷中等的运动项目以无氧耐力为主，有氧耐力为辅；短跑和需要快速用力的项目以无氧耐力为主；投掷、器械体操等项目以力量耐力为主。因此，在发展各个项目的专项耐力时，也应有各自不同的训练方法和与专项动作相联系的练习手段。例如，跑、跨等周期性项目发展专项耐力时常用的手段是间歇跑、重复跑、变速跑、速度耐力跑。而发展跳跃、投掷、竞技体操等非周期性项目时，专项耐力的基本训练途径是多次重复完成专项练习和专门设计的练习。训练时，应采用练习难度和负荷量大于比赛需要的练习手段来进行训练。训练达到最大疲劳为止。

四、专项灵敏

专项灵敏：是指运动员在运动中能迅速、准确、协调地改变身体运动的能力。发展专项灵敏常用方法是编排一些在动作力量和速度方面与专项相类似的练习。例如，提高反应速度和肌肉收缩频率的练习；改善肌肉放松能力和提高加速能力的练习等。

第二节　竞技体能训练计划的制订

专项体能训练、专项技术训练和竞赛心理训练是专项竞技训练的三个组成要素。在训练实践中通过它们之间的有机结合，可以使运动员的专项综合能力不断得到提高。根据运动员的整体情况和规划目标，专项体能的提高尤其需要对多年、全年、阶段的训练进行合理、详细的计划，并通过训练周和训练课等具体训练单元的实施来逐渐落实到训练实践中，使运动员的专项体能水平得到提高。

一、多年训练计划

多年训练计划是运动员多年训练过程的总体规划。由于多年训练时间跨度从两年到十几年，因此计划只是宏观的、战略的，计划内容也只能是框架式的。在制订多年训练计划时，不仅要准确地估计运动员的个人特点、年龄、身体发育、道德品质，考虑运动员的运动成绩和竞技能力水平，确定运动员的特长及发展目标，还要指出运动员训练水平方面的弱点和努力方向，并根据运动员训练达到的水平，确定每年提高运动成绩的幅度、竞技能力及身体训练水平的指标；根据主要目的，确定每年训练的主要任务和手段。其任务和手段必须以全面的身体训练原则为出发点，广泛采用促进机体良好生长发育和保证全面身体发展的练习手段。计划中将主要任务和手段按年度分配，并定出年训练量、训练时数、身体训练与技术训练比例等等，逐年加大训练的量和强度，逐年提高对运动员的身体机能水平的要求。

实践表明，运动员只有通过多年训练逐步具备了良好的身体能力，掌握了运动专项的完善技术，才能在比赛中创造优异成绩。多年训练计划的主要内容分为准备性部分（运动员基础情况分析、训练目标的确定）和指导性部分（阶段划分、各阶段任务、训练内容安排、训练指标确定）。

（一）运动员的基础情况分析

运动员的基础水平是运动训练的出发点，是对运动员基础情况的分析，是为具体训练计划的制订提供必需的信息和依据。由于运动员在年龄、形态、机能、素质及心理品质等各方面存在着差异，在制订训练计划时，必须依据运动员训练年限、发展程度、健康状况、竞技能力、运动成绩等实际情况，使运动训练的安排既能被运动员接受，又足以使运动竞技能力发生明显的变化。另外，还可通过运动员基础情况分析，确定运动员的特长并提出进一步发展专项的方向。

（二）多年训练计划的目标

训练目标是为了掌握训练全过程发展而专门设计的理想模式，是制订多年训练计划任务和评定训练效果的主要依据。训练目标是一个多层次、多指标、多阶段的系统。一个完整的训练目标一般包括专项训练的总目标、各阶段的专项成绩目标和与专项相关的竞技能力目标。

多年训练总目标的确定应根据项目特点、竞赛任务和分析运动员现实状态、竞技潜力、未来所能提供的训练条件等因素。也可以采用一些数理统计方法建立训练目标的预测公式进行预测。

（三）阶段划分和各阶段的任务

（1）多年训练各阶段的划分：阶段的划分应依据竞技状态的形成与发展、长期训练适应性的形成与发展规律，以及运动员生理、心理发育的自然规律等。例如，《全国田径教学训练大纲》将多年训练全过程分为5个阶段：儿童全面训练阶段（8~12岁），基础训练阶段（13~14岁），初级训练阶段（15~17岁），专项提高阶段（18~19岁），高级专项训练阶段等（20岁以上）。

（2）各阶段的任务：儿童全面训练阶段的主要任务是培养儿童对运动的兴趣，增强体质，促进发育，发展柔韧、协调、动作速度、速度、弹跳等运动素质，学习掌握多种活动技能，教育儿童自觉地遵守纪律，努力成为一个德、智、体全面发展的体育幼苗；基础训练阶段的主要任务是全面提高身体素质，促进发育，学习和掌握专项和多项基本技术，发展动作速度，并加强躯干肌肉的一般力量训练；初级训练阶段的主要任务是进一步全面发展各专项身体素质，发展并提高专项素质，在继续从事多项训练的基础上，进行初期的专项训练，掌握合理的专项技术，提高专项训练水平；专项训练阶段的主要任务是继续加强全面身体训练，进一步提高专项素质，巩固和完善专项技术，提高专项技能和训练水平，通过比赛提高适应能力及心理素质，学习专项理论知识；高级训练阶段的主要任务是强化各项身体素质、专项素质和专项能力，进一步完善完整技术，充分挖掘潜力，较多地参加国内外各级比赛以保持高水平的运动成绩。其他专项的阶段划分和各阶段的任务可根据项目的特点和要求进行各阶段划分和各阶段任务的制定。

（四）各阶段训练内容的比例

各阶段的一般身体训练、专项身体训练和技术训练的比例，主要取决于运动员的训练水平。因为随着运动员训练水平的提高，一般身体素质与专项成绩的相关性也随之降低，而专项身体训练和技术训练的比例随之提高。

（五）各阶段训练指标

多年训练的各个阶段都应提出相应的训练指标，即各阶段的运动成绩指标和竞技能力指标，并作为评价训练状态的依据。各阶段训练指标是以整个训练过程最终的运动成绩指标和竞技能力指标为依据，并结合不同阶段的训练任务而制订的。

在多年训练计划安排中，要科学地掌握竞技状态的发展变化规律，系统地安排各阶段训练指标，使竞技状态高峰在高级训练阶段出现。因此，各阶段训练指标应采用开始幅度较小的渐进式提高，到专项训练阶段时，训练指标提高加快，出现成绩的突变式上升，在高级训练阶段达到最高水平。

二、年度训练计划

（一）年度训练计划的分类和周期划分

年度训练计划是教练员和运动员组织实施运动训练过程最重要的文件之一。由于季节、气候和比赛安排等因素具有年度周期性规律，所以一般把年度训练作为组织多年训练的基本单位。在制订年度训练计划时，要根据运动员基本情况及其训练水平以及考虑训练场地、器材等客观条件来确定本年度训练任务和训练目标。

年度训练计划有以下3种类型：

（1）以全年为一个大训练周期的单周期训练计划，包括准备期、竞赛期和过渡期。

（2）全年分为两个大训练周期的双周期训练计划，包括两个准备期、两个比赛期和一个过渡期。

（3）在全年中设有多次比赛的年训练计划，在两次比赛的间歇期，应进行保持训练水平的训练或安排积极性休息。

准备期的主要任务是提高运动员的机能、素质、技术、心理等方面的水平，使运动员的竞技状态初步形成。准备期分为一般准备阶段和专门准备阶段一般准备阶段主要是发展一般身体素质和掌握技术，负荷逐渐增大，优先增加训练量；专门准备阶段主要是提高专项素质和技术，训练量减少，训练强度逐渐加大。

比赛期的任务是发展专项训练水平，完善专项技术，提高比赛能力，形成和保持良好的竞技状态，创造良好成绩。比赛期负荷趋势是训练量小，训练强度增至最大。

过渡期的主要任务是消除比赛所积累的疲劳，促进机体恢复。采用负荷量较小的一般身体训练或积极性休息。

（二）年度训练计划的制订

1.年度训练计划制订的依据

为了保证训练计划制订的科学性和有效性，在制订计划时，必须依据以下几点：

（1）训练目标：为了实现运动员由起始状态向目标状态的转移这一运动训练的根本任务，要选择最适宜的训练方案，来实现本年度的训练目标。

（2）起始状态：运动员训练的起始状态是运动训练过程的出发点，要根据运动员上一年度的基本情况及其训练指标的现有水平来制订本年度的训练计划。

2.运动训练的客观规律

在年度训练计划中，必须遵循运动训练的客观规律，即机体训练适应性，疲劳与超量恢复原理；训练计划的连续性与阶段性；训练过程的多变性与可控性等，以及专项运动技术、身体素质的特点和发展规律。

3.实施运动训练的客观条件

训练场地的好坏、器材的质量与数量以及营养条件、恢复条件等都是组织实施训练活动的重要物质基础，在制订计划时，必须充分考虑这些因素。

三、阶段训练计划

阶段训练计划是由同一目的的小周期联合组成的阶段性训练计划，持续时间为2~8周。在运动训练中，阶段训练计划包括引导阶段、一般准备阶段、专门准备阶段、赛前准备阶段和比赛阶段的训练。

（一）引导阶段

主要用于过渡期以后的年度训练之初。其特点是训练量和强度逐渐上升。续时间为2~3周。

（二）一般准备阶段

其目的是努力提高机体机能的总体水平，全面提高身体素质和运动技能。持续时间为4~8周。

（三）专门准备阶段

其目的是提高专项训练水平和改进专项技术，提高训练强度。持续时间为4~8周。

（四）赛前准备阶段

本阶段是准备阶段与比赛阶段之间的过渡。其目的是提高竞技状态。持续时间为3~6周。

（五）比赛阶段

本阶段是在主要比赛期间的一种训练形式。它包括为比赛打基础的小周期、直接参加比赛的小周期和恢复训练的小周期等。其目的是巩固最佳竞技状态和力争创造优异成绩。比赛阶段小周期的数量和持续时间取决于竞赛日程和比赛规模比赛阶段又包括早期比赛阶段、主要比赛阶段和获得最佳竞技状态阶段。

四、周训练计划

周计划是由数次训练课组成的，是训练过程中相对完整而又经常重复的单位。根据任务及训练内容的不同，周训练计划可分为基本训练周训练、赛前诱导周训练、比赛周训练及恢复周训练。

（一）制订周训练计划的依据

周训练计划的制订主要依据年度训练计划中的训练时期和训练阶段所规定的任务、负荷等要求，以及实现训练目标的需要和不同负荷后机体的反应和恢复状况。

（二）周训练计划的基本内容及其任务

根据训练任务和目的的不同，可把周训练分为基本训练周训练、赛前诱导周训练、比赛周训练和恢复周训练。

1.周训练的任务和要求

（1）基本训练周训练：通过负荷的改变引起新的生物适应现象，提高运动员的竞技能力。基本训练周训练又分为加量周训练和加强度周训练。在全年训练中采用得最多的周训练类型是基本训练周训练。

（2）赛前诱导周训练：使运动员的机体适应比赛的要求，把训练过程中所获得的竞技能力集中到专项上去。赛前诱导周训练主要用于比赛前的专门训练准备。

（3）比赛周训练：为运动员在各方面达到最佳竞技状态作准备，并进行最后的调整训练和参加比赛，力求创造优异成绩。比赛周训练一般以比赛日为训练周的最后一天，前数一个星期计算。

（4）恢复周训练：通过降低运动负荷和采用各种恢复措施消除运动员生理上和心理上的疲劳，以求尽快地实现能量物质的再生，促进疲劳恢复。

在周训练过程中，要求在完成主要任务的同时，要考虑训练的系统性和各训练周之间的相互关系。周训练的不同内容及不同负荷要合理交替安排，这样既能使运动员所需要的各种竞技能力得到全面综合的发展，又可避免负荷过于集中而引起过度疲劳。

2.训练的主要内容

（1）基本训练周应较多地采用发展一般身体素质和专项身体素质的训练手段。在技术训练中，采用分解和完整技术练习相结合的方法，更好地掌握和改进运动技术。训练内容广泛多样，并合理交替保持系统的持续训练。

（2）赛前诱导周训练的主要内容与基本训练周训练一样。但练习内容更加专项化，训练课的组织形式接近专项的比赛特点。一般身体素质训练的比例减少，专项身体素质训练的比例增加。在技术训练中，应增加完整练习比例，以便更有效地发展专项竞技能力。

（3）比赛周训练应把速度、力量性的训练和高强度的专项训练安排在赛前3~5天，把恢复性的有氧训练和中低强度的一般性练习安排在赛前1~3天进行，使运动员通过艰苦训练所获得的竞技能力能在比赛中得到充分的发挥。

（4）恢复周训练为一般性的身体练习。主要采用带有游戏性的各种练习，以消除运动员生理和心理上的疲劳。

3.训练负荷的安排及要求

（1）基本训练周训练负荷变化的主要特点是周训练负荷加大。因为只有加大负荷，才能引起机体更深刻的变化，产生新的生物适应。加大训练负荷有3种途径，即增加训练量，训练强度保持不变或相应地下降；提高训练强度，训练量保持不变或相应地减少；训练量和强度都要保持不变，通过负荷的累加效应给机体以更大的刺激。

（2）赛前诱导周训练负荷变化的基本特点是提高训练强度，与其相应的是训练量适当减少。如果原来量就不大，也可保持原有训练量。但要避免训练强度和量的同步增加。

（3）比赛周训练负荷的安排应主要围绕着使机体在比赛日处于最佳状态来进行。负荷的组合方式依据专项特点和运动员赛前的状态而定。一般来说，总的负荷水平不高。在比赛日之前，通常是降低或保持一定的训练强度，训练量也应减少或保持。

（4）恢复周训练负荷特点是大大降低训练强度，训练量适当保持一定的水平，或大幅度减少。

五、课时训练计划

（一）课时训练计划的内容和结构

课时训练计划是根据周训练计划规定的各个课次的训练任务，并结合当日运动员机能情况、场地器材、气候等实际情况制订的。它包括对运动员提出的完成练习内容、数量、质量的具体要求。通常一堂训练课由准备部分、基本部分和结束部分组成。准备部分是让机体逐步进入工作状态，并从心理和生理两个方面做好承受计划负荷的准备。基本部分是课的主要部分，按照训练任务及训练内容的安排顺序进行期间，运动负荷必须有一次或者几次达到高峰。结束部分要逐渐降低运动负荷量，使机体进入接近安静时的状态。

（二）课时训练计划的制订

1.制订课时训练计划的依据

课时训练计划是依据周训练计划规定的课次训练任务，结合运动员机能现状及场地气候条件制订的。

2.课时训练计划的基本内容

课时训练计划的基本内容包括课的任务和要求，课的内容和练习手段以及负荷安排等。

（1）课的任务和要求：课的主要任务是发展运动员的竞技能力。在全年训练的各个不同时期中，每次训练课的任务可以是单一的，也可以是综合的。因此，训练课可分为单一训练课和综合训练课两种。

（2）课的内容和练习手段：

第一，单一训练课。有发展力量，或耐力，或柔韧性等素质的训练课；有学习或改进技术的训练课；有检查、测验、比赛的训练课等。

第二，综合训练课有发展素质与改进技术的综合训练课；有改进不同项目技术的综合训练课；有发展各种不同素质的综合训练课。在制订课训练计划时，练习手段的选择以有效性为主要标准，并考虑系统性与多样化。

（3）课的训练负荷的安排：课的训练负荷根据所处的训练时期及任务的不同而有不同的安排。一般是身体训练课的训练量相对较大；技术训练课的训练强度较大，并保持适当的训练量；调整训练课的负荷较小。无论是哪种类型的课，都应遵守准备部分负荷量逐渐提高，基本部分运动负荷达到高峰，结束部分降低负荷量的原则。

第三节　竞技体能训练的特点及控制

一、训练负荷的强度和负荷量

训练负荷是运动员在承受一定的外部刺激时，机体在生理和心理方面所表现出来的应答反应的程度。显然，单纯的外部刺激或单纯的机体内部反应均不可能全面完整地反映运动负荷的内涵。因为同样的外部负荷对机体所产生的影响程度随机体机能状态的不同而会不同。所以，要全面地理解运动负荷，应该把外部刺激与该刺激作用下机体内部应答反应的程度相结合进行综合考虑。

运动员的任何身体活动都会引起人体产生解剖、生理和心理等方面的变化。练习量（负荷量）、练习强度（负荷强度）及练习密度等负荷因素，都会对训练效果产生影响教练员在制订训练计划时必须考虑到以上各个方面，并在不同的训练阶段根据不同的训练任务，正确地确定训练负荷的组合方式，以及应当强调哪些训练负荷因素，这样才能达到预定的运动成绩和训练目标。一般来说，赛前训练阶段以速度和力量为主的项目，应当在保持合理训练量的前提下强调训练（负荷）强度；以耐力为主的项目，应当在保持合理训练强度的前提下强调训练（负荷）量；对于要求高难技术动作的项目，则应当首先重视训练难度。

训练中各项训练负荷因素的提高，应根据运动员的整体发展情况，按比例增加。负荷量和负荷强度的增加，要在年训练周期的各个阶段和运动员多年训练的过程中整体考虑，监督调整。

（一）负荷强度

负荷强度也称为练习强度，是指单位时间或单个动作中所完成的训练量或所表现出的生理、心理负荷反应量。例如，身体练习的单个动作或运动项目的成绩都是该练习的强度或该项目的比赛强度；每次在单位时间里（10s或60s）所测的脉搏就是生理强度。

在现代训练中，负荷强度在比赛和训练安排中的地位越来越重要，训练已由20世纪50—60年代突出训练量转向突出训练强度。这是因为比赛负荷的核心是负荷强度，运动成绩就是一种最主要的强度指标，竞技比赛主要是比赛强度而不是比赛量。负荷强度从训练的过程来划分可分为瞬时强度、平均强度和最高强度；从训练的内容来划分可分为训练（练习）强度、比赛强度、技术强度和战术强度等。

为了提高或达到预期的训练效果，负荷刺激强度必须达到或超过一定的阈值水平。赫廷格研究发现，在力量训练中，低于运动员最大力量30%的强度是没有训练效果的。同样，对于以耐力为主的运动项目来说（越野滑雪、长距离跑等），能够使心肺功能的训练产生效果的最低心率阈值应达到每分钟130次。当然，这一阈值也应根据运动员的不同水平而有所差别。卡沃宁等人曾建议，这一阈值应根据安静时心率加最大心率与安静时心率之差的60%确定，即：

有效心率阈值=安静心率+（最大心率－安静心率）×60%

训练中采用较低强度训练，提高速度缓慢，但却可以保证机体的充分适应及运动成绩的稳步增长。与此相反，大强度负荷刺激的结果是成绩提高迅速，但机体的适应不稳定，成绩的提高因没有扎实的基础而呈现不稳定状态。

因此，在训练中应采用训练量与训练强度交替增加的方法，即在保持一定训练量的前提下，有计划地逐步提高训练强度。

（二）负荷量

负荷量也称练习量，是指持续身体活动的时间和练习次数（外部刺激的总量）以及机体在承受外部刺激总量时表现出的内部负荷的程度。它是达到较高训练水平的前提。负荷量主要包括训练量（在训练的时间、移动距离、练习的重复次数等）、比赛量、心理刺激量（运动员在训练和比赛中所承受的外部心理刺激的总量）、内部生理-心理量（多次测得生理-心理指标的总量，如反应时、注意力等）。

随着训练水平的提高，训练的负荷量将变得很重要。对高水平运动员来说，在训练量方面是没有捷径可走的，必须完成足够的训练量。科学而有效地增加训练量，是现代运动训练首先需要重视的问题，不断地增加训练量对于任何体能类运动项目都是十分关键的问题。同样，对于那些要求完美技术和技能的表演类运动项目也是必不可少的。因为大量的重复练习是高难度、高质量优美动作的保证，也是提高动作质量、动作稳定性和动作可靠性的保证。

如果一次训练课的量已经较大，还要增大训练负荷量时，应该增加每个训练单元中训练课的次数，而不要增加一次训练课的量。一次训练课的量过大，反而会导致疲劳，降低训练效果。

二、专项体能训练负荷的特点

（一）训练负荷的量度以及负荷量和负荷强度的辩证关系

按照训练实践的需要，至少应从以下4个方面区分不同的训练负荷。

（1）专项性程度可区分专项性负荷和非专项性负荷。

（2）所用负荷的作用，即针对提高身体素质和能力；针对发展机体不同的供能能力。

（3）根据动作的协调难度。

（4）根据负荷的数值大小，可区分不同强度水平和不同量大小的负荷。

竞技体能训练的任何负荷都包含着量和强度两方面的因素。例如，按项目的负荷量和负荷强度的对应关系（以田径专项为例），可分为以强度为主类的项目（短跑、投掷、跳跃）、以量为主类的项目（马拉松跑、长跑、竞走）和强度与量均衡类项目（中跑）。

负荷量反映负荷对机体刺激的数量特征，负荷强度反映负荷对机体的刺激深度。两者彼此依存而又相互影响。任何负荷量都是以一定的强度为条件而存在，任何负荷强度也都是以一定的量为其存在的必要基础。

（二）训练负荷内容要服从生物适应的规律

从医学角度看，训练是给机体以适当的刺激，使其产生形态上和功能上的适应现象。任何一个生物系统都处于一种动态平衡的状态之中，这种动态平衡意味着体内能量的消耗和摄入处于平衡状态，而训练就是要打破这种平衡——使之适应——再打破平衡——再适应——再打破平衡……训练水平也随之提高。

在训练中，运动员能够承受和应该承受多大的训练负荷，取决于主客观许多因素。其中，运动员的承受能力、专项竞技的需要和训练周期节奏变化是最重要的影响因素。

1.运动员的承受能力

训练可使人的机体能力得到提高，即人体机能对训练负荷产生适应。未经训练的人的动员阈（即可以随意动员的身体最大机能能力的阈值）约为本人应有的绝对最大工作能力的70%，通过训练，其动员阈可提高到90%。一般说来，少年比成年、初学者比高水平运动员、女运动员比男运动员、健康状况不好或前次负荷后疲劳尚未消除时比正常情况下的运动员的承受能力要差。

2.专项竞技的需要

按竞技能力的主导因素，各项目可分为速度力量性项目和耐力性项目。不同的项目，机体负荷的侧重点不同。从生理角度看，耐力性项目属于大、中强度的肌肉活动，供能特点是以有氧供能为主，突出的心肺功能是耐力性项目创造优异成绩的重要保证，而速度力量性项目的竞技特征是充分显示个人体能水平，运动速度快、肌肉活动强度大、动作幅度大，以无氧供能为主。

三、竞技体能训练负荷的科学控制

（一）运动负荷的科学安排与设计

科学地安排和调控运动负荷，提高运动员的竞技能力，保持良好的竞技状态是现代运动训练的根本问题。科学地安排运动负荷是运动训练的核心问题，也是现代训练理论和教练艺术的体现。

1.运动负荷的安排与设计

首先，应明确对运动员机体形成刺激的外部负荷的各种练习手段使用的定量要求，以及所使用的练习手段对机体和训练结果将产生怎样的综合效果。例如，必须将练习的次数、组数、时间、距离、速度、负荷重量、间歇时间与方式等各种负荷因素，以及场地、练习环境等综合考虑，提出合理的训练实施方案，即整体负荷方案。

同一水平的运动总负荷可以由不同的量和强度组合而成，即相同的运动负荷既可以通过突出强度控制量来实现，也可以通过突出量控制强度来实现。然而，负荷总量的组合方式不同，所产生的训练效果也不相同。

突出训练负荷量对机体的刺激较缓和，所产生的训练适应程度相对稳定，有利于延长超量恢复保持时间，但超量恢复的程度低，出现时间也较晚，对耐力性比赛项目的赛前训练有利。突出强度则对机体刺激较强烈，能较快提高机体适应水平，而且超量恢复出现较早，水平较高，但保持时间较短，不太巩固，容易消退。量与强度的这种组合方式对比赛时间较短的速度力量型项目较适合。因此，必须根据运动负荷的目的和其他多方面的因素，全面地考虑和安排运动负荷，制订负荷量与负荷强度的最佳组合方案。

在具体的设计安排中，总负荷水平相对较容易控制，但确定这一总负荷的量与强度的最佳组合方案却相当困难。量和强度的组合比例，负荷节奏的安排形式，既反映在多年、全年大周期和中周期训练的负荷安排中，也反映在小周期、周、日和每次训练课的具体安排中。

现代训练中运动负荷节奏的安排形式主要有以下几种：

（1）波浪型节奏：负荷节奏变化呈逐渐上升和逐渐下降的趋势，变化较缓和，对机体刺激不太急剧，容易恢复和适应，这种形式在任何训练阶段均可使用，尤其适合于少年儿童训练。

（2）斜线渐进型节奏：在训练过程中，负荷量呈斜线上升，多在初期或某一短期训练阶段运用（如准备期）。少年儿童时期运用较多，但上升斜率不能太大。

（3）直线稳定型节奏：在训练过程中，训练负荷量保持相对稳定，没有明显变化，一般适合于体操等项目。训练负荷量相对稳定，通过强度变化调整训练负荷的方法，是目前许多高水平田径运动员采用的方法。

（4）阶梯型节奏：负荷的增加采用平台式上升与保持方式，没有明显的下降。在一个训练周期内，训练负荷的保持与增加，可有多种形式，常用于中周期的负荷安排，尤其是比赛期的前期和准备期第二阶段。

（5）跳跃型节奏：这是现代训练中的一种有效的大强度负荷形式，多用于准备期的第二阶段（专门准备阶段）或比赛期（围绕重大比赛）。适合于高水平运动员训练，少年儿童及初期训练阶段不宜采用。主要按以下步骤进行。

第一步：负荷剧烈增大（如从65%提高到90%），目的是打破机体原有训练适应的动态平衡。

第二步：负荷剧烈下降（如从90%下降到60%），目的是使机体迅速恢复并产生明显的超量恢复。

第三步：逐步增加负荷到稍低于突然增加时的负荷水平（如从60%提高到80%），目的是使机体再一次接受逐步提高的负荷刺激。

第四步：保持一段稍低负荷水平，使机体对这一负荷产生适应。

第五步：把负荷提高到略超过突然增大时的负荷水平（如从80%重新提高到90%或90%以上），从而使机体承受负荷的能力达到一个新的水平。

2.设计和确定运动负荷方案时（量和强度）应注意的问题

（1）运动员对负荷的最大承受量。

（2）使机体产生运动性适应变化所必需的最小运动负荷。

（3）恢复后的哪个时间进行下一次负荷练习，才能取得理想的训练效果。

（4）同一外部负荷对机体造成的实际负荷水平是不同的。选择和设计外部负荷，首先要掌握运动员承受负荷后所表现的应答反应状况（脉搏、血乳酸、尿蛋白等），并根据这种反应去评价实际负荷水平的大小与合理性，及时修改负荷方案。

（5）训练负荷要具有专项性质，即比赛性训练负荷。比赛性训练负荷与专项负荷不同，是以比赛中所表现的最大负荷为依据设计的，往往低于专项比赛负荷，而高于其他专项负荷。在安排训练负荷时应注意以下几点：

第一，教练员要确定每个运动员的最佳负荷值，明确每名运动员的最高训练和比赛强度、最大负荷量、最高生理负荷值和各种不同负荷后的最佳间歇时间与间歇方式。

第二，运动训练是一个长期的、多年培养的过程，所以，必须注意运动负荷的系统性、节奏性和连贯性规律。

第三，训练中运动负荷安排的一般顺序是先增加量，后增加强度。无论是训练课的负荷安排，还是全年和阶段训练安排，一般都是负荷量首先加大，当负荷量达到一定水平后，逐步减量，同时增大强度；先增加（或先减少）一般训练负荷量，后增加（或后减少）专项训练负荷量，即增加训练负荷的方式，通常先加大一般训练负荷量，然后减量，与此同时加大专项训练负荷量；准备训练阶段先加量，后加强度，比赛训练阶段则适当减量，然后减强度，保持合理的专项强度。先安排无氧非乳酸性负荷的训练内容（如速度力量练习），后安排无氧糖酵解性负荷的训练内容（如速度耐力练习），最后安排有氧性质的负荷训练内容（如一般耐力练习）。

合理的负荷练习程序，可以充分利用负荷之间的良性迁移作用，使机体产生良性的负荷效益积累，并可预防受伤和促进机体恢复。

（二）超量负荷与应激原理

1. 超量负荷与应激原理的概念

运动负荷不能永远停留在一个水平上，要想不断提高运动成绩，就得不断地提高运动负荷水平，打破机体对原有负荷的平衡，在新的负荷水平基础上，达到新的平衡，依此循环往复，从而达到提高训练水平的目的。这就是所谓的"超量负荷原理"。超量负荷的生理学基础是应激学说。

所谓应激是指人体对外部突发性强烈刺激（生理和心理刺激）所产生的一种适应性反应。引起应激状态的外部刺激因素称为"应激源"。产生"应激状态"的重要条件是应激源的刺激必须是"超乎寻常"的，必须超过日常的量，否则就不会产生应激状态。

2. 生理机制

应激既能引起良性的应激反应和状态，也能造成非良性的应激反应和状态。训练中应根据运动员的训练水平设计超量负荷，不可过量。应激分为3个阶段：

（1）"警戒阶段"：应激刺激作用于人体前，人体处于一种戒备和防御状态。

（2）"形成阶段"：在承受应激刺激后，机体由防御转为抵抗，此阶段，机体在中枢神经系统的指挥下进行总动员，去抵抗刺激对人体的影响。具体表现为一系列神经与体液的变化，包括交感神经兴奋、肾上腺激素分泌增加以及胰岛素升高等。如果机体能承受这种刺激，并经常处于这种不超过机体承受能力的应激状态，人体就会逐渐形成对这种应激刺激的适应，导致应激水平相应提高，表现为人体适应能力的加强，体内能量储备增加，进入工作状态的速度提高。

（3）"衰竭阶段"：如果应激刺激强度过大、时间过长，机体各机能工作系统就会由积极动员状态转为衰竭消极状态，机体工作能力反而下降，并出现各种异常反应。例如，赛前长期处于紧张的应激状态而得不到调整，就会导致赛前心理状态异常，失去比赛信心和竞技状态下降，甚至会产生各种疾病。

四、专项训练负荷的测量与评定方法

（一）外部指标负荷量和负荷强度

在竞技体能的运动训练中，任何一个训练负荷都包含着负荷量和负荷强度两个方面。测量负荷量的方法，往往统计跑的距离、计算某专项技术动作的次数、累计杠铃练习的重量等。测量负荷强度往往是通过秒表、皮尺、木尺对其动作速度，或时间进行衡量。还可将运动员在最近的训练或比赛中，表现出来的最佳成绩，定为近期的最高强度。常以运动员在技术训练中连续完成动作6~8次的平均成绩，作为其近阶段的平均强度。

（二）内部指标机体的相应变化

1.生理评定

不同负荷量度对运动员机体所产生不同程度的影响可以从许多生理生化指标中得到反映，运动训练中的生理学诊断内容与指标如表7-1所示。

表7-1　运动训练中生理学诊断内容与指标

人体系统	诊断内容	常用指标
神经系统	条件反射及兴奋抑制过程	条件刺激反应物（如唾液）数量
	大脑皮质的机能	脑电
	中枢神经系统的调节	肌张力的变化
	高级神经活动的类型	类型测验（圈数法等）
	肌纤维的结构与功能	不同纤维的比例
运动系统	刺激与神经肌肉兴奋	不同肌蛋白的比例
	肌纤维的大小与数量	肌肉运动时值、肌电
循环系统	心脏功能	脉搏、每搏/每分输出量
	血管功能	心容积、心电、血压
呼吸系统	肺功能	肺内压、胸内压、肺通气量肺泡通气量、最大吸氧量
	系统运输	血红蛋白量、氧容量、运动需
		氧量、氧债、各种气体分压值

运动训练的实践要求判定的方法要迅速、简便、准确。例如，用反映心血管系统机能变化的脉搏指标来评定运动员的负荷量度是最简易而有效的生理指标。

运动后即刻所测脉搏与运动强度关系如下：

大强度 180 次/min 以上。

中等强度 150 次/min 以上。

小强度 144 次/min 以下。

运动后 5~10min 时脉搏恢复情况与运动负荷关系如下：

小运动负荷：恢复到运动前脉搏

中运动负荷：较运动前快 2~5 次/10s

大运动负荷：较运动前快 6~9 次/10s

有条件的运动队，可和医务、科研人员配合进行血液和尿液的检测。通过对血乳酸、血尿、尿胆原、尿胆红素及 RBC 的测试的分析结果来判决负荷的适宜程度。

2.心理学评定

任何心理反应都可经过人的生理变化、主观感觉、心理操作和实际活动中表现出来。因此，还可以据此判断心理反应的适宜程度。比较常用的简单易行的方法有焦虑量表、脉搏率、强度等级表等。另外，还可通过皮肤电反应、血管容积、呼吸反应、疾病状况等指标来反映运动员心理状况。

3.教育学评定

教育学评定主要由教练员进行。例如，在训练中观察了解运动员的训练欲望（强、弱），训练中的表情（吃力、正常），以及训练客观指标的完成情况（上升、下降）等。此外，运动员也应及时地与教练员交流自我感觉程度，还可以根据运动员的体重、食欲等变化情况，进行运动负荷的评定。

4.综合评定

运动负荷适宜程度的准确判定依赖于多种信息反馈和对众多信息的综合分析，任何单一的判定都可能有其局限性和片面性。因此，要从多方面对负荷的适宜程度进行综合评定。

五、专项训练负荷的调控

（一）调控依据

专项体能训练是有计划地提高人体竞技能力的体育实践活动。由于训练负荷持续提高受人体适应及恢复机制的制约，提高负荷的基本趋势并不排除各个时期的训练负荷呈各种形式的变动。因此，应根据测量、评定的结果，进行纵向和横向的综合分析并根据阶段任务，运用负荷、恢复、超量恢复的规律，采用各种调控方式，逐步加大训练负荷，促进竞技水平的提高。

（二）调控方法

1.负荷量和负荷强度组合变化的基本形式

（1）同升同降："同升"即量和强度同时增加，常用于大负荷训练。"同降"即量和强度同时下降，总负荷下降为小负荷。常用于休整性或过渡性训练。

（2）一升一降：可以"加强度减量"，总体为中等负荷，常用于比赛期训练和技术性训练；也可以"加量减强度"，总体也为中等负荷，常用于过渡期或耐力训练。

（3）一升（降）一稳定：可以"加量、稳定强度"，总体为中大负荷，常用于准备期第一阶段，或"减量、稳定强度"，总体为中小负荷，常用于赛前训练和技、战术训练；也可以"加强度、稳定量"，总体为中大负荷，常用于准备期第二阶段、比赛期、技、战术训练；或"减强度，稳定量"，总体为中小负荷，常用于比赛过渡阶段、休整期、改进技术和战术的训练。

（4）相对稳定：量和强度在一定时期都保持在一定的负荷水平上稳定不变，总体为中等负荷，常用于巩固体力、学习或巩固技术等方面。

2.随机调控负荷的方法

（1）课前：可通过观察运动员的体重变化，了解其食欲、睡眠等情况，还可运用一些生理指标获得信息。例如，中长跑教练员要求运动员每天测10s晨脉，上下浮动一次属正常，如果超过两次，表明运动员过度疲劳。教练员根据可获得的种种信息，在课前就可以调整训练负荷。

（2）课中：可通过一些教育学观察手段（如前所述）和利用一些生理生化指标对训练负荷进行调控。

第八章　高校体能训练的控制与调适

第一节　运动处方

一、运动处方的概述

运动处方是指针对个人的身体状况而制定的一种科学的、定量化的周期性的训练计划。即根据对训练者所测试的试验数据，按照其健康状况、体力情况及运动目的，用处方的形式制定适当类型、强度、时间及频度，使训练者进行有计划的周期性运动的指导性方案。这如同临床医生根据病人的病情开出不同的药物和不同的用量的处方一样，故称为运动处方。运动处方的概念最早是美国生理学家卡波维奇（Karpovich）在 20 世纪 50 年代提出的。1960 年，日本猪饲道夫教授首先使用了"运动处方（Prescribed exercise）"这一术语。1969 年，世界卫生组织（WHO）使用了"运动处方"术语，从而在国际上得到了认可。

（一）运动处方的分类

运动处方按应用的对象和目的的不同可分为三类：

1.健身运动处方

健康人进行运动处方训练，提高体适能，促进健康，预防运动缺乏病（高血压、冠心病、肥胖等）为目的。主要包括：有氧适能运动处方，肌适能运动处方和控制体重运动处方。

2.竞技运动处方

专业运动员进行运动处方训练，以提高专业运动成绩为目的。

3.康复运动处方

对患者应用运动处方以治疗和康复为目的。

（二）运动处方的作用

运动处方与普通体育训练和一般的治疗方法不同，运动处方有很强的针对性、有明确的目的、有选择、有控制的运动疗法。合理设计的运动处方对身体各个系统，均能产生积极影响，促进心肺功能的提高，降低冠状动脉疾病危险因子、降低致病率和死亡率以及其他相关效益（降低焦虑和忧郁，增加幸福感，提高工作、娱乐和运动能力），从而达到强身健体、促使心理健康的目的。

（三）运动处方的要素

运动处方的要素包括运动形式、运动强度、运动频率、持续时间和注意事项。

1.运动形式

运动处方的运动形式包括三类（表8-1）：

第一类：有氧耐力运动项目，如步行、慢跑、速度游戏、骑自行车、滑冰、越野滑雪、划船、跳绳、上楼梯及功率车、跑台运动等。

第二类：伸展体操及健身操，如广播体操、气功、武术、舞蹈及各类医疗体操和矫正体操等。

第三类：力量性训练，如自由负重练习、部分健美操等。

表8-1 有氧、无氧及混合运动项目示例

有氧运动	无氧运动	混合运动
步行	短距离全速跑	足球
慢跑	举重	橄榄球
自行车	拔河	手球
网球	跳跃项目	篮球
排球	投掷	冰球
远足	肌肉训练	间歇训练

2.运动强度

运动强度是指单位时间内的运动量（运动强度=运动量/运动时间）。运动强度是设计运动处方中最关键的部分，它是运动处方四要素中最主要的一个因素，也是运动处方定量化与科学性的核心问题。因此，需要有适当的监控来确定运动强度是否适宜，可根据训练时的心率、酶脱、主观感觉程度、最大摄氧量储备百分比进行定量化。

3.运动频率

运动频率是指每周训练的次数。有研究表明，当每周训练多于3次时，最大摄氧量的增加逐渐趋于平坦；当训练次数增加到5次以上时，最大摄氧量的提高就很小；而每周训练少于2次时，通常不引起改变。由此可见，每周训练3~4次是最适宜的频率。但由于运动效应的积蓄作用，间隔不宜超过3天。作为一般健身保健或处于退休和疗养的条件者，坚持每天训练一次当然更好，但前提条件是次日不残留疲劳，每日运动才是可取的。关键是运动习惯性或运动生活化，即个人可选择适合自己情况的训练次数，但每周最低不能少于2次。

4.持续时间

运动持续时间和运动的强度关系密切。因为当运动强度达到阈强度后，一次运动的效果是由总运动量来决定的，而总运动负荷=运动强度×运动时间，即由两者的配合来共同决定。在总运动量确定时，运动强度与运动时间成反比。运动强度较大，则运动时间较短，运动强度较小，则运动时间较长。在运动处方中，运动的形式、强度和时间可以有多种变化，在某些场合采用低强度较长时间的运动较为有效，如肥胖者的减肥；反之，在另外一些场合采用短时间高强度的运动较为有效，如训练肌肉力量。

（四）运动处方的制定程序与原则

1.运动处方的制定程序

（1）进行一般调查和填写PRA-Q筛选问卷：一般调查包括询问病史及健康状况，询问内容包括既往病史、家族病史、身高、体重等。目前的健康状况包括最近是否测过血压或血脂，结果如何，最近有否患病，如果有，详细询问诊断及治疗情况。如实填写PRA-Q问卷。通过调查和问卷初步筛选出怀疑有心血管疾病患者，可嘱咐其到医院进行运动试验复查。

（2）用12min跑等方法推测有氧适能水平。

（3）根据个人具体情况制订运动处方。

（4）对运动处方进行修改或微调，按处方活动一段时间后，根据参加者的生理反应和适应状况，再对处方做进一步的修改或调整。

（5）实施运动处方。

2.运动处方的原则

（1）因人而异的原则。要根据每一个参加训练者或病人的具体情况，制订符合个人身体客观条件及要求的运动处方。

（2）有效的原则。运动处方的制定和实施应使参加训练者或病人的功能状态有所改善。

（3）安全的原则。按运动处方，应保证安全的范围内进行，若超出安全的界限，则可能发生危险。在制定和实施处方时，应严格遵循各项规定和要求，以确保安全。

（4）全面的原则。运动处方应遵循全面发展身心健康的原则，在运动处方的制定和实施中，应注意维持人体生理和心理的平衡，以达到"全面发展身心健康"的目的。

二、运动处方的实施

按照运动处方规定的运动内容，如强度、时间和频率等进行体育训练是运动处方的实施。这种体育训练不同于学生的体育课，它更强调以个人的身体机能状况为依据，实行有针对的和周期性的身体训练。这种健身运动处方也不同于运动员竞技运动处方，它是以促进身体健康为目标，更注重身心健康，而不是强调运动竞技水平的提高。

（一）实施的阶段性

任何一次有目的的训练，都应该由三个阶段组成，即准备阶段、训练阶段和整理阶段。

1.准备阶段

通过做准备活动使身体机能由相对安静的状态过渡到适宜强度的状态。该阶段的任务是：通过准备活动提高神经中枢和肌肉的兴奋性；动员和加强心脏活动和呼吸机能，增强肌肉的血液量和供氧量；使体温适当升高，提高酶系统的活性，加快生化反应过程；使肌肉黏滞性下降，弹性增强，防止受伤，加强体内物质代谢过程，为机体进行正式训练做好准备。

准备阶段的时间一般在10min以上，根据年龄、季节和运动水平等情况可适当增减。儿童少年神经系统灵活性高，准备活动时间可少些；寒冷季节准备活动时间可少些；运动水平低的体弱者，准备活动的运动强度和运动量不宜过大，时间也可短一些；高水平的耐力型项目运动员准备活动时间可长些，有的要达到30~50min。

准备活动的量与强度应低于正式活动，活动的形式通常为先做一些伸展性的柔软体操，依次活动身体各部位关节，再做一些轻松的节律性运动，逐渐增大运动幅度和速度，使心血管及呼吸系统的机能逐渐动员，直至接近正式活动的强度。适宜的时间不宜长，约3min为好。

2.训练阶段

训练阶段是指通过实施运动处方的运动项目，使身体维持在相对较高机能状态下持续运动训练的过程。健身运动处方中的主要任务是：达到和保持适宜的负荷强度，使机体在稳定状态下持续运动所需要的时间，促使心血管、呼吸系统和有氧代谢系统等高效率工作，从而训练其机能适应能力，提高机能潜力。

适宜的负荷强度，即运动处方中设定的负荷取得要在实际运用中通过一定时间的自我反复调试和校正，才能达到较准确的程度。持续运动所需要的时间，即运动处方中设定的时间，一般应在10min以上。若是采用有间歇训练的运动类型，如球类运动等，整个持续运动的时间可长些。

3.整理阶段

整理阶段是指通过做整理活动，使身体机能由激烈的运动状态到相对安静状态的过程。整理活动是在正式运动后，逐渐降低负荷要求度，做一些较轻松的身体运动。其目的是使人体激烈的肌肉活动逐渐得到松弛，心血管和呼吸系统紧张的机能活动逐渐缓解，减轻疲劳程度，促进体力恢复。

整理活动的内容和准备活动的内容相似，但安排的顺序要颠倒，动作应较缓和、尽量使肌肉放松。最后还可以做一些拉长肌肉的运动，以利于疲劳的消除。整理活动的时间应在5min以上。

（二）实施过程中的自我监控

在运动处方的实施过程中，除了按照运动处方中设定的运动类型、符合强度、时间、间歇和重复次数等进行训练外，还应根据运动过程中和运动后身体的反应情况掌握运动量的自我检测和调节。

1.心率自我监测

首先要学会计算自己的目标心率，并能熟练地测定自己的脉搏。常在手腕桡动脉处或耳前方颞浅动脉处用手指触动脉搏次数，亦可把手放在左胸部，直接测数心跳次数。但不可在颈总动脉处测定，因为触摸颈总动脉的压力有时会引起心率明显减慢，并有可能出现心脏活动异常。通常用运动停止后即刻测得的10s钟脉搏数乘以6近似地作为运动时的每分钟心率。

2.主观强度感觉

主观强度感觉判定法是已被广泛应用的一种简易而有效的评价运动量的方法，通常以RPE表示。RPE也是介于心理和生理之间的一种指标。可以说RPE的表现形式是心理的，但反映的却是生理机能的变化。心率结合RPE值测试是最常用而简易的方法。将客观生理机能的变化与主观心理对运动的体验结合起来，可以避免单纯追求某一靶心率的盲目性。例如，某人的靶心率为150次/min，RPE值为13，而当患有轻度感染或工作劳累后，再以150次/min心率强度运动时会感到非常困难和费力，RPE值会增加，与以前的主观感觉相比较，这可能是一种前期病理症状，在这样的情况下勉强保持靶心率运动将是十分危险的。而通过RPE值的运动就正好避免了这种潜在的危险的发生。由于身体承受运动负荷的能力具有可变性，所以在运动中通过主观感觉和客观生理指标相结合进行监控较适宜。

3.自我感觉与基础指标检查

观察每次运动后疲劳的消除情况，运动量适宜的标志是：睡眠良好、次日晨起疲劳感完全消除，感觉轻松愉快，体力充沛，有运动兴趣和欲望。运动后次日基础状态测定基础心率，每分钟波动不超过3~4次；呼吸频率每分钟不超过2~3次；血压变化范围上下在10mmHg；体重减少在0.5公斤以内。如数日内有脉搏、血压明显地持续上升，或肺活量、体重等明显的持续下降，则说明运动量偏大，有疲劳积累的征兆，应及时减少运动量。

（三）健身运动处方

1.运动目的

（1）改善心肺功能，提高有氧耐力，增强体质。

（2）调节神经系统功能，尤其是调节植物神经系统功能。

（3）改善消化系统功能。

（4）促进脂肪代谢，控制体重，减肥健美。

（5）防治高血脂、高血压和动脉硬化等心血管疾病。

2.运动形式与方法

健身跑的方法很多，如走跑交替、匀速跑、间歇跑、变速跑和重复跑等。训练者根据身体情况和健康水平等进行选择。对开始从事健身跑的人，最重要的是循序渐进，持之以恒，最好采用走跑交替和匀速跑为好。

（1）走跑交替

走跑交替适合于体弱和缺乏训练的人。方法是先走100~200m，然后慢跑300~500m，重复数次。初参加训练的人，一般是走1min，跑1min，交替进行。经过一段时间训练之后，就可以缩短走的时间，直到能慢跑5~8min。以后每隔1~2周逐渐增加跑步时间和距离，每周跑3~5次。如表8-2所示。

表8-2　20min走跑交替运动方案

周次	每周跑2~4次	总时间（min）
1	跑1min+走1min，重复三min，再跑1min	7
2	跑2min+走1min，重复3次	10
3	跑2min+走1min，重复4次，再跑2min	14
4	跑3min+走1min，重复4次	16
5	跑4min+走1min，重复4次	20
6	跑5min+走1min，重复3次，再跑2min	20
7	跑6min+走1min，重复3次	21
8	跑8min+走1min，重复2次，再跑2min	20
9	跑9min+走1min，重复2次	22
10	跑20min（要求不休息地连续跑）	20

（2）匀速跑

匀速跑是在跑的过程中跑速基本保持不变、匀速地分配体力的一种跑步方式。匀速跑对中年人来说是合适的，可根据自己的体力合理地选择跑步速度，也能够比较容易地控制运动中的心率。训练者还可采用定时间或定距离的匀速跑，灵活多样，由自己来掌握。

（3）间歇跑

是慢跑和行走交替的一种过渡性运动。一般从跑30s、行走30~60s开始，逐渐增加跑步时间，以提高心脏负荷。这样反复进行10~20次，总时间12~30min，以后每两周根据体力提高情况再逐渐增加运动量。每日或隔日进行1次。如表8-3所示。

表8-3　常用间歇跑方案

周次	慢跑（s）	行走（s）	重复次数	总时间（min）	总距离 m
1	30	30	开始5次，以后每天加一次，至12次	8~12	500~800
2	60	30	开始6次，以后每天加1次，至10次	9~15	1200~2400
3	120	30	开始6次，以后每天1次，至10次	15~25	2400~4000
4	240	60	开始4次，以后加至6次	30-20	3200~4800

（4）变速跑

变速跑是采用快跑和慢跑交替进行的健身跑。变速跑的形式很多，如等距的、不等距的、直道快跑、弯道慢跑、不均匀的快跑和慢跑等。

跑步时呼吸自然，有适宜的深度。呼吸的节奏与跑的节奏相协调，采用长呼短吸方式，尽量使呼气更充分，才能使吸气加深。一般可采用单脚两步一吸、三步一呼（计左或右腿迈步落地的次数）的呼吸节奏，体力较好的人也可采用三步一吸、四步一呼。可用鼻子吸气、嘴呼气，也可采用口鼻兼用的呼吸方式。

（四）负荷强度

健身跑的负荷强度主要通过跑步的速度来反映。在训练的初期，要严格控制跑速，跑步的持续时间可逐步加长。健身跑负荷强度一般采用中等强度。负荷强度是否适宜，可用测定心率和自我感觉来掌握。通常采用的标准是：180减去年龄为适宜心率，如40岁的人运动时适宜心率为140次/min（180-40=140）左右。30~45岁身体健康而未经训练的人，心率应在每分钟140~150次。50~60岁的健康中年人在参加训练的初期，其脉搏频率一般不应超过每分钟140次。

1.运动时间

对于身体健康且经常训练者，每次持续运动时间在20~40min，至少15min。对于从未参加过运动训练或身体虚弱者，训练初期阶段每次运动时间可适当减少，待身体适应后再逐渐增加每次运动的时间，直至达到要求的限度。对于以减肥为目的的健身跑，可适当延长运动时间，一般不少于40min。

2.运动的频度

可根据个人对运动的反应和适应程度确定运动的频度，一般采用每周三次或隔日一次较好，每周运动总时间不得低于80min。

3.运动的时间带

一天中何时训练较好，应因人而异。有人认为清晨空气新鲜，习惯于早起的人多喜欢清晨跑步。现在选择晚上跑步的人也日渐增多。对于中青年人可以根据自己的生活习惯选择方便的时间，不过每次训练的时间带尽量相对固定更好。

对于中老年人运动的时间带应有所选择。人体血液流变学的日节律研究证明，血液的黏度在晚上10点以后至清晨8点呈不同程度的增高趋势，尤其是凌晨4~6点升高更明显。据统计，此时间带心脑血管意外发生率亦最高。所以避免意外，中老年人应尽量不选择清晨做较大强度的训练；要注意加强清晨训练的准备活动，不要一起床就跑步；尤其是前一天工作较紧张、睡眠不充分，或身体感觉不适的时候不要勉强训练。

（五）注意事项

1.做好充分的准备活动

跑步前要做好充分的准备活动，促进血液循环，加强肌肉的收缩功能，防止肌肉拉伤和剧烈运动开始时出现心肌缺血。长期在水泥地跑步的人要避免小腿胫骨劳损，尽量选择在草地或泥土地跑。

2.冬天跑步要注意防寒

穿衣多少要根据天气寒冷、个人抗寒能力和跑步运动量来确定，以跑时不感到太冷又不大量出汗为原则。

3.患病时要注意休息

患感冒、发热和腹泻时暂不宜跑步。妇女月经期间也应暂停健身跑训练。慢性病患者进行运动健身跑须经医生检查许可，并做好自我检查和按时去医院复查。

第二节　运动损伤及预防

体能训练可以增进健康，防治疾病，延年益寿。随着社会的发展和物质水平的提高，人们日益认识到健康的重要性，越来越多的人加入到体能训练的队伍中来。但体能训练也常有运动性损伤、运动性疾病甚至运动猝死的发生。因此，从某种意义上讲，体能训练本身是一把双刃剑，运用得好，人们受益匪浅；运用不当，适得其反。这就需要我们有科学训练的知识和实践，以指导科学有效地进行体能训练，使体能训练更好地起到促进身心健康的效果。

一、运动损伤的概论

（一）概述

运动损伤是指在体育运动过程中所发生的各种损伤。运动损伤造成的影响是十分严重的，不仅可使体能训练者不能参加正常的训练，而且严重者还可使人残疾、死亡，给人们带来极坏的生理、心理影响，妨碍体能训练的正常开展。因此，我们必须了解运动损伤发生的原因、特点、规律，采取针对性的防治措施，把运动损伤发生率及其危害降到最低限度。

（二）运动损伤的分类

运动损伤分类方法很多，现介绍几种：

1.按伤后皮肤或黏膜完整与否分类

（1）开放性损伤。即伤处皮肤或黏膜的完整性遭到破坏，有伤口与外界相通。如擦伤、刺伤、切伤及撕裂伤等。

（2）闭合性损伤。即伤处皮肤或黏膜无破损，没有伤口与外界相通，如挫伤、肌肉拉伤及关节韧带损伤等。

2.按伤后病程的阶段性分类

（1）急性损伤。指一瞬间遭到直接暴力或间接暴力造成的损伤，如肌肉拉伤、关节韧带扭伤等。

（2）慢性损伤。指局部过度负荷，多次微细损伤积累而成的损伤，或由于急性损伤处理不当转化来的陈旧性损伤，如肩袖损伤、髌骨软骨软化症等。

3.按受伤的组织结构分类

损伤何种组织及为何损伤，如肌肉韧带的扭伤、挫伤、四肢骨折、颅骨骨折、脊椎骨折、关节脱位、脑震荡、内脏破裂、烧伤、冻伤等。其中以肌肉、筋膜伤、肌腱腱鞘、韧带和关节囊伤最多，其次是肩袖损伤、半月板撕裂和髌骨软骨病。

4.按运动能力丧失的程度分类

（1）轻度伤。受伤后能按训练计划进行练习者。

（2）中度伤。受伤后不能按训练计划进行练习，需停止患部练习或减少患部活动者。

（3）重度伤。完全不能训练者。

5.按损伤与运动技术和训练的关系分类

（1）运动技术伤

其发生与运动技术及运动项目密切相关，其中有的是急性伤，如肱骨投掷骨折、跟腱断裂等，但多数属过劳伤，是慢性微细损伤逐渐积累而成的，如足球踝、网球肘等。

（2）非运动技术伤。即与运动技术无关的意外伤

此外，根据病因，又可分为原发性损伤和继发性损伤；根据伤情轻重，又可分为轻伤、中等伤、重伤等。

（三）运动损伤的发生规律

体育训练者如掌握了运动损伤的发病规律，就可采取适当的预防措施，从而降低运动损伤的发生率，对预防与治疗运动损伤有重大的意义。运动损伤的发生可因运动项目的不同而不同，有一定规律：运动损伤的发生与专项技术要求密切相关，而不同的运动项目又各有其不同的损伤好发部位及专项多发病。如：篮球运动最易伤膝（髌骨软骨病、半月板及侧副韧带损伤）、踝（韧带扭伤）；体操运动易伤腰（腰部肌肉筋膜炎、棘突骨膜炎及椎板骨折等）、肩（肩袖损伤及肱二头肌长头肌腱腱鞘炎）、膝（髌骨软骨病及半月板损伤）、腕（伸屈肌腱腱鞘炎）；跨栏运动易伤大腿后群肌肉；投掷运动易伤肩（肩袖损伤等）、肘（肘内侧副韧带损伤及骨关节病等）、腰（腰肌肉筋膜炎）及膝（髌骨软骨病等）等。之所以不同运动项目会发生身体不同部位的损伤，主要是由运动项目的特殊技术要求和运动员身体某部位存在的解剖生理弱点这两个潜在因素所决定的。当这两个因素由于某种原因同时起作用时，极易发生运动损伤。如：体操运动员易出现肩袖损伤，这主要是由于吊环、高低杠的各种悬吊及大幅度转肩动作的特殊要求所造成的。而肩关节本身肩盂小，肱骨头大，要完成大范围的回转动作而不发生脱臼，主要是依靠肩袖肌腱的固定作用，因而肩袖在完成这些动作时负荷最重，成了易伤的弱点。又由于它在肱骨大结节的附着点在抬肩时与肩峰经常摩擦，因此一旦活动过多、范围过大就易引起肩袖损伤。

（四）运动损伤的原因

1.思想上不够重视

运动损伤的发生往往与体能训练者、教练员对预防运动损伤意义认识不足有关，由于缺乏运动损伤的基本知识，以及平时不注意对体能训练者进行安全教育。在训练中，未积极采取各种行之有效的预防及保护措施，而发生运动损伤后又不认真分析原因，总结经验，从而导致运动损伤时常发生。

2.训练安排不合理

（1）准备活动不当。准备活动的目的是使神经系统、运动系统和内脏器官充分动员，以适应正式运动的需要，而如果未做准备活动或准备活动不充分，都将使肌肉的力量、弹性和伸展性不够而致伤。其次如准备活动量过大、准备活动与

专项运动结合得不好或未作专项准备活动，及准备活动未遵守循序渐进的原则等都容易受伤。

（2）未遵守科学的训练原则。科学的训练原则，就是严格遵循训练的客观规律，按照机体负荷大小与应激程度的适应性规律，合理安排训练计划。主要包括系统性和循序渐进原则，个别对待和巩固性原则，自觉性和积极性原则，等等。目前最常见的错误是不顾年龄大小、性别差异、训练程度好坏及伤病情况等，盲目采用大运动量或单打一的训练方法，严重违反机体对负荷的适应性规律，致使许多体能训练者因此受伤而中止训练，这不能不引起重视。

3.技术动作错误

技术动作的错误，违反了人体结构功能的特点及运动时的力学原理而造成损伤，这是初参加体能训练的人或学习新动作时发生损伤的主要原因。例如，做前滚翻时，因头部不正而引起颈部扭伤；排球传接球时，因手形不正确而引起手指扭挫伤；投掷手榴弹时，在上臂外展90°、屈肘90°（甚至肘关节低于肩关节）的错误姿势下出手，引起肩臂肌肉拉伤，甚至发生肱骨骨折等。

4.体能训练者自身状态不良

包括生理机能和心理状态，前者如睡眠不好，疲劳患病或伤病初愈等均可使体能训练者力量及动作协调性下降，注意力不集中，从而导致技术上的错误而致伤；后者如心情不愉快，恐惧、胆怯或急躁情绪等都容易发生运动损伤。

5.场地、器材、服装不符合卫生要求

运动场地不平，有小碎石或杂物；跑道太硬或太滑；沙坑没掘松或有小石，坑沿高出地面，踏跳板与地面不平齐；器械维护不良或年久失修，表面不光滑或有裂缝；器械安装不牢固或安放位置不妥当，器械的高低、大小或重量不符合训练者的年龄、性别特点，缺乏必要的防护用具（如护腕、护踝、护腰等）；运动时的服装和鞋袜不符合训练卫生要求等。此外，环境因素，如海拔过高、缺氧、阴暗天气光线不足、高温或寒冷潮湿等，都会影响体能训练者的健康而造成损伤。同时，运动员动作粗野，不遵守运动规则，也是造成损伤的重要原因之一。

（五）运动损伤的应急措施

如果在体育训练中不幸受伤，请记住有一个可以帮助你的英文单词RICE（m）。它实际上代表着：R——制动，I——冷敷，C——加压包扎，E——抬高患肢。当运动损伤发生的时候，发生损伤的部位就会出现疼痛、肿胀、炎症反应等状况。为防止这些症状的加重所采取的应急措施手段称为"应急处理"。应急处理也被称为"RICE原则"，包括以下四个方面：

1.制动（REST）

制动对于骨骼肌的损伤来说是不可缺少的。制动主要是立即停止运动，让患部处于不动的状态。运动终止后的制动可以控制肿胀和炎症，可以把出血控制在最小的限度内。然后用石膏、拐杖或者支架把处置过的患部固定住。受伤后固定两三天，不仅可防止并发症的发生，而且，对治疗也有一定的帮助。如果过早地活动患部，不仅会出现出血等症状，还可能使其机能损伤进一步加重，恢复时间延长。

2.冷敷（ICE）

冷敷在应急处置过程中是效果最为明显的。因为冷敷既可以减轻疼痛和痉挛，减少酶的活性因子，同时又可以减少机体组织坏疽的产生，在受伤后4~6h内所产生的肿胀也会得到一定程度的控制。冷敷还可以使血液的黏度增加，毛细血管的浸透性变少，减少或限制流向患部的血流量。

3.加压（COMPRESSION）

在几乎所有的急性损伤中都采用加压包扎的方法，加压包扎可使患部内出血及淤血现象减轻，还可以防止浸出的体液渗入到组织内部，并能促进其吸收。加压包扎有很多方法，可以把浸水的弹力绷带放进冷冻室，这样可同时起到冷敷和加压的作用。还可以使用毛巾及海绵橡胶做的垫子来进行加压包扎。例如，踝关节扭伤时，可以用U字形的海绵橡胶垫子套在踝关节上，然后用胶布或弹力绷带固定。采用以上的加压包扎可以防止和减轻踝关节周围的浮肿。冷敷是间断性的，而加压则在一天中都可以连续使用。

4.抬高（ELEVATION）

抬高是把患部提高到比心脏高的位置。同冷敷、加压一样，抬高对减轻内出血也是非常有作用的。它不仅可以减轻通向损伤部位的血液及来自体液的压力，以促进静脉的回流，患部的肿胀及淤血也会因此而得到相应的减轻。

RICE的顺序：

A：停止运动、保持不动。特别是不要让受伤的部位活动。

B：掌握了解受伤的程度。

C：在患部敷上冰袋。

D：用弹力绷带将冰袋固定住。

E：把患部举到比心脏高的位置。

F：感觉消失或者是经过20min把冰袋拿掉。

G：使用海绵橡胶垫子和弹力绷带作加压包扎。

H：根据损伤的程度，每1~1.5h用冰袋进行冷敷，直到患部的疼痛得到缓解为止。

I：睡觉时把弹力绷带拆去。

J：睡觉时也要把患部举到比心脏高的位置。

K：次日清晨开始重新进行一次 RICE 处置。

二、运动损伤的预防

参加体育训练的目的是增强体能，促进身心健康，而运动损伤的发生往往会使训练者的身心都受到一定的损害，因此，防患于未然就显得特别重要。训练者应采取一些运动损伤的预防措施，从而使体能训练健康、安全而富有成效。

（一）运动损伤的预防重点

运动损伤的种类很多，各个运动项目对人体各部位的运动伤害各不相同。根据国内有关资料显示，运动员总的来说是小损伤多、慢性多、严重及急性者少。多是由于运动量安排不当造成局部过劳，最终导致过劳伤。因此，应注意对急性损伤作及时而正确的处理，并科学地安排运动量，以防各种组织劳损的发生。在一般的学校体育运动中，训练者运动损伤的发生情况与运动员有相似之处，但也有较大差异。在体育课和课外活动中，学生急性损伤者相对较多，而劳损者较少。因此，要特别注意急性损伤的预防。此外，学生训练时关节扭伤的发生率也较高，尤其以掌指关节及踝关节扭伤最为多见。因此，应注意手指及足踝关节的扭伤。

（二）运动损伤的预防原则及基本方法

一般来说，在体育训练中运动损伤的预防应做好以下几个方面的工作：

1.思想上要给予重视

在体能训练中，要认真贯彻以预防为主、安全第一的方针，加强对预防运动损伤意义的认识，并遵守体育训练的一般原则，同时，要加强身体的全面训练，提高机体对运动的适应能力。

2.调节身体处于良好的运动状态

（1）训练前应做好充分的准备活动。准备活动不但能使基础体温升高、肌肉深部的血液循环增加、肌肉的应激性提高和关节柔软性增强等，也能减少训练前的紧张感和压力感，这在很大程度上可以预防损伤的发生。

（2）训练后应注意放松活动。放松活动是指在训练后通过放松方法使体温、心率、呼吸、肌肉的应激反应恢复到训练前的正常水平。从预防损伤的角度来看，这同训练前的准备活动一样重要。根据不同的运动项目进行针对性的放松，可以防止训练后出现的肌肉酸痛，这有助于解除精神压力。

（3）加强医务监督工作。体能训练者应定期进行体格检查，尤其伤病检查，如训练者患有先天畸形，畸形部位又是该项目负担较重的部位，则不宜从事该项目的训练，如腰椎先天畸形不宜从事体操、举重等腰部负荷较大的项目，髌骨软骨病等不宜从事跑跳项目等。同时在体能训练中应进行定期普查，重点检查易伤部位，早期发现各种劳损性损伤，以便给予及时处理及合理安排训练。体能训练者还必须加强自我监督，了解和懂得初步处理训练后肌肉酸痛、关节不适的方法。肌肉酸痛的早期可做温水浴、物理疗法或自然按摩。如果疼痛继续或者加重，应去医疗机构进行诊断治疗，同时训练中应密切注意自己的身体反应，及早发现运动损伤的早期症状，以便于早发现、早治疗、早康复。

3.创造训练的安全环境

体育器具、设备、场地等在训练前都应进行严格的安全检查，例如，参加网球训练时，球拍的重量、捏柄的粗细、网拍绳子的弹力应该适合训练者个人的情况；女性的项链、耳环等锐利物品在训练时应暂时不佩戴；训练者应根据运动的项目、脚的大小、足弓的高低选择一双弹性好的鞋子。

4.注意科学训练

科学训练包括五大要素，即全面性、渐进性、个别性、反复性、意识性，前三个要素对预防损伤较为重要。全面性是指训练者应对体能进行全面训练，而不是单纯针对某一特定动作的反复练习；渐进性是指训练者应逐步提高运动负荷和增加训练时间，以防机体一时不能适应而导致运动损伤。个别性是指训练必须因人而异。性别、年龄、体力、技术熟练程度不同，活动量和方法也应不同？

5.加强易伤部位训练

加强易伤部位和相对较弱部位的训练，提高它们的功能，是预防运动损伤的一种积极手段。例如，为了预防腰部损伤，应加强腰腹肌的训练，提高腰腹肌的力量，并增强其协调性和拮抗的平衡性。

三、运动损伤的急救

运动损伤的急救，是在运动现场对伤员采取迅速合理的急救方法，其目的是保护伤病员的生命安全、避免再度伤害、减轻伤病员痛苦、预防并发症，并为伤病员的转运和进一步治疗创造条件。因此，无论何种急性损伤，做好现场急救都是十分重要的。

（一）休克

1.原因

休克是机体受到各种有害因素的强烈侵袭而导致有效循环血量锐减，主要器官组织血液灌流不足所引起的严重全身性综合征。运动损伤中并发的休克主要是创伤性休克，多为严重创伤引起的剧烈疼痛，如多发性骨折、睾丸挫损、脊髓损伤等；其次为出血性休克，由于损伤引起急剧体内外出血，造成大量失血、失血浆、失液均可导致循环血量减少而发生休克。如，腹部挫伤致肝脾破裂的内出血，股骨骨折合并大动脉的外出血等。

2.急救

对于休克病人要尽早进行急救。应迅速使病人平卧、安静休息。患者的体位一般采取头和躯干部抬高约10°，下肢抬高约20°的体位，这样可增加回心血量并改善脑部血流状况。松解衣物，保持呼吸道畅通，清除口中分泌物或异物，对病人要保暖，但不能过热。在炎热的环境下则要注意防暑降温，同时尽量不要搬动病人；若伤员昏迷，头应侧偏，并将舌头牵出口外，必要时要吸氧和行口对口人工呼吸，并针刺或掐点人中、百会、合谷、内关、涌泉、足三里等穴。与此同时，应积极去除病因，如由于大量出血引起的休克，应立即采取有效的方法止血；由于外伤，骨折等剧烈疼痛所引起的休克，应给予镇痛剂和镇静剂，以减少伤员痛苦，防止加重休克；骨折者应就地上夹板固定伤肢。要注意的是：在急救的同时，应迅速请医生或及时送医院处理。

（二）人工呼吸和胸外心脏按压

当人体受到意外的严重损伤，如外伤性休克、溺水等，均可能导致呼吸和心跳骤然停止，此时如不及时抢救，伤员就会有生命危险，现场急救的最重要手段就是人工呼吸和胸外心脏按压。

1.人工呼吸

任何能使空气（氧）输入肺叶的措施，都能基本上起到人工呼吸的作用。而适应于受伤现场采用的人工呼吸方法中，口对口呼气法最好。

（1）方法：伤员仰卧位，松开其领口，裤带和胸腹部衣服，头部尽量后仰，将口打开，尽快清除其口腔内的异物或分泌物，如有义齿应取出，有舌后坠，则将其拉出。急救者一手虎口托起病人下颌，另一手将病人鼻孔捏闭，以免漏气，然后深吸一口气，紧贴病人口部用力吹入，使其胸部上抬吹毕立即松开鼻孔，让胸廓及肺部自行回缩而将气排出，如此反复进行，每分钟吹气16~18次（儿童20~24次）。

（2）有效指示：第一，吹气时胸廓扩张上抬；第二，在吹气过程中听到肺泡呼吸音。

2.胸外心脏按压

一般只要伤员意识丧失，颈动脉或股动脉搏动消失，或心前区心音消失，即可诊断为心脏骤停。此时，首选方法应是胸外心脏按压。此法可通过按压胸骨下端而间接压迫心脏，使血液流入大动脉，建立有效的大小循环，为心脏自主节律的恢复创造条件。

（1）方法：置病人于仰卧位，背部必须有坚实物体（木板、地板、水泥地等）的支持。操作者立（或跪）于病人一侧，又或骑跪于病人髋部，两手掌伸开并彼此交叉重叠，以掌根部按在伤员胸骨中下 1/3 处，肘关节伸直借体重将胸骨下段压向脊柱，使胸骨下段及其相连的肋软骨下陷 3~4 厘米，间接压迫心脏，压后迅即将手放松，使胸骨自行弹回原位，如此反复操作。以每分钟挤压 60~80 次为宜，儿童可稍快，可增至每分钟 100 次左右。

（2）有效指标：①按压时在颈，股动脉处应摸到搏动。②面色、口唇、指甲床及皮肤等色泽转红。③扩大的瞳孔再度缩小。④呼吸改善或出现自主呼吸。只要有前 1~2 项有效指标出现，心脏按压就应坚持下去。

无论是呼吸骤停或心脏骤停，或呼吸与心跳均骤停，在进行现场急救的同时，都应迅速派人请医生来处理。

（三）止血

正常情况下，血液只存在于心脏、血管内，如果血液从血管或心腔流出到组织间隙、体腔或体表，称为出血。正常健康成人血液总量约为自身体重的 7%-8%，骤然失血达总血量的 20%~30% 左右，就可能出现休克，危及生命。因此，及时有效的止血非常重要。常用的临时止血法有以下几种：

1.加压包扎止血法

用生理盐水冲洗伤部后用厚敷料覆盖伤口，外加绷带增加血管外压，促进自然止血过程，达到止血目的。用于毛细血管和小静脉出血。

2.抬高伤肢法

将患肢抬高，使出血部位高于心脏，降低出血部位血压，达到止血效果。用于四肢小静脉和毛细血管出血。此法在动脉或较大静脉出血时，仅作为一种辅助方法。

3.屈肢加压止血法

前臂、手或小腿、足出血不能制止时，如未合并骨折和脱位，可在肘窝和腘窝处加垫，强力屈肘关节和膝关节，并以绷带"8"字形固定，可有效控制出血。

4.指压止血法

这是现场动脉出血常用的最简捷的止血措施。用手指压迫身体表浅部位的动脉于相应的骨面上，可暂时止住该动脉供血部位的出血。

5.止血带止血法

在四肢较大的动脉出血时，通常用止血带止血。如果无橡皮止血带，现场可用宽布带或撕下一条衣服以应急需。止血带结扎的标准位置点，在上肢为上臂的上 1/3 部，下肢为大腿中、下 1/3 交界处。上臂中、上 1/3 处扎止血带易损伤桡神经，为禁区。

止血带的压力要适中，既要达到阻断动脉血流又不会损伤局部组织。上止血带的时间要注明，如果长时间转运，途中上肢每半小时，下肢每 1h 应放松 2~5min，以使伤肢间断地恢复血液循环。放松时应以手指在出血处近端压迫主要出血的血管，以免每放松一次丢失大量血液。止血带使用不当可引起局部损伤、周围神经损伤甚至导致肢体坏疽。因此，一般只在其他止血方法不能奏效时再用止血带。

（四）关节脱位的急救

脱位或脱臼是指关节面失去正常的联系。关节脱位在运动中大多是由于间接外力所致。如摔倒后用手撑地，可引起肘关节或肩关节脱位，这在田径、球类、体操等项目中时有发生。也有少数为直接暴力引起。

急救方法：关节脱位后，关节内发生血肿，如果复位不及时，血肿会机化而发生关节粘连，使关节复位增加困难。因此，脱位后应尽早进行整复，不但容易成功且有利于关节功能的恢复。若不能及时复位则应立即用夹板和绷带在关节脱位所形成的姿势下进行临时固定，保持伤员安静，尽快送医院处理。在运动损伤中以肩、肘关节脱位为常见，其临时固定方法为：肩关节脱位后，可用大悬臂带悬挂伤肢前臂于屈肘位。肘关节脱位后，最好用铁丝夹板弯成合适的角度，置于肘后，用绷带固定后再用大悬臂带挂起前臂。如无铁丝夹板，可直接用大悬臂带固定伤肢。若现场无三危巾、绷带、夹板等，可就地取材，用头巾、衣物、薄板、竹板、大本杂志等作为替代物。

（五）骨折的临时固定

在外力的作用下，骨与骨小梁连续性或完整性遭到破坏叫骨折。

1.急救原则

对骨折病人的急救原则是防治休克，保护伤口，固定骨折。即在发生骨折时，应密切观察，如有休克存在，则首先是抗休克，如有出血，应先止血，然后包扎好伤口，再固定骨折。

2.骨折的临时固定

骨折时，用夹板、绷带将折断的部位固定包扎起来，使伤部不再活动，称为临时固定。其目的是减轻疼痛，避免再伤和便于转送。临时固定的注意事项：

（1）骨折固定时不要无故移动伤肢，为暴露伤口，可剪开衣裤、鞋袜，对大小腿和脊柱骨折，应就地固定，以免因不必要的搬运而增加伤员的痛苦和伤情。

（2）固定时不要试图整复，如果畸形很厉害，可顺伤肢长轴方向稍加牵引。

开放性骨折断端外露时，一般不宜还原，以免引起深部污染。

（3）固定用夹板或托板的长度、宽度，应与骨折的肢体相称，其长度必须超过骨折部的上、下两个关节，如没有夹板和托板，可就地取材（如树枝、木棍、球棒等），或把伤肢固定在伤员的躯干或健肢上。夹板与皮肤之间应垫上棉垫、纱布等软物。

（4）固定的松紧要合适、牢靠，过松则失去固定的作用，过紧会压迫神经和血管。故四肢固定时，应露出指（趾），以便观察肢体血流情况。如发现异常（如肢端苍白，麻木、疼痛、变紫等）应立即松开重新固定。

（六）溺水的急救

溺水者可因呼吸道阻塞、窒息等危及生命，因此应及时有效地进行急救。溺水者救出水面后，应立即清除口鼻中的泥沙、分泌物等异物，如有活动假牙也应取出。如果溺水者牙关紧闭，救护者可从其后面，用两手大拇指由后向前顶住溺水者的下颌关节，并用力向前推。同时用两手食指与中指向下扳颌骨，即可扳开溺水者牙关，随后立即进行控水。控水方法很多，一般采取单脚跪立法，急救者一腿跪地，另一腿屈膝将溺水者俯卧位置于膝上，头及下肢悬垂，一手扶着溺水者的头，使其头部下垂、嘴向下，另一手节律地挤压背部，使饮入或吸入胃或肺中的水排出。也可采用其他的方法控水。但控水时间不宜过长，以免延误抢救时间。控水后如果溺水者心跳、呼吸停止，应立即进行人工呼吸和胸外心脏按压术。并想办法将病人送到就近的医院救治。

（七）中暑的急救

中暑是因高温环境或受到烈日的暴晒而引起的急性疾病。在炎热的夏天进行长时间室外活动和耐力训练或比赛，伤病初愈、身体虚弱和连续训练或比赛后身体疲劳、失眠、失水、缺盐，对热适应能力差及训练水平较低者都较容易发生中暑。中暑多发生在炎热夏季时从事长跑、负重行军、越野跑、马拉松、自行车及足球等运动项目。根据发病机理，中暑可分为热痉挛型、热衰竭型、日射病型、热射病型。

1.急救

应迅速使患者脱离热环境，到荫凉通风处休息，并采取降温、消暑措施，如解开衣扣，喝清凉饮料，服用人丹、十滴水或藿香正气水等防暑药物。对热痉挛及热衰竭的病患者，重点应是补充生理盐水或葡萄糖生理盐水，纠正血液浓缩，可大量口服含盐的饮料（含盐0.2%～0.3%）。对日射病患者，重点应是进行头部有效地降温。如让患者仰卧，垫高头部，额部作冷敷（如冰袋）或以50%酒精（白酒也可以）擦身。对高热中暑的病患者，重点应是迅速有效地降温（物理降温或合并药物降温）。如采用冷敷、冷水淋浴、冰袋冷敷、50%酒精擦浴等紧急降温措施，必要时可采用药物降温。若症状较重伴有昏迷时，可针刺人中、涌泉等穴位，同时必须迅速转送医院做进一步处理。

2.预防

高温炎热的季节，应适当调整作息制度，适当延长午休时间。耐力性项目的练习或训练应放在上午或傍晚，练习时间不宜过长。烈日下训练应戴白色凉帽，穿浅色、宽敞、通气性能良好的薄衣，室内运动场地应有良好的通风、降温设备。要适当地在高温、高热环境下进行适应性的训练。夏天训练，应准备充足的清凉消暑及低糖含盐的饮料。中暑早期有先兆症状，如发现训练者大量出汗、疲乏、恶心、头昏等，应立即停止训练和比赛，迅速到荫凉和通风的地方休息，喝些解热消暑的冷饮等。

四、常见的运动损伤

（一）擦伤

擦伤是皮肤受到外力摩擦所致，皮肤被擦破出血或有组织液渗出。擦伤是皮肤表面被粗糙物擦破的损伤，最常见的是手掌、肘部、膝盖、小腿的皮肤擦伤。擦伤后可见表皮破损，创面呈现苍白色，并有许多小出血点和组织液渗出。由于真皮含有丰富的神经末梢，损伤后往往十分疼痛，但表皮细胞的再生能力很强，如伤口无感染则愈合很快，并可不留瘢痕。受伤后创面的处理方法如下：

1.清创

由于擦伤表面常常沾有一些泥灰及其他脏物，所以清洗创面是防止伤口感染的关键步骤。可用淡盐水（1000毫升凉开水中加食盐9克，浓度约0.9%），没有条件也可用自来水、井水边冲边用干净棉球擦洗，将泥灰等脏物洗去。

2.消毒

有条件者可用碘酒、酒精棉球消毒伤口周围，沿伤口边缘向外擦拭，注意不要把碘酒、酒精涂入伤口内，否则会引起强烈的刺激痛。

3.上药

可在创面上涂一点红药水（红汞），此药有防腐作用且刺激性较小（汞过敏者忌用）。但要注意不宜与碘酊同用，因两者可生成碘化汞，对皮肤有腐蚀作用。新鲜伤口不宜涂紫药水（龙胆紫），此药虽杀菌力较强，但有较强的收敛作用，涂后创面易形成硬痂，而痂下组织渗出液存积，反而易引起感染。

4.包扎

用消毒纱布或清洁布块（可用熨斗熨几下）包扎伤口，小伤口也可不包扎，但都要注意保持创面清洁干燥，创面结痂前尽可能不要着水。

若创口较深、污染较重时，应注射破伤风抗毒素，并使用抗生素治疗。

（二）肌肉拉伤

1.肌肉拉伤的发生机制与分级

肌肉拉伤可分成主动拉伤和被动拉伤两种。前者是由于肌肉做主动的猛烈收缩时，其力量超过了肌肉本身所能承担的能力；后者主要是肌肉用力牵伸时超过了肌肉本身特有的伸展程度，从而引起拉伤。肌肉拉伤可能会从肌纤维的微小分离到肌纤维的完全断裂，临床上一般可分为三级：

一度：只有少数的肌纤维被拉长和撕裂，而周围的筋膜完好无损，纤维的断裂只在显微镜下能见到。运动时感到疼痛，但仍可以进行运动。

二度：有较多数量的肌纤维断裂，筋膜可能亦有撕裂，训练者可能感到"啪"一声拉断的感觉。常可摸到肌肉与肌腱连接处略有缺失和下陷。在撕裂处周围由于出血，可能会发生水肿。

三度：肌肉完全被撕裂。撕裂处可能在肌腹、肌腱或者在肌腱与骨的连接点上。训练者基本上不能再活动。受伤后首先产生剧烈的疼痛，但疼痛会很快消退，因为此时神经纤维也被损伤了，这时一般需要外科手术的治疗。

2.肌肉拉伤的预防

肌肉拉伤的预防，主要是针对发生的原因进行的。例如，大强度运动前要做好准备活动，尤其是易拉伤部位的准备活动；体质较弱者练习时要量力而行，防止过度疲劳和负荷太重；要提高动作技能的协调性，不要用力过猛；改善训练条件，注意练习场所的温度。冬季在野外训练时要注意保暖，不可穿得太薄；要注意观察肌肉的反应，如肌肉的硬度、韧性、弹力、疲劳程度等。肌肉拉伤后重新参加训练时要循序渐进，切勿操之过急，并要加强局部保护，防止再度拉伤。

3.肌肉拉伤的治疗

肌肉抗阻力试验是检查肌肉拉伤的一种简便方法。其做法是患者做受伤肌肉的主动收缩活动，检查者对该活动施加一定阻力，在对抗过程中出现疼痛的部位，即为拉伤肌肉的损伤处。

肌肉拉伤的治疗要根据具体情况而定。肌纤维轻度拉伤及肌肉痉挛者，用针刺疗法会取得显著疗效。肌纤维部分断裂者，早期用冷敷、加压包扎，还要把患肢放在使受伤肌肉松弛的位置以减轻疼痛。48h后开始按摩，手法要轻缓怀疑有肌肉、肌腱完全断裂者，应在局部加压包扎、固定患肢后，立即送医院确诊，必要时还要接受手术治疗。

（三）肌肉抽筋

抽筋，医学上叫肌肉痉挛，通常运动过程中的抽筋属于肌肉不由自主地强直收缩引起的。这种痉挛一般都伴有剧烈的疼痛感觉，常发生抽筋的部位是小腿腓肠肌（小腿肚子）和大腿前面及后面的肌肉，手指、脚趾的肌肉等也会发生。在陆地练习发生抽筋可以马上停止下来，如果在水中游泳，可慢慢用未抽筋的肢体游到岸边和大声呼叫，千万不能惊慌。

1.原因

引起抽筋的原因很多，常见的有三种：①热天运动出汗很多，体内盐分缺乏时，可引起抽筋；②游泳之前不做准备活动或做得不够，入水后突然受到冷刺激，或在冷水中停留时间过长，可引起抽筋；③疲劳时也容易抽筋。

2.处理与预防

解除抽筋的办法也很简单，一般可将痉挛的肌肉用力拉长，或进行局部按摩，就会慢慢缓解。例如，左小腿肚子抽筋，可用右手握住左脚的大脚趾，然后将左腿慢慢伸直，脚这时呈背屈，使腓肠肌受到牵拉，痉挛就可以消除。经常发生抽筋者必须先了解自己的一些"历史"，例如了解饮食的习惯、平日运动（工作）量、抽筋的部位、发生抽筋时的天气状况等，自由车、剑术选手所发生抽筋的原因可能是完全不同的，将所有的情况了解、综合后，找出抽筋的原因，针对原因做预防改善，方能解决抽筋的问题。若经常性地发生抽筋，又找不出原因，则须小心处理，请教医生做彻底的检查，因抽筋可能是一些血管疾病、糖尿病或神经系统疾病的症状。

（四）关节韧带损伤

关节韧带损伤主要是在外力作用下，使关节发生超常范围的运动，关节内、外韧带受到过度的或猛烈的牵拉而引起的一种闭合性损伤。轻者仅是少量韧带纤维断裂，重者则是部分韧带纤维断裂或韧带完全断裂，甚至引起关节半脱位或完全脱位，同时还可合并关节内滑膜、软骨损伤或撕脱骨折等。在体育活动中最常见的是踝关节、膝关节、掌指（间）关节和肘关节韧带损伤。

1.征象

伤后局部疼痛，肿胀，若伤及关节滑膜或韧带断裂及合并关节内其他组织损伤时，出现整个关节肿胀或血肿。局部有明显压痛。关节运动功能障碍，轻者关节活动受限，不能着力；韧带完全断裂或撕脱时，关节有不稳或松动感，关节功能明显障碍。

关节侧搬试验是检查韧带损伤的重要方法，若出现疼痛，则属韧带扭伤或少量纤维断裂；如果出现"关节松动"或超常范围的活动，则属韧带完全断裂。关节韧带损伤时，常可合并其他损伤，如膝关节内侧韧带损伤，可合并内侧半月板、十字韧带损伤等。因此，应仔细检查以免漏诊，必要时需X线拍片作鉴别诊断。

2.处理

关节韧带扭伤或部分韧带纤维断裂者，伤后立即冷敷，加压包扎，抬高伤肢并休息，以减轻出血和肿胀。24～48h后，拆除包扎固定，根据伤情可采用中药外敷、痛点药物注射、理疗和按摩等，但热疗和按摩在开始时只能施于伤部周围，3天后才可用于局部。韧带完全断裂者，经急救处理后把伤员送至医院，以争取早期手术缝合或固定。关节韧带损伤时，当关节肿胀和疼痛减轻后，在不引起疼痛或疼痛加重的原则下，尽早进行伤肢功能性活动，防止发生肌肉萎缩和组织粘连，以促进功能恢复。

3.预防

（1）增强关节肌肉的力量练习，特别是加强对弱侧关节的训练。静力练习很有实效。

（2）提高关节灵活性练习的质量，在坚强灵活上下功夫，跳绳练习是个好方法。

（3）认真做好准备活动，特别是专项训练的辅助练习，寒冷天气更要做开关节活动。

（4）注意关键运动技术的合理性、正确性，及时纠正错误动作。

（5）场地设备必须认真检查、合理布置，消除隐患。

（6）配备合格护具，易伤的小关节要正确使用胶布包扎。

（五）滑囊炎

滑囊是结缔组织构成的密封小囊，囊内含有少量滑液，多位于关节附近，介于肌肉或肌腱附着处与骨隆起之间，其作用是减少肌肉、肌腱与骨之间的摩擦。在直接外力作用下使滑囊壁受到损伤可发生急性创伤性滑囊炎；由于局部活动过多，使滑囊壁受到反复磨损也可发生慢性滑囊炎。

（1）征象

急性创伤性滑囊炎者，疼痛较明显，活动时疼痛加剧，如膝部滑囊炎时，膝部疼痛，在跳跃、上下楼梯等小腿用力屈伸活动时更痛；慢性滑囊炎者疼痛较轻，常在运动中做某一个动作时出现疼痛。滑囊急性损伤后，滑液分泌增多或出现血肿，因而滑囊肿大，尤以髌前滑囊炎、肘后滑囊炎等较为明显，可看到或摸到边界不确切、大小不同的囊性肿块，并有较敏锐的压痛；慢性滑囊炎因囊壁增厚，肿块或小结节界限一般较清楚，也有压痛。

（2）处理

急性期应暂停运动，局部可外敷消炎、活血、消肿、止痛药，或穿刺抽液后再加压包扎，也可穿刺抽液后注入考的松类药物并加压包扎。慢性滑囊炎者，理疗、针灸、考的松类药物囊内注射等都可选用，注意控制局部负担量。经以上保守治疗无效，疼痛较重，影响活动或关节功能，囊壁增厚和病程较长的患者，可考虑手术切除滑囊。

（六）髌骨劳损

髌骨劳损多由于膝关节（尤其是半蹲位姿势）长期负担过度或反复的微细损伤积累而成。

1.征象

膝软与膝痛。损伤早期和轻型患者，只在大运动量训练后感到膝关节酸软无力，休息后多可消失。随着损伤程度的加重，膝部酸软与疼痛逐渐增重，但准备活动后可减轻，运动结束又加重，休息后又可减轻。继后出现持续痛，严重时走路和静坐时也痛。出现膝软或膝痛，与膝关节动作的关系密切，主要表现为半蹲痛，尤其单膝半蹲时更明显，在运动中当膝关节半蹲发力或移动时以及上下楼梯时都出现膝软与膝痛，甚至在半蹲发力时突然坐下或跌倒。膝关节可有不同程度的积液。病程长、症状较重的患者，常有股四头肌萎缩（以股内肌为明显）。抗阻伸膝至110°~150°之间有疼痛。患者伸直膝关节，股四头肌放松，将髌骨向下或侧方推起，用拇指或食指摸压髌骨周缘有压痛。在患膝屈曲不同位置下按压髌骨并上下、左右推动髌骨时，可出现髌骨压痛。按压髌骨屈伸膝关节时，可出现疼痛等。

2.处理

关节软骨损伤后其本身的修复能力极低，至今仍无特效的治疗方法。因此，更应重视预防。加强股四头肌的力量，是防治髌骨劳损的积极手段。高位静止半蹲（站桩）若方法得当，常可收到一定的治疗效果。每次训练课后做单足半蹲试验，以便早期发现及治疗。运动后要及时把汗擦干，注意保暖，防止着风受寒，并采用热水浴、按摩等加速局部疲劳的消除。

（七）胫腓骨疲劳性骨膜炎

胫腓骨疲劳性骨膜炎是初参加运动训练的人，尤其是青少年较常见的运动损伤，是因局部骨组织过度负荷所致，具有典型的运动史、发病史和反复疼痛史。

1.征象

一般都无直接外伤史，但有跑跳运动过多史，发病缓慢，征象逐渐加重。疼痛是本病的主要症状。初期多在运动中或运动后出现小腿骨疼痛，休息后常可消失，再参加运动时又出现疼痛。若继续参加负荷较大的跑跳运动，疼痛逐渐加重，有些可能出现夜间疼痛，个别严重者跛行。

急性期多有可凹性水肿，以小腿下段较明显。胫骨内侧面、内后缘或腓骨下端有压痛，但压痛点一般都与肌肉附着处无明显关系。病程较长的患者，在胫骨内侧面上常能触摸到小结节或肿块，压之锐痛。

后蹬痛是胫腓骨疲劳性骨膜炎的重要体征，即用足尖用力向后蹬地时出现疼痛。

2.处理

早期症状较轻者，无须特殊治疗，用弹力绷带裹扎小腿，减少下肢运动，休息时抬高患肢，大多数都可痊愈。经常疼痛或运动后疼痛较重者，应休息并用弹力绷带裹扎小腿，抬高患肢，可配合中药外敷、按摩、针灸、碘离子透入等。治愈后重新参加训练时，运动负荷要逐渐增加，以免再发。

3.预防

（1）对初学田径运动及平时活动少的人，跑跳练习要逐渐加大活动量。

（2）不要在过硬的场地上做长时间的、单一的跑跳练习。

（3）不宜穿钉鞋做过多的使小腿肌肉紧张度高的专门练习。

（4）学会在跑跳练习时能自如地放松小腿肌肉，不要使它始终处于紧张状态。

（5）每次练习后，都要认真做好小腿部的自我按摩、热敷。

（八）网球肘

网球肘多因长期劳累，手腕肌的起点反复受到牵拉刺激引起部分撕裂或慢性炎症，是网球运动员的职业病，故称"网球肘"。

1.征象

起因缓慢，初起时在劳累后偶感患肘外侧疼痛，日久病重，局部一般无红肿，但压痛明显。作抗阻力的腕关节背伸和前臂旋后动作时可引起患处疼痛，或者肘关节伸屈正常但在提重物或拧毛巾时，均感患处疼痛和患肢无力，在静息后，又多无症状。

2.治疗

当形成网球肘时，根据症状的轻重，疼痛程度不一，各有不同的治疗方法。早期症状，疼痛较轻，采用按摩和理疗的治疗手段效果较好。继续打球时，要在肘部缠绕弹力绷带或戴上护肘，这样可以减轻疼痛的发生，如果疼痛减轻，就可恰当、慢速、多次地做橡皮带的恢复练习。急性发作期，疼痛剧烈，应以静养、休息为主，决不要临时绑上绷带或戴上护肘继续上场打球，那只会使病情加重，在有条件的情况下，最好使用冰敷来缓解疼痛，但要注意冰敷时间以10~15min为宜，不要太长，以免冻伤皮肤。一般急性发作期，待疼痛减轻后，可缓慢地做些适当的练习，但应注意，在受伤后的三个星期内保证不重复做造成损伤肘部的动作，以后可逐渐练习改进过的技术动作，两个月后方可参加正常练习，在受伤后的练习中，应在前臂粘贴长条支持保护带，来减轻打球时对肘部的影响。一般慢性网球肘的治疗，多采用手臂的各种伸展运动练习来缓解伤痛。

3.缓解办法

（1）纠正直臂击球的动作，让大臂和小臂无论在后摆还是前挥的时候都保持一个固定且具弹性的角度。

（2）用支撑力较强的护腕和护肘把腕、肘部保护起来。限制腕、肘部的翻转和伸直。

（3）打球时于前臂肌腹处缠绕弹性绷带，可以减少疼痛发生，但松紧需适中。

（4）一旦被确诊为网球肘，则最好能够中止练习，待完全康复并对错误动作进行纠正之后再继续进行练习。

（5）早期症状轻微时，按摩、理疗效果良好；疼痛加重后可采用中药、针灸疗法，个别病例用保守疗法无效后可考虑手术。

（6）穿弦时减小磅数并选择细一些的弦，松软一些的拍面可以帮助击球者吸收一些因拍、球对抗所产生的振动之力，也可以帮助球员更省力地击出落点较深的球。另外，调整拍柄的大小至合适，选择重一些的球拍练球都对缓解疼痛有很大的好处。

4.预防

加强腕、臂部力量训练，防止前臂肌肉疲劳积累，做好准备活动及练习后的放松，提高肌肉的反应性，正确掌握"反手"击球技术，早期发现疼痛，及时治疗。

（九）急性腰扭伤

腰部是脊柱运动中较灵活的部位之一，活动度仅次于颈部，可作前屈、后伸、侧弯、旋转等活动，并且还要负担一定的体重，因此，腰部软组织所承受的张力较大，损伤的机会也较多，以男性、青壮年较为多见。由于腰部的肌肉和韧带比较复杂，任何一处发生撕裂或过度牵拉时，都能引起腰痛。损伤的范围可涉及肌肉、韧带、筋膜、椎间小关节、骶髂关节等。

1.征象

（1）外伤后即感腰痛，不能继续用力，疼痛为持续性，活动时加重，休息后也不能消除，咳嗽、大声说话、腹部用力等均可使疼痛增加。损伤部位有压痛点。有时在受伤当时腰部有响声或有突然断裂感。

（2）腰部僵硬，主动活动困难，翻身困难，骶棘肌或臀大肌紧张，使脊柱侧弯。

（3）一般无下肢放射痛，部分患者有下肢牵涉性痛，直腿抬高试验阳性，但加强试验则为阴性。鉴别困难时，可做局部痛点普鲁卡因封闭。若痛点减轻或消失，则为牵涉痛，腿痛无改变者为神经根放射痛

2.不同组织损伤的表现

（1）棘上、棘间韧带急性扭伤。脊柱急骤屈曲或后方暴力直接冲击局部均可引起棘上韧带损伤，根据损伤程度分为不完全断裂和完全断裂两种。棘上韧带完全断裂是在强大的暴力冲击下发生，多伴腰椎骨折与脱位，同时也伴棘间韧带断裂。检查时可见局部后凸畸形、肿胀，并有明显压痛，X线侧位片显示棘间隙加宽，棘突后软组织阴影增厚。棘间韧带急性损伤多发生于腰骶部或常与棘上韧带损伤同时发生，临床表现是损害处疼痛，不能向前弯腰，后伸亦微痛，不能达到最大限度的后伸。

（2）腰背筋膜和骶棘肌的急性损伤。平时人们右手弯腰取物机会较多，在身体向右前方弯曲的姿势突然遭受强力扭转或侧方暴力时，常把左侧下腰部的腰背筋膜和骶棘肌拉伤，损伤的判断是靠压痛点的位置，腰向前屈患处有牵拉痛，压痛点在第5腰椎棘突左下方，相当于左侧小关节处。与椎小关节损伤的区别是，小关节突损伤以腰的后伸痛为主，另外小关节囊的浅层为黄韧带，所以小关节损伤也常伴有椎管内症状，即腰后伸伴有腿痛的特点，骶棘肌和腰背筋膜的损伤无根性神经痛。

（3）后纵韧带和纤维环急性损伤。急性腰扭伤的同时可能累及后纵韧带和纤维环，也就是腰椎间盘突出的阶段，先腰痛，经过数日或数周逐渐变成腿痛，先腰痛阶段是纤维环和后纵韧带的损伤阶段，腿痛是椎间盘突出的开始。后纵韧带上分布着非常敏感的硬脑膜返支的神经末梢，后纵韧带是椎管的前壁，椎管前壁有着特殊的敏感性，当后纵韧带和纤维环受到损伤后，出现明显椎管内症状，即一切能使椎管内压力增高的活动均能引起疼痛，如咳嗽、喷嚏、下蹲等。它与腰椎间盘突出症的鉴别是它只有腰痛，没有放射性腿痛，这时腰不能负重，不能转动身体，翻身起立均感困难。如果未能很好固定腰部，后纵韧带和纤维环尚未愈合牢固，过早活动和负重，容易引起腰椎间盘突出。

3.治疗

（1）手法治疗。患者俯卧，医生用两手从背部至腰骶部的两侧，正中自上而下，轻揉按摩，再拿捏痛侧肾俞、环跳穴周围，最后扳动大腿，摇晃拉伸数次。

（2）药物治疗。内服中药，以活血化瘀、行气止痛为主。活血化瘀可用挑红四物汤加土鳖、血竭、乳香、没药等内服；行气止痛可用舒筋汤加枳壳、香附、木香等。外治可外敷跌打膏或外搽跌打酒。痛甚者，可服去痛片、消炎痛、布洛

芬、扑炎痛片等。亦可用强的松龙1ml、1%普鲁卡因5ml做痛点封闭。

（3）针灸治疗。常取人中、委中、昆仑等穴位，强刺激，可加拔火罐。

（4）固定与功能训练。伤后宜硬板床休息，后期做腰背肌训练。

4.预防

急性腰扭伤是腰部肌肉、韧带、关节囊、筋膜的急性损伤所致。因此预防本病的关键是注意对腰部的保护，运动时，先要活动开腰部，再开始进行。必要时要用腰围保护。

（十）腰肌劳损

腰肌劳损是腰部肌肉、椎间盘与韧带组织的慢性损伤，多由于长期工作姿势不良、腰椎畸形、腰背肌疲劳、腰部软组织急性损伤治疗不当等造成。

1.征象

主要症状为腰或腰骶部疼痛，反复发作，疼痛可随气候变化或劳累程度而变化，时轻时重，缠绵不愈。腰部可有广泛压痛，脊椎活动多无异常。急性发作时，各种症状均明显加重，并可有肌肉痉挛，脊椎侧弯和功能活动受限，也可有下肢牵拉性疼痛，但无串痛和肌肤麻木感。疼痛的性质多为钝痛，可局限于一个部位，也可散布整个背部。

2.治疗

主要是减轻负重、注意休息、药物治疗、理疗辅助。

（1）一般治疗：在腰痛发作的急性期，提倡适当卧床休息，以防止病情进一步发展，卧床以硬板为宜。严重者可在腰部两旁置沙袋制动。

（2）西药治疗：常可口服止痛药如布洛芬、芬必得、消炎痛等，也可用好得快局部喷涂，或激素加普鲁卡因痛点封闭。

（3）中药治疗：中成药可选人参健脾丸、补中益气丸、强肾片等配合独活寄生丸、活血止痛胶囊等治疗。外用药可选用麝香壮骨膏贴于患处或穴位上即可。

（4）理疗和按摩：常用的理疗方法主要是热疗、蜡疗、红外线、超声波、激光局部照射等。按摩腰部能够健腰强肾，疏通经络，防治腰肌劳损。腰肌劳损者可按下列方法进行自我按摩以防病治病：

①按揉肾俞、腰俞、委中、阿是穴，每穴2min。

②两手半握拳，在腰部两侧凹陷处轻轻叩击，力量要均匀，不可用力过猛，每次叩击2min。

③两腿齐肩宽站立，两手背放在背部，沿腰两侧骶棘肌上下按摩100次，以腰部感觉发热为度。

④双手叉在腰部，两腿分开与肩同宽，腰部放松，呼吸均匀，做前后左右旋

转摇动，开始旋转幅度要小，逐渐加大，一般旋转80~100次。

⑤弹拨痛点10~20次，然后轻轻揉按1~2min。

（5）康复训练：平时要加强腰背肌及脊椎间韧带的训练和保护，对预防腰肌劳损有益处。下面介绍几种效果可靠又简便易行的康复训练方法：

①腰部前屈后伸运动：两足分开与肩同宽站立，两手叉腰，作好预备姿势。然后做腰部充分前屈和后伸各4次，运动时要尽量使腰部肌肉放松。

②腰部回旋运动：姿势同前。腰部作顺时针及逆时针方向旋转各一次，然后由慢到快，由大到小，顺、逆交替回旋各8次。

③"拱桥式"：仰卧床上，双腿屈曲，以双足、双肘和后头部为支点（五点支撑）用力将臀部抬高，如拱桥状，随着训练的进展，可将双臂放于胸前，仅以双足和头后部为支点进行练习。反复训练20~40次。

④"飞燕式"：俯卧床上，双臂放于身体两侧，双腿伸直，然后将头、上肢和下肢用力向上抬起，不要使肘和膝关节屈曲，要始终保持伸直，如飞燕状。反复训练20~40次。

以上方法于睡前和晨起各做：

①防止潮湿、寒冷受凉。不要随意睡在潮湿的地方。根据气候的变化，随时增添衣服，出汗及雨淋之后，要及时更换湿衣或擦干身体。天冷时可用电热毯或睡热炕头。

②急性腰扭伤应积极治疗，安心休息，防止转成慢性。

③运动或剧烈活动时，要做好准备活动。

④纠正不良的姿势，如弯腰过久或伏案过低等。

⑤使用硬板软垫床，睡眠是人们生活的重要部分之一。床的合适与否直接影响人的健康，过软的床垫不能保持脊柱的正常生理曲度，所以最好在木板上加1个10厘米厚的软垫。

（十一）半月板损伤

半月板损伤在临床上较为常见。这是由于半月板所在位置和结构较复杂。膝关节承担直立负重之功能，活动度较大，易于活动过度而发生损伤，半月板又与股骨髁、胫骨平台有密切的解剖关系，其自身的形态变异及相关联结构的形态变异，均可成为半月板损伤的因素。

1.征象

半月板损伤病人多数有旋转内收或外展的明显外伤史，亦有部分病人没有明显外伤史，但有长期蹲位或半蹲位工作的特点。半月板损伤时，病人自觉关节内有撕裂感和脆响声，膝关节局部疼痛，有压痛，出现肿胀，不能完全伸膝，活动时膝关节有响声。有的可出现膝关节交锁症状（膝关节在某种体位时，屈伸都受到限制，并伴有明显疼痛，多发生于膝关节伸直至130°~140°时）。慢性期时，膝关节疼痛减轻，但可出现膝关节打软，上下楼梯时疼痛加重，休息后可好转，久之可伴创伤性关节炎、股四头肌萎缩等。

2.治疗

半月板损伤通常不易愈合，因为半月板血运极差，绝大部分为无血管区，只有外侧也就是靠近关节囊侧的25%~30%有血液供应。因此半月板损伤后极难愈合。一经确诊即应根据损伤情况及时治疗。以往常采用保守治疗，如手法治疗：通过内外旋转小腿，使小腿尽量屈曲后伸直，可解除膝关节交锁症状；或固定疗法：通过制动、抽液，用弹力绷带包扎，以夹板或石膏固定膝关节屈曲45°，经4~6周后可愈合，仅适用于半月板外1/3区域或半月板与关节囊交界部位有不超过1厘米长的新鲜撕裂者。保守治疗无效的则必须进行手术修补或切除。

3.预防

为了预防半月板损伤，运动前要充分做好准备活动，将膝关节周围的肌肉韧带充分活动开。要加强股四头肌的力量练习。股四头肌力量加强了，落在膝关节的负担量相应就会减少。不要在疲劳状态下进行剧烈的运动，以免因反应迟钝、协调性差而引起半月板损伤。同时，还应防止粗野动作致伤。

第三节　训练的心理调节

一般运动员心理能力训练的方法很多，常用方法可归纳为意念训练法、诱导训练法及模拟训练法。我们在体能训练的过程中也可以适当地采用。

一、意念训练法

意念训练法是指运动员有意识地、积极地利用头脑中已经形成的运动表象或充分利用想象进行训练的方法。

意念训练对技战术训练作用显著，如在训练之前通过对技术要领方法的想象在大脑皮层中留下技术"痕迹"，然后在训练中把这些痕迹激活，可使动作完成得更加正确、顺利。又如：在训练之后，对刚刚完成的训练进行技术"回忆"，使正确动作在脑海里更加巩固。假如动作中出现错误，在回忆中伴随着对错误动作的"纠正"，与正确技术进行对比，可以使其得到"克服"，避免下次训练中再次出现。

意念训练时应注意：

在进行训练时，一定要产生一种思维运动效果，要有意识地发展思维，使思维与各种运动感觉结合起来，把头脑中的想象变成运动中机体的"活力"，使训练者注意力高度集中，闭目训练常可收到良好效果。

从某种意义上讲，自我暗示也属于意念的范畴，在训练前，一方面可以想象动作的完美过程，另一方面用暗语也可以进行自我动员与激励，取得技术想象与心理调控的双重效果。

平时意念训练可在暗室间里进行，最好在一个舒适地方坐着或躺着进行。

二、诱导训练法

诱导训练法是指在训练中采用有效刺激物把运动员的心理状态引导到某一个事物或方向上去的训练方法，可为顺利完成训练与比赛任务建立良好的心理状态。

从广义上讲，意念训练法也可以视为一种自我诱导方法。与意念训练法相比，诱导训练法的不同之处在于，训练者是通过教练员、心理学专家等他人的诱导，或用录像带等外界刺激来完成的。意念训练的诱导者是训练者自己，诱导训练的诱导者则是他人。

诱导的途径是多样的。诱导者常常发出语言信号，由运动员的听觉器官接收信息，并按预定要求去实施。鼓励与批评、说服与疏导、启发与幽默都是语言诱导的常用手段。1981年中国女排在第一次夺得世界冠军比赛中，与美国队比赛开始前30s之内，教练员袁伟民没有对队员讲打法，也没有提思想作风的要求，在剑拔弩张的紧张气氛之中，他只是要求队员们"打一场轻松的球、愉快的球"结果比赛进行得很顺利、很成功。诱导者也可以通过做示范、展示图片、放录像和电视，把诱导信息传递给运动员，经由运动员的视觉器官接收信息，并按预定要求去实施。

使用诱导训练法应注意：

（1）所采用的诱导手段应是运动员感兴趣的，能引起运动员注意力转移的。

（2）诱导者是教练员、心理学家，也可是同伴，但均应是运动员愿意接受的。

（3）应从诱导的目的、手段、信息传递方式及结果等多方面计划安排一次诱导训练，切不可随意滥用，以防产生副作用。

三、几种失常的心理现象的克服方法

（一）心理紧张的克服方法

在体能训练之前心理过度紧张，使大脑皮质对自主神经系统和皮层下中枢的调节活动减弱，呼吸短促、心跳加快，更有甚者四肢发抖、尿频，这必然使训练者心理活动失常，很难把注意力集中到训练上去；失去控制自己行动的能力等，这都必然会影响到训练的效果。造成心理过分紧张的原因很多，如训练过度恢复不好，睡眠不足，压力过大，对自己期望过高，过去失败表象的重现等。

常用的心理紧张的克服方法有：

1.表象放松法

这种方法是使训练者想象他通常感到放松与舒适的环境，让训练者在头脑里置身于这个环境之中，使身体得到放松。使用这种方法的关键在于使表象中的环境清晰，在人脑中能生动地再现想象的环境，增加情境对训练者的刺激强度。

2.自我暗示放松法

开始由教练员指导训练者依次放松身体的各个肌肉群，同时增强呼吸，经过几次指导之后，让训练者自己独立完成。在开始时要花费较长的时间才能使全身肌肉放松，以后会使时间逐渐缩短，最后可用较少时间使全身肌肉得到放松。在进行放松时，还可使用暗语或录音带。

3.阻断思维法

具体做法是，当训练者由于信念的丧失出现消极思维，引起心理紧张时，训练者利用大吼一声，或者向自己大喊一声"停止"，去阻断消极驱动力的意识流，以积极思维取而代之。教练员还可以确定一个响亮的信号供运动员作为阻断消极思维之用。此外，教练员还可帮助运动员确定一个用以代替消极思维的积极而切实可行的活动，用以阻断消极思维。

4.音乐调节法

选听不同的音乐能使人兴奋、也可使人镇定。音乐给予人的"声波信息"可以消除大脑所产生的紧张，也可以帮助人内在地集中注意力，促使大脑的思想井然有序，从而调节情绪。

5.排尿调节法

人在情绪过分紧张时，会出现尿频现象，这是因为情绪过分紧张，大脑皮层抑制过程减弱，兴奋过度，使得大脑皮层下中枢和自主神经系统调节作用减弱，如果能及时排尿，会使训练者产生愉快感，使心理和肌肉得到放松。

（二）心理胆怯的克服方法

心理胆怯是一些训练者经常出现的一种心理状态，心理胆怯使大脑皮层的控制系统陷入混乱状态，打乱了神经系统的控制，引起机能失调。克服胆怯的方法是要找出使训练者胆怯的原因，解除思想负担。一般地讲，造成训练者胆怯的原因有：

第一，训练者不相信自己的力量，对训练缺乏胜利的信心。

第二，训练者对练习结果计较得过多，压力过大。

第三，对环境不适应，会感到有一种特殊的刺激气氛，心理产生胆怯。

对训练者心理胆怯的克服方法，必须对症下药，有的放矢。

（三）情绪消极的克服方法

情绪消极是指训练者在激烈竞争的刺激下，对超限心理负荷所产生的一种失常的心理体验。表现为心情不安、有恐惧感、紧张过度和情绪失控。由于这些心理状态的出现，使训练者的生理状态发生一系列的变化，如心跳加快、呼吸困难、四肢无力等，并会导致智力下降、知觉迟钝、行为刻板，对比赛失去信心。

情绪消极的方法主要有：

第一，激励法。根据训练者个性与客观影响，激发训练者的士气，把消极情绪转化为积极情绪。

第二，转移法。训练者的恐惧、不安和紧张的心理状态往往是由于特定的思维定式和注意定向所引起的。对此可采用注意力转移方法，使用一些刺激物去消除引起情绪消极的诱因，从而减缓和排除消极情绪。

第三，升华法。在训练时常出现训练者的某些"能量"在一定场合下释放得恰到好处，可是在另一种场合下产生适得其反的现象。如勇气是训练者必有的品质，可是有时在某些场合下有的训练者也可能干出一些凭蛮劲而盲动的事情。这时，可以通过升华法，使训练者提高认识，增加克制力，规范自己的行为。

第四，暗示法。利用客观刺激物对训练者的心理进行调节，如在比赛中训练者看到教练员的从容表情、轻松的语言及和蔼的态度等都会得到鼓舞，消除消极情绪。训练者也可通过自我暗示，运用指导语来调节中枢神经系统的兴奋与抑制，从而形成一系列反射活动，使消极情绪得到控制。

第五，体验法。有消极情绪的训练者通过参加训练去体验，提高训练者对恐惧、紧张的免疫力，控制消极情绪的产生。

（四）心理淡漠的克服方法

心理淡漠与训练者大脑皮层兴奋过程下降、抑制过程加强有关。训练者心理淡漠，表现为情绪低落、意志消沉、精神萎靡、体力下降，对训练缺乏信心，知觉、注意力强度减弱，反应迟钝，严重影响训练效果。

克服心理淡漠的方法：

第一，帮助训练者分析心理淡漠的情况，并且应制定具体可行的措施，使之增强信心。

第二，帮助训练者端正对比赛的正确态度。

第三，防止过度训练，使训练者情绪高涨，以饱满的热情参加训练。

（五）注意分散的克服方法

注意是心理活动对一定事物的指向的集中。把注意集中在某一对象或活动上为注意的稳定性；和注意稳定性相反，是注意的分散，即通常所讲的"分心"。造成注意分散有客观与主观两方面的原因。外部刺激常易造成注意分散，如果出现一种能够引起不随意注意的客观事物时，常会吸引我们的注意力，从而出现注意分散现象。

克服注意分散的方法：

第一，在平时应加强培养训练者不为其他念头或事物干扰所分心的能力。

第二，使训练者对他所从事的事业、所实践的活动有强烈的愿望和浓厚的兴趣，这种来自内部的动机会使人的注意力高度集中。

第三，在日常生活中养成做事有头有尾、坚持到底的良好习惯。

第四，在训练时，要引导训练者不要多想训练的结果，而应把注意力集中在训练的过程上。

第五，视物法：注意力集中看一个目标，然后闭眼努力回忆这个目标形象，多做几次，直至目标在头脑里清晰地再现为止。

第六，看表法：注意力集中看手表。针的转动，记录每次持续的时间，每次练习不少于3~4次，持续时间以能超过5min为好。

第七，辨音法：在嘈杂的环境中，让运动员辨别钟表走时发出的嘀嗒声音并记录听见的次数，以10min为限。这种方法可迫使运动员注意力集中。

参考文献

［1］李姗姗.现代教育思想在高校体育教学中的应用研究［M］.成都：四川大学出版社，2014.

［2］张胜利，邢振超，孙宇.高校体育教学与科学训练［M］.北京：九州出版社，2015.

［3］于可红，张俏.世界一流大学与体育文化互动发展研究［M］.杭州：浙江大学出版社，2015.

［4］曹宏宏.高校体育与健康课程教学实践改革研究［M］.长春：吉林出版集团股份有限公司，2018.

［5］郭道全，魏富民，肖勤.现代高校体育教学概论［M］.北京：中国商务出版社，2015.

［6］周遵琴.高校体育教学改革与发展［M］.成都：电子科技大学出版社，2015.

［7］戴信言.高校体育教学多种模式的探索［M］.北京：中国原子能出版社，2016.

［8］周怀玉.未来高校体育教师必备素质研究［M］.长春：吉林文史出版社，2017.

［9］刘锦.现代体育教学体系的建设与发展研究［M］.北京：中国书籍出版社，2017.

［10］董波.高校体育管理研究［M］.西安：西安交通大学出版社，2017.

［11］任婷婷.高校体育教学管理改革与模式构建［M］.长春：吉林大学出版社，2017.

［12］张伟，孙哲.体育教学功能解析与实现途径研究［M］.北京：中国商业出版社，2017.

[13] 张微，都达古拉，马英.现代高校体育综合课程理论与实践研究 [M] .北京：九州出版社，2017.

[14] 张虎样.体育文化与全民健身 [M] .北京：九州出版社，2017.

[15] 吉丽娜，李磊.高校体育教学与训练理论实践探究 [M] .北京：地质出版社，2017.

[16] 董纪鹏.高校体育选项课中体能训练研究 [J] .中国科技经济新闻数据库教育，2021，（7）：2-4.

[17] 王建军，白如冰.高校体育文化教育研究 [M] .长春：吉林美术出版社，2017.

[18] 顾春先.学校体育文化节的构建与传播 [M] .成都：西南交通大学出版社，2017.

[19] 陈轩昂.新时期高校体育教学的改革与发展 [M] .北京：航空工业出版社，2017.

[20] 刘满.体育教学团队的科学建设与管理 [M] .北京：中国商业出版社，2017.

[21] 谷茂恒，姜武成.高校体育教学评价体系的构建 [M] .北京：航空工业出版社，2017.

[22] 沈建敏.体育教学创新与运动训练研究 [M] .北京：新华出版社，2018.

[23] 邵林海.地方高校体育教师专业发展研究 [M] .北京：冶金工业出版社，2018.

[24] 辛娟娟.运动技能与体育教学 [M] .北京：九州出版社，2018.

[25] 杨明强.学校体育教学理论与实践研究 [M] .武汉：武汉大学出版社，2018.

[26] 贾振勇.体育教学改革与实践应用探究 [M] .北京：新华出版社，2018.

[27] 马鹏涛.高校体育教学改革创新与科学化训练研究 [M] .北京：新华出版社，2018.

[28] 刘忠举.现代体育文化体系解析与发展研究 [M] .北京：中国书籍出版社，2018.

[29] 苏竞成.功能性体能训练在高校体育教学中的应用 [J] .拳击与格斗，2021，（7）：1-6.

[30] 祝明慧.高校体育教学中体能训练的强化 [J] .环球慈善，2021，（4）：1-9.

[31] 王晟.功能性体能训练在高校体育教学中的运用 [J] .冰雪体育创新研究，2022，（16）：4-9.

［32］王伟鹏.高校体育教学开展体能训练的必要性及对策［J］.水利水电科技进展，2022，42（3）：7-8.

［33］王晋刚.高校体育教学中体能训练的教学改革探究［J］.当代体育，2021，（15）：1-6.

［34］王建基.高校体育教学中融入职业体能训练的研究［J］.健与美，2022，（12）：3-8.

［35］汝雷，孙凯.功能性体能训练在高校体育教学中的可行性应用研究［J］.吉林农业科技学院学报，2022，31（6）：4-9.

［36］刘秀平.高校柔道教学训练应注意的问题及对策研究［J］.拳击与格斗，2022，（4）：3-8.

［37］赖向东.关于高校体育教学中加强学生体能训练的探讨［J］.田径，2022，（3）：3-9.

［38］孙浩，师嘉俊.体能训练在高校体育课程的应用研究［J］.体育视野，2022，（4）：3-11.［39］邵嘉惠.体能训练在高校体育教学中的价值研究——以羽毛球为例［J］.冰雪体育创新研究，2021，（20）：2-6.

［40］卢勇绅.高校体育教学中体能训练的必要性和实施策略［J］.尚舞，2021，（7）：2-10.

［41］潘哲.功能性体能训练在高校体育教学中的应用及建议［J］.佳木斯职业学院学报，2022，38（1）：3-9.

［42］董力铭.高校体育教学开展体能训练的必要性与策略分析［J］.运动——休闲：大众体育，2022，（18）：115-117.

［43］丁文.高校体育教学中篮球体能训练技巧研究［J］.运动——休闲：大众体育，2021，（3）：1-6.